学問と裁判

——裁判所・都立大・早稲田大の倫理を問う

原 朗／編著

同時代社

Veritas omnia vincit

真理はすべてに勝利する

学問と裁判——裁判所・都立大・早稲田大の倫理を問う／目次

第五部　本裁判に寄せられた書評・書評論文（前作『創作か盗作か』をめぐって）　209

序　本書の構成

本書は、二〇一三年から二二年にかけて、学界に深刻な衝撃を及ぼした事件、すなわち小林英夫著書『「大東亜共栄圏」の形成と崩壊』による原朗論文「『大東亜共栄圏』の経済的実態」などの大々的な「剽窃」事件と、ついで小林を「訴状」提出者＝原告とし、原を「名誉毀損」・「謝罪広告」の被告とする訴訟、その裁判所での審理と二つの大学による審査の実態について、記録し批判する第二の書物である。訴訟はきわめて長期間におよび、大学での審査がそれに続いて、裁判と大学をめぐる論議も多岐にわたった。

この事件に関しては、比較的詳細に東京地裁・高裁の判決批判を論じた第一の書物（原朗著『創作か盗作か――「大東亜共栄圏」論をめぐって』同時代社、二〇二〇年）の参照をここで乞いたいところだが、本書、この第二の書物としても、それ自体として、この訴訟・盗用事件の全貌に、裁判所だけではなく東京都立大学と早稲田大学の二つの大学さえ同じ問題に関してとった遺憾な措置につき、読者に理解していただきたいと考えている。そこで本書は、基本的には次の構成としたい。

第一部　裁判所への批判
第二部　東京都立大学への批判
第三部　早稲田大学への批判

第四部　早稲田大学への「通報書」（全文）
第五部　裁判に寄せられた書評・書評論文
第六部　小林氏の主張とその変遷

このように、本書は内容的にはまず裁判所批判・都立大学批判・早稲田大学批判の三部門に分かたれ、その直後に私が早稲田大学に通報した書類の主要部分である「通報書」をそのまま記録しておくこととした（第四部）。また前著に寄せられた書評・書評論文によって、この問題が学術界の見方に与えつつある方向を展望し（第五部）、さらに第六部として、前著に対し読者からの要望が多かった小林英夫氏側の見解も知りたいという点につき、裁判過程で示された小林氏の主張の変化を、当方が知りえた限りで簡潔に要約・批判した部分（第六部）で構成することとした。さらにこの訴訟に関する社会的反響のうち、裁判ならびに二つの大学での審査にかかわり、「支援する会」などで長期にわたって粘り強い支援をして下さった方々による記録と、学会のこの問題への反応を述べていただき、これを補論として収めた。各級裁判所と各大学をめぐる叙述は、必然的に若干前後し交錯することを避けられない点が残るが、上述した趣旨の大きな流れで叙述の順序を設定することを、ひとまずご了解くださることをお願いしたい。

さきに私が刊行した第一の書『創作か盗作か』は、訴訟の進展状況と刊行時期との関係で、最高裁に上告書類を提出する時点までの資料しか収めていない。そこで第二の本書『学問と裁判』では、まずこの事件について最高裁のとった態度につき、その問題性を考え直すこととする。

最高裁のみならず、高裁・地裁のすべてに係る「裁判」と「学問」との相互関係について、第一部第一章で、学問的な争いを裁判所はどう扱うべきかという根本問題につき、今回最高裁も無視した、すでに確立している判例をまず紹介する。学問的訴訟についてのこの判例が厳然として存在するにも関わらず、そして被告側から証拠として法廷に提出されていたのに、敢えてこれを全く引照せず無視したのか、三つの裁判所裁判官（東京地裁・東京高裁・最高裁）の責を問う。上記の判例が、学界内部の争いと裁判所との関係について踏み込んだ、しかも明晰な判断を確立していることを無視し、全くの無知によるものか、あるいは意図的無視によるものか、今回の地裁・高裁・最高裁が一切この判例を無視して取り上げなかったことは実に不思議である。

ついで、上告人が最高裁に提出した理由補充書の内容がきわめて重大であるにも関わらず、これを無視した最高裁第一小法廷の責を改めて問う。私のさきの著作では、意見書などにより地裁・高裁判決を厳しく批判しておいたが、ここではそれに加えて、各裁判所が抱えている重大な問題点を指摘することになろう。

なお、本書は「学問」と「裁判」についての一般論を述べようとしたものではない。学問による「真理」の追究と、裁判による「正義」の追求を、一般論として問うことも可能であり、非学問的判決に対する根本的批判として一般的裁判論を展開し、司法が堅持すべき最小限の節度をも無視している現代司法制度の徹底的批判をおこなって、「真理」と「正義」との関係を理念的に論ずることもできよう。大学などの学術機関は「真理」の追求のため誠実に勤務する学者たちによって支えられてきたし、裁判所など司法機関も「正義」あるいは「公平」の実現のため高度に品位ある裁判官や弁護士たちの尽力によって成り立ってきたはずである。しかし、「真理」と「正義」が必ずしもつねに共存しているとは限らない。両者が厳しく衝突することも起こりうる。現代日本の学問と裁判について、「真理」と「正義」の背反を問い「学術」と「司法」あるいは「大学」と「裁判所」が衝突するとき、どのような問題が発生するか。この問題は非常に広範な視野を必要とする。学問と倫理、哲学と宗教、政治と経済、国家と歴史、科学と技術等々。無限に真理を追求するべき学問に対して、本来は研究不正の害毒を摘発して正義を司るべき法律や裁判・法制度とが、現状追随・自縄自縛・制度疲労・劣化により、目に余る惨状を呈しつつあるとき、これらについての一般論的・原理論的基準を示す試みは十分に意義があり、すでに歴史上古くから法学者・法哲学者により精密な議論がなされてきたところである。

しかし、一般論を基礎づけるにはやはり具体論が必要であろう。一般論なくして具体論は位置づけにくいであろうが、生きた具体論がなければ一般論の内容は空疎になる。このように考えて、本書で私は一般論には詳しく立ち入らず、まず具体論に徹することとした。本書はあくまでも私が実際に体験した一連の具体的なプロセスに即して、具体的な、裁判所で裁判官たちが「公平」な裁判を行ったか否か、大学や学会における「研究倫理」の審査が、それを担う研究者・学者によって厳格になされたか否かに重点を置いたことを、ここであらかじめ述べておきたい。

二〇二二年三月八日

原　朗

第一部　裁判所への批判

第一章　最高裁判所への批判（筆者・原　朗）

最高裁判所の大ホールには、「正義の女神」のブロンズ像があるという。左手には公平・平等を司る「天秤」を持ち、右手には鋭い「剣」を高く掲げて、公平な裁判により正義を実現する強力な意思を示すのだそうだ。私はそこに入るのを拒絶されたから見たわけではないが、ギリシャ神話の法の女神テミス（Θέμις）をかたどったこの「正義の女神」ユースティティア、Lady Justice は、裁判や司法の公正さを示す象徴だとされる。イェーリンクは「剣なき秤は無力、秤なき剣は暴力」とその要点を見抜いた。

最高裁が私の上告を棄却した根拠は、形式的には上告理由書・上告受理申立書の記載が法的要件に合わないものだとされ、内容的には地裁と高裁の判決の内容が上告棄却・申立て受理拒絶の根拠とされたのであろうが、「正義の女神」が左手にもつ「天秤」は、私の場合に当初から正しく水平に保たれていたのだろうか。地裁の判決の天秤が極端なほど一方的に原告有利に傾いており、高裁判決がそれに輪をかけていたことは、私の前著『創作か盗作か』で詳細に論じつくしたところである。最高裁もこの判決を維持したから、結局これら三層をなす現代日本の裁判所は、法の女神が陥ってはならない二つの弱点のうち、「秤なき剣は暴力」という側に決定的に加担してしまったことになる。要するに三審制制度の頂点にある最高裁判所の第一小法廷*は、公平なるべき天秤を無理やり傾けた地裁・高裁の判決を追認することにより、最終裁判所として私に対し公然と「暴力」を振るったことになる。以下、本書ではこの事態に対する批判を展開していくが、「正義」を実現すべき「裁判」と、つねに「真理」を求めてやまない「学問」とが、正しくはどのような関係を持つべきかについて、まず具体的な判例一つから検討を開始することとしよう。

＊（裁判長裁判官　深山卓也、裁判官　池上政幸、裁判官　小池裕、裁判官　木澤克之、裁判官　山口厚）

第一節　裁判での学問判断　先例「中国塩政史研究論文事件」の教訓（筆者・堀　和生）

1　事件の概要

学術研究の剽窃問題が裁判に持ち込まれた稀な事例として、約三〇年前に起きた中国塩政史研究論文事件がある。

これは、一九八九年から一九九二年にかけて、東洋史研究者藤井宏氏（当時国士舘大学教授）と、佐伯富氏（当時京都大学教授）、宮崎市定氏（京都大学名誉教授）の間で、研究成果のプライオリティー（本裁判では先行権という）と名誉毀損をめぐって争われたものである。発端は、一九八八年佐伯富著『中国塩政史の研究』への学士院賞と恩賜賞の授与決定が報道された時に、藤井氏が同書の一部に自己の研究成果が盗用されていると抗議して、佐伯氏への二賞授与が一時停止されたことであった。一旦決まった二賞授与の停止という前代未聞の事態に加え、藤井氏が佐伯氏の盗用と学問を激烈に批判し、佐伯氏と同氏を擁護した宮崎氏をまきこんで、激しい論争となったことから、社会の耳目をあつめた。藤井氏が佐伯・宮崎氏を名誉毀損で訴え、両氏も藤井氏に反訴をおこして、学術問題が裁判に持ち込まれた。著名な研究者同士の研究をめぐる争いであり、東洋史学界ではよく知られた事件である。東京地裁のこの判例は流布しており、いくつかのＷｅｂサイトでみることができる。

http://www.translan.com/jucc/precedent-1992-12-16.html

https://daihanrei.com/

２　判決の注目すべき点

この裁判では、両者の研究成果発表の先行権（プライオリティー）と一九八八年からの双方の言動が名誉毀損に当たるか否か、という主に二つの主題で争われた。ここで、極めて多岐にわたる複雑な係争と判決の全般について詮索する意味はない。注目すべきは、裁判所が争われた事案の全てに判断を下したわけではないことで、言い換えれば判決の領域をはっきりと限定したことである。両者の論争には、一九四三年の発表論文の先行権やその研究過程、個別資料の解釈や学説の評価などが含まれていた。

判決は、原告による研究成果の先行性を侵害されたという主張に対して、次のように述べている。

「先行権の存在を認めるには、まず比較されるべき二つ以上の研究の先後を評価ないし判定しなければならないことになるが、二つ以上の研究の先後の評価ないし判定は、当該対比されるべき研究における時間的な先後の一事のみならず、当該各研究の内容、程度、方法、結果の発表態様、学説若しくは見解の当否若しくは優劣等種々の要素を総合しなければ容易になしえないものであって、このような学問上の評価ないし判定は、その研究の属する分野の学者・研究者等に委ねられるべきものであり、裁判所において審査し、法令を適用して解決することのできる法律上の争訟ではないといわなけ

ればならない。」（判決理由　第二　同二（先行権侵害）について）

　両者がそれぞれ自己の学説の根拠となる史料を提示していることに対して、判決ではしばしば次のように述べている。

「漢代の『牢盆』に関する解釈を唐代の『牢盆』の解釈にそのまま適用することができるか否かは優れて学術上、学問上の問題であって、裁判所が審判すべき対象に該当せず、専ら学者・研究者等の評価に委ねられるべきものである。」

「朱元璋と塩の関係を論じる際に、いかなる史料を使用すべきか、又はいかなる事実を前提とすべきかについては、専ら学術上、学問上の問題であるといえるから、同人の史料操作上の問題点に関しては、学術誌上あるいは学会等の場において議論されるべきであって、そのような議論を経ない現段階において、しかも裁判所において、史料操作に誤りがあったと断ずることはできない。」

　実際的に、東洋史の専門研究者が史料解釈をめぐって争っている案件について、専門外の裁判官が判断できるはずはない。

　そして、この判決の判断を大きく誘導したのは、日本学士院がこの問題審査のために設けた特別審査委員会が、当該書には盗作の問題がないと結論したことである。つまり、法廷外の専門家集団の意見を尊重し、判決に積極的に取り入れる姿勢をとっていた。

　この訴訟は、一九九二年一二月東京地裁判決によって佐伯氏・宮崎氏側の勝訴に終わり、後に双方は和解したと伝えられる。

3　本件判決が示唆する教訓

本件を担当した裁判官は、双方から提出された陳述書や史料をみて驚愕したはずである。なぜなら漢代から清代までの塩政史に関する膨大な漢文史料が提示され、その解釈についての先後関係や優位が争われたからである。この問題の研究期間は、一九四〇年代から一九九〇年代まで半世紀にわたり、双方が当事者のみならず日本と中国の他の研究者の見解も登場させて、自己の正当性を主張した。難解な漢文史料の解読を基礎とした争いに、担当裁判官は誠実に向かい合って非常に苦悩したことであろう。そこで、裁判官は先述したように、係争内容を学術内容の争いと名誉毀損の可否とに分離して、後者を中心として判決をまとめたわけである。賢明な判断といえよう。

翻って、小林・原裁判の場合をみると、同じように裁判官が係争内容に戸惑ったことは明らかである。裁判官は訴訟の初めから和解を強く勧め、ひたすら双方に譲歩を求めた。適切な訴訟指揮を行うことができず、時間だけが過ぎ、進展のないままに裁判長がつぎつぎと交替した。双方の争点を整理する期日における裁判長の発言をみると、彼が問題の要点をまったく掴めていないことが露呈されていた。しかしながら、いざ判決を書かざるを得なくなると、裁判官はこの係争内容を自分で理解し処理できると考えた。中国塩政史研究論文事件のような漢文史料にもとづく争いではなく、小林・原の係争関係書類は、すべて日本語で書かれていたので、裁判官は自分の能力で対応可能だと判断したのであろう。しかし、結果は無残なものであった。裁判官が自分で案出した剽窃の判定基準は学界のそれとはかけ離れたもので、研究史と学術研究の手法の在り方を無視したために、その判決はおよそ学問的評価に耐え得ないものになってしまった。

裁判官は日本経済史であれば自力で判断できると考えたのであるが、さらに日常感覚から距離のある学問分野の係争が持ちこまれた場合ではどうであろうか。たとえば物理・化学や数学のように、専門外の者がその内容を容易に理解することが困難な領域で、剽窃や不正が提訴された場合に、裁判所は如何に対応するであろうか。まさか、文章表現の異同や注の有無によって、そのプライオリティーや剽窃関係を評価するわけにはいかないであろう。このことは、専門分野の細分化が進んでいる学問研究と、人間社会の多様な争いを裁く司法機関とでは、その機能が根本的に異なることから生じる本質的な矛盾である。

裁判所と法曹人は、両者の役割の相違を自覚して、学術研究の内容に関わる案件については、学界の審査機能を極力尊重していただきたい。また、社会は、学術研究の内容に関する争いを、裁判で決着することが困難であると認める必要がある。さらに、学界人には、研究内容に関する争いを、学術研究の次元において解決するだけの高い自律性が求められるのではなかろうか。

第二節　最高裁に提出した補充書の無視とその重大性：二つの論文盗用事件の明確な証拠を無視（筆者・堀　和生）

二〇二〇年四月一三日、原朗は最高裁判所に、「上告受理申立理由補充書」を提出した。その理由は、原朗が最高裁に上告受理申立理由書を提出した後、二つの極めて重要な事実が判明したことにより、高裁原判決の誤りがさらに明らかになってきたためである。

その重要な事実の一つは、小林の最初の論文「元山ゼネスト――一九二九年朝鮮人民のたたかい」（小林編『論戦「満洲国」・満鉄調査部事件――学問的論争の深まりを期して』（彩流社　二〇一一年）について、早稲田大学の学術研究倫理委員会が、二〇二〇年二月二五日付けの「調査報告書」において、小林氏が他者の論文を盗用したと認定したことである。いま一つの事実は、小林が大学院生であった匿名A氏（裁判提出書類においては本名）に対して、様々な不当行為を繰り返したうえ、同氏の論文を窃盗した事実が明らかにされたことである。「元山ゼネスト」論文の盗用と早稲田大学倫理委員会による盗用認定の問題については、別途詳述するので、ここでは新たに明らかになったA氏の論文窃盗事件について、補充書にもとづいて、その経緯と内容を説明する。

本件は、小林・原裁判の事態を知ったA氏が、自ら原朗側弁護士に持ち込んできたものである。A氏によれば、自分が書いた論文を、小林氏は早稲田大学紀要の小林退職記念号に掲載するといって受け取った後に、A氏との相談や本人の承諾が一切なかったにも拘わらず、小林氏が勝手に論文のタイトルを変更し自分の名前で発表してしまった（A氏「陳述書」）。このことを激しく問い詰めたA氏にたいして、小林氏は、もちろん、もとは君のものだが、書き直されたものだから、もう君のものではない。君の論文からは俺が少しヒントを得ただけ。日本ではこれは剽窃に当たらない、いえないものだ、と答えたという。もちろん実際は、これが剽窃で窃盗であることはいうまでもない。

その論文とは、小林英夫「東アジア工業化の起点――堀和生氏の著作をめぐって」（『アジア太平洋研究討究』一九号　二〇一三年二月、早稲田大学リポジトリ……以後小林名義論文と略す）である。A氏は、この告発の証拠として、執筆過程の六種類の草稿、原稿関連資料、小林氏との往復メールの写し等、および署名捺印した本人の手記「陳述書」を提供した。原朗側等がそれら提供された資料を詳細に検討したところ、次のことが明らかになった。A氏の論文原稿は、二〇一二年夏から秋にかけてA氏本人によって順次執筆されたことが確認できる。小林名義論文とA氏の最終原稿は、主要な論点七つの内容がまったく同じであり、分量にして八〇%が重複している。A氏論文と小林名義論文が共通して使っている第三者の引用文を照合してみると、A氏の引用は正確であるが、小林名義論文では二一箇所誤りがある。最も決定的な証拠は、小林名義論文が五〇頁四行目~同八行で引用しているポール・クルーグマンの一文の出典である。A氏論文は正確に『経済政策を売り歩く人々』三〇〇頁としているが、小林名義論文では全く別の『クルーグマン国際経済学』九四六頁を引用元としている。この小林名義論文における引用の錯誤の理由は簡単である。A氏が過去の経緯から小林による論文窃盗を警戒したので、小林氏がA氏に引用元を確認してきた際に、わざと誤った情報を伝えたからである。これに関する経緯のメールは、写真撮影されて提供されている。小林名義論文における引用出典の錯誤はこうして起こったのであり、これは論文窃盗の文字通り動かぬ証拠である。このA氏論文と小林名義論文の照合は、いま一つ重要な事実を明らかにした。全体で八〇%もが重複する内容でありながら、全く同じ文章はほぼ無い。A氏論文を電子ファイル形態で受け取りながら、小林氏はその元論文の原稿をそのまま直接に使うことなく、全て自分の言葉・表現で書き直していたわけである。これこそが、最初に発表した「元山ゼネスト」論文から、退職年の最後の「東アジア工業化の起点」まで、小林氏が繰り返してきた剽窃の手法であり、「他者の論文を参照はしたが自分で書いたので自分の論文である」、という弁解の拠り所であった。そしてこれこそ、裁判所の各判決や後述の都立大学の判断のように、まったく同じ文章の無断引用がないので剽窃ではないという形式的判断を誘導するために、小林氏が生涯を通じて繰り返した論文盗用の流儀にほかならない。

＊　小林英夫「東アジア工業化の起点——堀和生氏の著作をめぐって」
https://waseda.repo.nii.ac.jp/?action=repository_action_common_download&item_id=25264&item_

no=1&attribute_id=162&file_no=1

1　原朗「小林英夫氏盗作行為の帰結」の提出と無視

原朗は、この論文窃盗過程を綴ったA氏本人の陳述書、A氏論文と小林名義論文の異同を考証した原朗「小林英夫氏盗作行為の帰結」、関係資料等を、先述のように上告受理申立理由書の別紙資料として提出したのである。しかしながら、最高裁は本件書類について、一顧だにせず、門前払いしてしまった。

2　早稲田大学学術研究倫理委員会の対応

ちなみに、早稲田大学学術研究倫理委員会は、A氏の論文窃盗事件について、既にある程度の情報を把握している。それにもかかわらず、大学の現職教授が大学院生の論文を窃盗するという教育研究機関として致命的頽廃行為である本件について、その重大性に相応しい真相究明の対応を未だとっていない。

第三節　本件の最高裁決定をめぐって（筆者・原　朗）

一般に流布されている最高裁決定についての印象と、本訴訟での結論とはさほど異なったものではなく、「調書（決定）」は文字通り一枚の紙片であった。そこに記されているところは、上告を棄却する、本件を上告審として受理しない、上告費用及び申立費用は上告人兼申立人の負担とする、その理由は〈上告は民訴法第三一二条一項または二項に限られるところ、本件上告は違憲をいうが実質は事実誤認又は単なる法令違反なので上記各項に該当しない、上告受理申立てについても民訴法三一八条一項により受理しない〉という、いわゆる典型的な「門前払い」で、紙の裏面には書記官によりこの決定が「正本」である旨が繰り返し表示されているだけ、日付は六月一五日であった。

最高裁第一小法廷の五人の判事たちが、私が提出した上告書・上告理由書や、後述するように重要な意味を持っていた「理由補充書」などを、読んだかどうかを推定する手がかりも全くない。

1　「最高裁調査官」の存在とその役割

私があらかじめ読了していた、退職した最高裁判事約一〇名の回想録によれば、最高裁の仕事は著しく繁忙を極め、判事を補佐するための「最高裁調査官」が各事件につき「調査書」を作成すると同時に、あらかじめ「会議付議事項」と「持ち回り（回し読み）」事項の二者に区分して判事に提出するのだそうである。覆面のままの「最高裁調査官」の存在が、いわば各事件それぞれについての命運を握っていることになるようだ。大部分の場合、この「最高裁調査官」の報告が、制度上「最高裁判決」に直結するものとなるのであろうから、この法廷外から透視することができない最高裁調査官の存在とその報告書の役割を公表することなくして、最高裁をめぐる社会的疑惑の消えることはないだろうと思われる。

結局、私がかかわったこの事件は、たぶん判事たちの事前会議の議題にもとりあげられない、後者の「持ち回り」のほうに回されたのであろう。最高裁が自ら判断するごく少数の「自判」判決の、「職権に基づいて案ずるに」と始まる判例の格調の高さは聞くべくもなく、全員一致の形式的判決では少数意見の表明による事件の実質的内容にかかわる法律的信念の披歴などを、最高裁判例集などにより見慣れていたものにとって、このただ一枚の「最高裁決定」による無内容な肩透かしは、私の全生涯にかかわる最終的に重大な衝撃的事件の一つであることに変わりはない。

2　最高裁決定と「確定判決」

ただ、最高裁判決が決まれば高裁判決を覆す手段はない。国家の持つ強制力がここで作動する。高裁判決が定めた小林英夫被控訴人・被上告人の請求に対し、私は慰謝料・金利等合計三百万円強を即日支払った。もちろん、最高裁決定により高裁判決が「確定判決」となり、逆転することが不可能になったという意味での「確定判決」の国家による強制力は、第三者には及ばず、当事者のみにしか及ばないことも十分熟知した上のことである。慰謝料を支払ったうえは、原告側要求の新聞への謝罪広告や著書回収などはすでに地裁で却下されているので、私は相手方に対し社会的に全く遠慮することはないことになった。

3　最高裁と下級裁判所

同時に今回の事件で私が痛切に感じたことは、最高裁が高裁や地裁などの下級裁判所への「調整力」ないし「統制力」を十分に発揮することができていない状態である。そしてそのような危機を認識する者の少ないこと、そのこと自身の重大性である。日本国憲法第六章で、あれだけ広範かつ強力な権限を認められている最高裁が、そしてこれ以上は想定されないほどの見識と気品の保有者であると想定されている十五名の最高裁裁判官が、下級裁判所の何重にも誤りを重ねた判決に対してまともに向き合えず、著しい誤判の重複を見破ることもできないという事実は、やはり非常に憂うるべきことである。

最高裁決定が個々の事件に決着をつける一枚の紙に過ぎないといっても、その社会的意味・社会に与える影響は重く考えなければならない。

まず、最高裁内部と、最高裁と高裁・地裁裁判所との関係が問題になる。全く不当な判決をうけた当事者として観察すれば、高裁・地裁が毎週・毎日行っている判決のうち、その相当多い部分が「不当判決」、具体的には事実認定を行うための公判開催を極度に避け、証人数の増加を回避し、当事者の提出した意見書等を精読すべきところを怠り、このような一連の誤った訴訟指揮により「不公平」が重ねられ、真実性を把握する能力も欠き、相当性の解釈すら誤った、判決とは認めがたい「判決」が続出している。どの裁判所の「危機」も相当に深刻だと論評せざるを得ない。自らの経験に照らしてこの点を私は深く憂慮する。

地方裁判所は国の裁判制度の基礎である。高等裁判所はさらに高い見識を示すべき裁判制度の深慮の府であるべきだ。これらの地裁や高裁に対して、最高裁判所が十分に指導を行わず、本件のごときほとんどあきれ果てるほかはない地裁判決、あるいは見るも無残な高裁判決を見逃してしまうようなことが、今後も続出しうるという「法制度」の現況につき、主権を持つ国民が憂慮し続けなければならないことになる。あるいは、かかる事態を現在と同様に国民が甘受し続けなければならない事態の継続は、「法の下の平等」を信ずる全国民にとって、実質的な不平等ないし実質的な不公平をもたらさざるを得ない。本書ではこれらの重要問題についても関連する限り折に触れて指摘しておくこととする。

第二章　高裁・地裁判決への批判
――「訴状」が意図的に欠落させた部分と「相当性」（筆者・原　朗）

第一節　判決の基礎となる「言語」への恐るべき無理解

1　高裁判決と『広辞苑』への依拠

高裁判決の日、私は判決を読んだ。愕いた。そして、呆れた。なぜか。判決という、法律的文書の典型であるはずの文章が、その用いる「言語」についても、言語と言語の概念を連ねて「論理」を表現する「文章」という点からみても、「法律用語」の次元はおろか、「日本語」の次元にも達しない混濁した「文」だったからである。「日本語」の正しい使用法も知らずに、どうして正確な「判決」文が書けようか。

わかりやすい一例をあげよう。「剽窃」の定義につき、高裁判決が『広辞苑』を援用した点である。この高裁判決は、地裁判決をなんと一二点にもわたって添削し弥縫して庇おうとしたのだが、そのうちの一点、「剽窃」の語義について、『広辞苑』（第七版）の定義を「加える」ように地裁判決をわざわざ改めた。

人も知るように『広辞苑』は著名な辞書である。正確には著名な「国語辞書」である。実はここが重要である。私が今、ここで書いているように、日本語は「漢字仮名交じり文」としてしか表現しえない。したがって、日本語の「辞典」としても、「国語辞書」のほかに「漢和辞書」という系列の辞書がなければ、日本語の「字義」（その字の本来の意味）を示すことはできないのである。

以上に述べたことが、抽象的一般論ではなく、この高裁判決にとっていかに致命的な欠陥の一例を示しているかを、さらに具体的に示そう。「剽窃」は、「国語辞典」としての『広辞苑』では、音訓辞典として「ひょう‐せつ」として掲記され、これは「ひょう‐せつ」（氷雪）という、音は同じだが意味は無関係な語と列記されている。そして『広辞苑』編集者の出所不明な解釈で、「剽窃」の「定義」が短く説明されているにすぎない（「他人の詩歌・文章などの文句又は説をぬすみ取って、自分のものとして発表すること」。ここでも注意。『広辞苑』にある「他人の論文を（剽窃）する」との重要な追記を、高裁判決は意図的に削除している）。

この『広辞苑』の「定義」を、同辞典と並んで、あるいはより尊重されて引用されている、ほぼ同規模の『精選版　日本国語大辞典』のそれと対比してみよう。「他人の詩歌・文章・論説などを盗みとって、自分の作として発表すること。剽賊。※済北集（一三四六頃か）二〇「荘子者中古剽窃之文乎」、※授業編（一七八三）七「古人の詩を遠慮なく剽窃して」〔楊廉―夢蛙賦〕」、以上である。両「辞典」の「定義」は大差なく、表現のみを多少変化させて違えてみた程度であり、どちらがどちらに「依拠」しているかも、不分明である。出典は『広辞苑』では明示されず、『精選版　日本国語大辞典』は記載している。「国語辞典」のみによって「剽窃」の「語義」について知りうるのは、この程度のものでしかない。

この二つの「国語辞典」の定義は、まことによく似ている。瓜二つだと言っても良い。高裁の裁判長は、裁判における「言語」のもつ重要な意義について、ほとんど自覚せず、すでに裁判官の机上にある地裁段階での被告側訴訟書類「準備書面4」（二〇一四年八月二〇日）に「剽窃」の定義が繰り返し例示されていることに一顧も与えず、常識的に一般辞書の定義を持ち出したのである。学術的事項を扱う裁判においては、まずあってはならない心掛けというべきである。

「言語」と「論理」によって「正義」を実現すべき「裁判」の、それも「事実審」としては最終審となる高裁の控訴審判決理由において、すでに地裁で五年八ヵ月もの時間をかけ「準備書面」等で「剽窃の定義」について十分に議論してあるのにかかわらず、東京高裁の裁判長裁判官ともあろう知性の持ち主が、「言語」の「定義」を一「国語辞書」に求められたのでは、これは全く困るのである。『広辞苑』を世上「権威」ある辞書として「常識」の代表として用いたのか、『日本国語大辞典』をなぜ用いなかったのか、知る由もない。

あたりまえのことだが、日本語という「言語」は、「漢字」を理解しなければその真義を理解し得ない。「国語辞書」のみ引用し、「漢和辞書」に当たることも思いつかないようでは、「裁判」に用いられる「言語」の意味の確かめ方として決定的に誤っているのである。

「ひょうせつ」とは何かの意味を国語辞書のみに求め、「剽」とは何か、「窃」（正しくは「竊」）とは何か、これを「漢和辞書」に求めてその原義に思いを致そうとすることも思いつかない。「漢和辞書」と「国語辞書」の双方を対照しなければ、日本語の厳密な意義の把握は不可能であり、「言語」の真義を把握する手続きとして全く初歩的な失格である。表意文字である漢字の「意」味が的確にわからなければ、日本語の理解として不十分なのである。この言語への根本的無理解が、判決文の「日本語」に表れていることが、漢和辞典の存在さえ忘却していることに表れている。

むしろそもそも「辞書」などに頼らず、私が提出した訴訟書類の一部である「準備書面」に明記された、実際の大学や学術機関、文部科学省や日本学術振興会などによる具体的な基準に一顧さえ与えていれば、そもそも「国語辞書」などに頼ってそれを判決文に書き込んでしまうという途方も無い悲喜劇は起こらなかったであろう。

ことは「剽窃」の定義だけの問題ではない。この事実は、単なる一挿話ではなく、この裁判の本質にかかわる非常に重要な問題を含んでいる。「学問」「裁判」「真理」「正義」、あるいは「學」、さらには「裁」「判」、「眞」「理」、「正」「義」、そして最後に「剽」と「竊」。表意文字としての漢字はその語源に迫るほどに意味を露わしてくるであろう。

手短に最後の「剽」と「竊」だけ説明しておく。漢字の語源についての学説は加藤常賢説・藤堂明保説・白川静説・赤塚忠説・鎌田正説・阿辻哲次説などさまざまな説があり、近年は藤堂・加藤両説を両面批判する落合淳思説も現れて多彩であるが、ここではやや古風ではあろうがまず最も規模が多きく、中国古典などの出典の記述が充実している諸橋轍次『大漢和辞典』全十二巻のみに絞り込んで要点を引用する。

まず「剽」。「一」の①刺す、②截る、③削る、④脅かす、⑤剥ぐ、追い剥ぐ、⑥盗む、⑦攻める、撃つ、⑧疾い、すばしこい、⑨つよい、不逞、⑩小さい。「二」の①鈞鐘、②目印、③小さい、すばやい、④瓢、「三」さき、先端。

熟語のうち「剽竊」の項は全文引用とする。「かすめぬすむ。他人の詩文をぬすんで我がものとする。剽賊。剽盗。」以上である（諸橋、巻二、三〇六―七頁）。

ついで「竊」。これは当て字で、本字は「竊」。「一」盗む。①ひそかにとる。内のものがぬすみとる。②行ってぬすみとる。③をかす。干犯する。④むなしく禄位をうける。「二」ぬすびと。「三」ひそかに。「四」浅い。「五」あきらか。あきらかにする。「六」着く。「七」辮ませる。「八」穴。「九」切る。熟語の内「竊盗」は、「形をひそめ、面を隠して盗むもの。ぬすびと。どろぼう。」、「竊賊」はひそかに盗む小賊。小ぬすびと。」とある。解字によれば、「竊」は穴と米などの合字で、米が穴から出ることを示し、もって盗が内から出る意を表す、という（巻八、六九三―五頁）。

諸橋では古すぎるというなら、念のために近年の『大修館漢語新辞典』（鎌田正・米山寅太郎編、二〇〇二年再版、これは諸橋轍次編『大漢和辞典』を後継し凝縮させた中辞典である）によれば、「剽」の字義（おびやかす、おどす、刺す、切る、削る、剝ぐ、かすめ取る、はやい、すばやい、身軽、つよい、荒々しい、撃つ、攻める、末、先、末端、刀を持って暴れる）、「窃」の字義についてはさらにその本字である「竊」の字義に戻って（盗む、こっそり盗み取る、犯す、ぬすびと、ひそかに、そっと、人知れず、こころのなかに、）の字義について、「他人のものを盗むこと、」という由来が綿々とつづられている。

2　判決の事実認定と論理の誤謬

およそ法廷が「正義」ないし「公平」を実現すべきものであるならば、今ここに私が述べている「日本語」の重要性、とりわけ「漢和辞典」系列の字義の重要性を判別して、法廷における「日本語」の用法を強く意識することが、その言語と正しい概念を、十全に法廷の目的である正義ないし公平に導くために不可欠であろう。

私は高裁裁判長裁判官が『広辞苑』という一国語辞典のみから安易に「ひょうせつ」の定義を引用したこの下りで、これらの裁判官の言語能力の低さ、さらには論理展開能力の不十分さを予見した。そしてそのことは判決全文を読み終わったとき、言語の用法、論理の誤用等々から事実の誤認とその

「認定」の欠落、それらの前提となる呆れるほどの稚拙な「日本語」——たとえば判決の中心部分で、「剽窃」の不在を示すため必死になって「(剽窃)」とまではいえない」と繰り返し、その理由を全く示せない例が代表的であろう。ここに表現された、高裁の「事実審の最終審」としての責務と自覚とを欠いた態度、これら「職業としての裁判官」としての自覚の希薄さを持つ人間が、私の裁判所における「責任者」であった。私はこのほとんど「無答責」な「責任者」と対峙していたことになる。裁判官による事実認定の欠落と、論理的迷走、これがその基礎にあり、この「人」によって、この「制度」によって、全く不公正・不公平な拘束が私自身を縛り上げてきていることを実感し、背筋に戦慄が走った。

　この裁判の内容について見れば、事は「学問」に関わり、「学問」は「常識を批判する」ことこそを職分とする。法律上基準とされる「常識」と、学問的な「常識批判」とは全く次元が異なることをも意識せず、高裁判決は地裁判決を庇おうとするあまり、学問に関わる判断でしてはならない基礎的かつ致命的な誤謬を侵し、常識的な一辞典に頼って、「剽窃」の定義について自らは確信がないことを露呈するという、まことにお粗末な結果となった。「言語」が不分明なら「論理」も立てられず、そのうえで「判決」など書くこともできようか。

　もしも地裁や高裁の判決が、真摯に被告・控訴人と原告・被控訴人のどちらが真実を述べ、あるいは法廷に対して虚偽を述べ続けているかを判定するため、法的手続きに則って事実認定を誠実におこなってさえいれば、私も以上のような詮索をしたくはなかったのである。初回結審で「事実審」が果たされるとは到底考えられない。

　しかし、現実の地裁判決や高裁判決は、学問的に見ても法律的に見ても、判決に用いるべき「言語」

の理解と使用法がほとんど覚束ないものであったし、判決に至る「論理」を辿ろうとしても、その足取りが全く不分明で、「判決」における「当裁判所の見解」の論理を示す文章の脈絡は、全く肯ずることが出来なかった。

3 「剽窃」の「定義」の裁判官による「私物化」

「剽窃」の学問的定義について、私はすでに早い時期に地裁準備書面で多数の学術的定義を列挙して十分論じておいた。早稲田大学大学院経済学研究科の「剽窃定義確認書」(修士論文提出時の誓約書)、神戸大学国際協力研究科教務委員会の「剽窃・盗用防止ガイドライン」など。(文部科学省の「ガイドライン」にならって東京都立大学や早稲田大学など各大学が研究倫理規程に定めた「盗用」の定義は、第二部以下で提示するように「他の研究者のアイデア、分析・解析方法、データ、研究結果、論文又は用語を当該研究者の了解又は適切な表示なく流用すること」と明解である。) 準備書面で私は英語では The Oxford English Dictionary, 米語では Webster's Third New International Dictionary の plagiarism の定義まで付加しておいた(前著『創作か盗作か』六九〜七三頁)。

ただ、地裁および高裁の裁判官たちは、これらの準備書面ならびに提出されている多数の証拠を全く無視し、自らの「思い込み」ないし「常識」によるか、あるいは苦心して無理にひねり出し案出した「剽窃」の「定義」を判決に書き込むという、学問的には到底許せない行動に走ってしまった。

高裁判決にふれた機会に、地裁判決も含めて本裁判の特徴につきもう一度触れておく必要がある。言語のみではない、ほとんどの「事実」認定が誤りである。それ以上に驚くべきことは、なんと次節で論ずるように「訴状」それ自体が虚偽と誤解に満ちており、裁判官はそのことに全く気付かず、誤判を重ねたという事実である。高裁に先立つ初審を担当する地裁の判断の論理的混乱も指摘すべきである。とくに全国の地裁の裁判官は、それぞれの地方における法務上の重大な責任を負っているにも拘わらず、私の訴訟に関する限り、東京地裁で本件にかかわった裁判官たち、何回も何回も交替した裁判官たちは、その付託に耐えるだけの論理的構想力も知的体力も、これを有しているとは到底観察できなかった。誠に残念であるというほかはない。

第二節「訴状」の誤読という決定的失策

1　判決における誤った「事実認定」の破滅的な結果

言語への自覚的な理解が欠如し、最も重要な事実認定を誤るだけでなく、なんと「訴状」それ自体が虚偽と誤解に満ちている点に、裁判官は全く気付かず誤判を重ねた。「訴状」の誤謬を無視し、この無視によって決定的に「相当性」の判断が逆転し、これを根拠として私の「不法行為」が「阻却」されず、この一行のみによって私が有罪とされた。原告も代理人も「訴状」や名誉毀損の根本的理由とされた私の「最終講義」を、原告が不正確に、あるいは意図的に「引用」した部分につき、地裁裁判官はこれを「最終講義録」と対比して精確に読むことを怠り、両裁判所の「判決」は、たとえ「真理性の論証」ができなかった場合でも、あらためて「相当性」を検討審査しなければならないという、民事訴訟法上周知の、かつ必須のものとされてきた手続きを、判決が書けずに、長期の判決延期を何回も重ねたあげく、慌ただしく判決文を起草する状態に追い込まれ、最後はほとんど考察する余裕もなくなり、誤った「真実性」の手探りに追われて、「相当性」そのものの検討をする余裕すら心理的にほとんど忘却されてしまったのではないか。

地裁・高裁レベルでこのような常軌を逸する判断が各法廷に横行しているとすれば、現行「裁判所制度」運用の実態に関する人事を含む根本的批判ならびに制度疲労への緊急対策が必要になっていると考えられる。地方裁判所・高等裁判所の判決のレベルが近年ぐんぐん劣化を重ねてきていることについて、最高裁判所の判事たちはどう考えているのだろうか。

「訴状」に原告側が重要な点で意図的に隠蔽などの操作を加え、「訴状」自体が大きな虚偽を含んでいたことを、地裁・高裁もこの点を見落とし、さらに判決の最終局面で「相当性」の判断を誤って、民事訴訟手続き上信じがたいほど迂闊な判断により、被告敗訴と判決した、これが本件の大きな流れであり、学術界でも法曹界でも大問題である。第一部の最後に、すべての裁判所による「訴状」誤読という、決定的失策の問題をとり上げなければならない。

まず何よりの前提は、地裁・高裁・最高裁を通じてこの法廷の前提とされてきた、小林英夫原告の「訴状」に実は盛り込まれていた多くの虚偽事項が、判決全体の基調をなしていることである。被告側の主張を無視して、各級裁判所はこの虚偽「訴状」という、法廷に対する侮辱とさえみられる重大事項を読み破ることができず、その結果として誤った「訴状」に基づいて、誤った「判決」を貫き通した。

この点を明白にするためには、私の「最終講義録」と小林「訴状」の内容を精確にきちんと対比しなければならない。「訴状」が問題とした私の「最終講義録」中の部分は、前段と後段の二部からなっている。問題の多くは後段に含まれるが、文脈の必要上まず前段を引用する。

「さて最後にここで申し上げなければならないことがございます。私が十分に研究に専念できなくなった一つの原因として、一九七五年のことですが、私の作品の一つが他の研究者によって剽窃された際、その研究者が学界において果たしていた役割に配慮して、盗用を公然と指摘することをためらったことがあげられます。まだ公刊されていない自分の論文の構成を、ほとんど他人の著作の編別構成に利用されてしまったのですが、私は自分の最初の著作を著書として公刊することも学位を申請することも断念することになり、以後私は学界における倫理の欠如と売名行動の横行に暗澹たる気分を抱いたまま、一切単著を出版せず、ただ共同研究の編集や資料編の出版のみに終始する態度を維持して現在に至ったのです」（以下六行略）。

私の「最終講義録」の後段は以下のとおりである。

「この事件は研究者としての私にとって致命傷となってしまったわけですが、私のその作品が二六年後にあるリーディングス『展望　日本歴史　二〇　帝国主義と植民地』（東京堂出版、二〇〇一年、二一〇～二四九頁）に収録された際、お手許のプリントの最後の二頁にその経過について実名を挙げてしるしてあります。現在は早稲田大学教授の小林英夫という人ですが、私がこの追記を公表してから八年、私はご本人から何の抗議も受けておらず、口頭で謝罪の意を軽く告げられただけであり、現在もその人は次々に著作を公表し、大活躍中です。盗用、剽窃をすることが学問の正常な発展にとっていかに大きな打撃をあたえるか、その被害を蒙った当事者として、研究者への道を歩む皆さんにはお伝えしておく義務があろうかと思い、恥ずかしさを忍んで今日皆様に申し上げる次第です」（以下三行略、前段・後段とも東京国際大学経済学研究科『経済研究』第一二号、二〇一〇年三月、二九頁所収、傍線は筆者）。

2　地裁の「相当性」論

小林原告の「訴状」は、私の「最終講義録」から引用するときに、意識的にいくつかの言葉を隠蔽している。その第一が、私が小林英夫の個人名を指摘したのは、訴状が糾弾する二〇〇九年の私の「最終講義」の時ではなく、二〇〇一年に両者の論文が同時に東京堂出版の企画になる「リーディングス」に収録されたとき、すでに行っていたことである。

この時、小林本人は私に謝罪し、以後も私に対して一言半句の論難も行わなかった。「訴状」における不当な事実の誤認と意図的改竄は非常に悪質である。この謝罪そのものを「訴状」は押し隠す。一言半句の論難も行わなかったことをもすべて隠蔽する。こうして歴史的真実と全く異なる、歪曲された「訴状」が法廷に提出されたのである。真実に反する「訴状」に基づいて法廷が開かれ、多くの裁判官が交替に交替をかさね、異常に長期にわたる第一審の判決は、結局のところやはり真実に反するものになった。

第二に、私が最終講義の当日に、正確なテキスト（「お手許のプリント」）を聴講学生等にきちんと配布したうえで発言していること、上記のごとく小林は謝罪後も長期間にわたって私に抗議しようともしなかったこと、等を正確に位置付けてもらわなければならない。

したがって、最終講義における私の発言は、私が小林の謝罪を前提として、その謝罪後の八年間にもわたって謝罪した態度をそのまま翻さず、私に対して何の抗議もしてこなかったことをそのまま信じこんで発言しているわけである。

繰り返せば、最終講義当日の私は、小林のこの謝罪の態度が継続していることを信じたまま、また長期にわたり小林から抗議をされなかったことを信じたまま、最終講義の当日に発言したのである。

これがいわゆる「誤認」に基づく発言であったにせよ、その当日の私が、そのように信じ込んで発言したことそれ自身は、私の「最終講義録」それ自体が「相当性」の明確な証拠になるものである。地裁判決が、このように明白十分に認められる「相当性」を無視して、非常に乱暴な「論理」「操作」によって裁断し、無実の被告を有罪に陥れたのである。

重要なところだからさらに念を押しておくが、以上のように、私の最終講義録に即してみれば、講義の当日に私は「小林が私に謝罪した態度を変えておらず、以後もなんらの論難がなかった」と信じて、すなわち「誤認」ではあれ、「誤認する相当性」があったことは、最終講義時に聴講者に配布したメモ＝二〇〇一年リーディングスのコピーが現に存在することから言って明らかである。原の「相当性」は、配布されたコピーや最終講義録それ自体が証拠となって、「相当性」をはっきりと確証している。にもかかわらず、裁判官はこれにまったく気づいていないか、あるいは気づかないふりをして、いずれにせよ「真理性」とは次元の異なる「相当性」の審理を事実上全くなしていないのである。

地裁はこの点につき、「被告（原）が指摘する点は、基本的には記述の内容に重なりがあることを主張するにすぎず、原告（小林）が被告学会報告に依拠して本件原告著書を書き上げたことを裏付ける確実な資料又は根拠があったと認めることはできない。したがって、被告が原告による剽窃を信じたことについての理由があると認めることはできない。」とし、「真実であると信じたことについて相当の理由があったと認めることはできない。」と断じている（前著三七八〜三七九頁）。「記述の内容に重なりがあること」は「真実性」についての誤った裁判官の判断である。「確実な資料又は根拠」を「認めることができない」のは、これも真実性についての裁判官の恣意的かつ非学問的な判断である。

驚くべきことに、地裁判決は「相当性」否定の断定の前段に、わざわざ最高裁の判例を引き、「民事上の不法行為である名誉毀損については、摘示された事実が真実であることの証明がなされなくとも、その行為者において当該事実を真実であると信ずるについて相当の理由があるときは、故意または過失を欠くものとして、不法行為が成立しないと解される。」と明記さえしている。

以上の説明をしておきつつ、当該裁判官は「行為者において当該事実を真実であると信ずるについて相当の理由があるとき」には当たらないと、なお言い張り続けるのであろうか。現役の裁判官がみな同様であると信じたくはないが、せめて次世代の裁判官をめざす諸兄姉には、このような単純な法の規定を、精確に率直に読みとって、誤判を根絶してもらいたいものである。

3　高裁の「相当性」論

他方、高裁判決の末尾では、「真実相当性の判断基準時は行為時であり、真実相当性の抗弁は、その行為時に行為者が認識していた資料に基づいて判断されるべきであるから、控訴人の主張する堀意見書や控訴人の主張などはその判断の根拠資料になるものではない」とわざわざ注記しながら、控訴人（原）が「行為時」（二〇〇九年）に「認識していた資料」である「二〇〇一年リーディングス付記」を聴講性に配布していたという、「行為者」（原）の最終講義当日の「資料」配布事実を頭から忘れ去っている。

このように、地裁判決も高裁判決も、単純に真実性の論証と相当性の論証を直結させてしまった。地裁・高裁の裁判官は、どんな初歩的な教科書でも記している名誉毀損に関する「真理性」と「相当性」との関係、とりわけ「相当性」の定義を忘却し去っていたのであろうか。自ら注記しながら、それと正反対の判決を下す裁判官たちに対しては、不信に陥るのみでは不十分であり、被告側として高度に警戒しつつその訴訟指揮や事実認定の適否に注意しなければならない。裁判で高度に「難解」な案件に対しいくら「長期の」非専門的審理を加えてみても、公平かつ公正な、万人をも法的さらには倫理的に納得をさせる判決を成しえないことは、今回の小林—原裁判の一連の成り行きがよく示している。以上にとどまらず裁判所への批判はまだまだ尽きないが、紙幅の関係でこれ以上の記述は差し控える。

第二部　東京都立大学への批判

――大学における研究倫理審査の形骸化（一）

（筆者・堀　和生）

第一章　東京都立大学の厳格な判断と日和見的結論

1　経緯

小林英夫氏が博士号を取得した東京都立大学には、「不正行為等に係る調査手続き等に関する取扱規程」という規則があり、それが定めている手続きにしたがって、研究不正審査が実施されることになっている。小林・原朗裁判に関心を持つ一研究者が、この規定に基づいて、二〇二〇年三月五日に小林英夫氏の博士号取得論文『「大東亜共栄圏」の形成と崩壊』が、原朗氏の学術論文の盗作である疑惑について都立大学に通報した。七月三日通報者への通知によれば、都立大学では予備調査の結果、本調査が必要との判断となったため、調査委員会を設置して調査を行うことを決定したとのことであった。都立大学窓口の弁護士の説明によれば、委員会は大学副学長をトップに学内外の七人の委員によって構成されており、明らかにされた委員の中には、当該論文が対象とする経済史学の専門家三人が含まれていた。その後の調査・審査の過程については、外部からはうかがい知ることができない。しかし、本件に関心を持つ多くの人々は、都立大学が専門研究者を含めた委員会で調査を始めたことを歓迎し、学術研究機関たる大学らしい調査と判定が行われるものと期待した。

2　都立大学の調査結果の概要――厳格な判断と紛糾回避的結論

調査委員会の設置から九ヵ月を経た二〇二一年三月三〇日付で、都立大学長名で通報者に、「研究活動の不正行為等に係る調査について」という書類が送付されてきた。その内容は、率直にいって驚くべきものであった。

まず、学長名で本調査結果については非公表の内容であるため、インターネット上への掲載、口頭による情報の流布、架電、電子メール、その他方法の如何を問わず、本件に関する情報をみだりに公表しないように、と注意している。

「研究活動の不正行為等に係る調査について」という本文は、わずかA４用紙一枚の長さであり、その要点はつぎのようである。

まず、調査結果として、本件調査から、小林英夫氏の学位論文には、原朗氏の研究業績そのままの無断引用は見られなかった。しかし、先行研究に関する言及や典拠・引用箇所を示していない等、研究倫理上、不適切な点があったと述べている。つまり、原朗氏の研究業績そのままの無断引用はないが、研究倫理からみて不適切な点があることを認めているのである。その認識はどのような結論になるのであろうか。

ついで、結論として、通報のあった学位論文『「大東亜共栄圏」の形成と崩壊』において、盗用・剽窃については、確定判決を尊重し、本調査委員会で別途判断は行わないという旨が冒頭に示される。自己の大学が博士学位を授与した学位請求論文の盗用・剽窃について、裁判所がすでに判断を下しているので、大学としては判断しないという驚くべき姿勢である。

さらに、本学位論文には、研究倫理の観点から不適切な点は認められたものの、小林氏の学位の認定を取り消すまでには至らないと考えると述べる。そして、本学位論文は、その分量の相当部分が先行研究に依拠していることを考慮すると研究倫理上、不適切な点もあると重ねて指摘した上で、原朗氏の研究業績から数行にわたってそのまま引用していた箇所はないことから、重大な不正があったとは言えないと、最終結論を下している。

そして、一九七〇年代においても、研究倫理の遵守は当然の義務であるが、当時は倫理規定が整備されておらず、現代の倫理規定を準用することはできない、との文言を付記している。学術研究における不正行為を厳格に排除すべき研究教育機関としては、極めて特異な判断であると考えられる。

さらに、報告書に別添されている「不適切箇所一覧」によれば、調査過程において真摯な学術的検討が行われたことはうかがえ、都立大学内部において対応に矛盾があることも明らかになった。そこで通報者は、四月一二日に同大学長あてに「再審査とその公表のお願い」を送付したが、それに対しては五月一四日付で同大学長から、それ以上申し上げることはございません、との「回答」が届けられたのみであった。

学界において研究不正を許さないという姿勢が強まっている今日、多くの研究者の関心を集めている本件について、都立大学のこのような研究機関としての責任放棄と、研究不正に対する軟弱で日和見主義的態度、さらには事態隠蔽的な姿勢は、このまま放置することはできないと思われる。そこで、原朗氏を支援する会は、都立大学の研究学術倫理に背を向けた態度に対して、全面的批判する論評を公開した。次に、その全文を掲げる。

第二章　東京都立大学の学位論文調査報告の二重性

――研究不正排除の流れに抗って（二〇二一年五月三〇日、一部改定）

二〇二一年五月二五日各新聞電子版に、「京大、論文盗用で博士号取り消し『開学以来初めて』」（毎日新聞）や「京大が初の博士号取り消し　論文盗用を認定」（京都新聞）「京大初の博士学位取り消し　博士論文に一部盗用が判明」（朝日新聞）等の刺激的な見出しがおどった。同日京都大学は、「博士学位授与の取消しについて」と題して、事実の概要と総長のコメント、関連資料等を公開した（京大HPで閲覧可能）。それらによれば、二〇一二年九月に京大人間・環境学研究科で博士学位を受けた論文について、不正通報があり調査を行った結果、不正が認定されたので取り消し処分に至ったのだという。学位論文は全五章で、そのうちの一章に、出典を明記しない無断引用や他人の論文のアイデア、着眼点の無断借用などが計一一箇所確認され、これを盗用と判断したとのことである。名門大学の博士論文で、このような学位剥奪という不祥事が起きたことにも驚いたが、その調査と審査が厳格に行われていることが伝えられており、その点に特に注意をひかれた。なぜならば、私達は、最近ある大学が、これと全く真逆の不正調査を行ったことを経験したからである。

小林英夫氏（以後、小林と敬称を略す）と原朗氏（以後、原朗と敬称を略す）間の名誉毀損訴訟によって、とみに注目されている小林著『「大東亜共栄圏」の形成と崩壊』は、一九七八年に東京都立大学（以後、都立大学と略す）において学位論文として認められ、小林は博士号を授与されている。二〇二

○年三月五日にある研究者が、都立大学に対して、後述する都立大学の規程に基づいて小林の研究不正行為疑惑の案件の通報を行い、その調査を求めた。これに対して都立大学は、予備調査によって本調査の必要性を認めたので、外部委員を含めた調査委員会を設けて、本調査を行うこととなった。この件は、すでに原朗支援運動の関係者のみならず、歴史学、経済史の学界では広く知られていることであった。そして、一年一ヵ月が過ぎたところで、二〇二一年三月三〇日付学長名の通知と調査結果が通報者に送られてきた。その内容は、先に述べた京都大学の学位論文不正審査とはまったく次元の異なるものであった。そこで、ここで改めて研究不正の取扱いの原則について、都立大学の本件調査を素材に考えてみたい。

1　学界における研究不正に関する対応

冒頭で、京都大学における博士学位剥奪のニュースに驚いたと書いたが、調べてみると実はこの種の事件はそれほど希なことではないようである。Ｗｅｂ上で「博士学位取り消し」で検索を掛けると、多くの事例がヒットする。大学名だけ挙げると、大阪大学、東京大学、筑波大学、慶應義塾大学、早稲田大学、山口大学、徳島大学、同志社大学、東京医科歯科大学等々、枚挙に暇がない。このような学術探究を蝕む研究不正行為はかなりひろがっているようである。

そのような趨勢の実態を、数値で捉えることは容易ではない。歴史学者である長谷川亮一氏は、自分のブログで興味深い調査の結果を明らかにしている。氏は、日本国内の博士論文データベースであるCiNii Dissertations（CiNii-D）、国会図書館OPAC（NDL-OPAC）、各大学がウェブ上で公表している資料、「聞蔵Ⅱビジュアル」（『朝日新聞』）・「ヨミダス歴史館」（『読売新聞』）等を利用して、日本の大学で博士の学位が取り消された事例を丹念に拾い出して、そのリストを二〇一六年一二月に公開している（「日本の大学で博士の学位が取り消された事例集」ブログ「日夜困惑日記望夢楼」*）。この調査によれば、情報を得ることのできた事例一九件の内、一九七〇〜二〇〇九年間のものはわずか四件しかなく、二〇一〇〜二〇一五年の六年間に一五件が発生している。悉皆調査ではないが、二〇一〇年頃から、従来極めて希であった博士学位の取り消し事件が、急増してきたことだけは確かである。その要因について、大学教育に携わっている者であれば、大学院重点化以降に若手研究者をとりまく研究環境が格段に厳しくなったことを想起するであろう。理系では研究費の獲得競争や任期付きポストが増えるなど、短期的に成果を求められる要素が強まり、文系でも課程博士制度が定着して一定年限内に博士学位を取得することが就職の必須条件となってきた。これらによる悪しき業績主義の圧力が、一部の不心得な若手研究者或いは申請者らに、残念な逸脱行為を犯させるようになった条件の一つであろうと予想される。

一方、そのような研究不正の弊害を防止しようとするための取り組みも、並行して進むことになった。文部科学省は二〇〇六年二月に「研究活動の不正行為への対応に関する規程」を制定したが、それは通報制度に重点が置かれていた。そして、これにならって各大学や研究機関においても、同様の通報制度を中心とした「研究不正防止規程」が制定されていくことになる。ちなみに、都立大学では、「東京都立大学における研究活動の不正行為等の防止に関する規則」（二〇〇八年三月）、「東京都立大学の研究活動の不正行為等に係る調査手続等に関する取扱規程」（同）を制定している。

さらに、研究不正を包括的に把握したうえで、その行為を許さずに、厳格に摘発・処罰する制度を設けることにより、結果として研究不正の削減根絶をはかろうとする施策もあった。それを代表するのが、二〇一四年八月の文部科学大臣決定「研究活動における不正行為への対応等に関するガイドライン」（以後、「ガイドライン」と略す）であることに異論はなかろう。研究不正の概念や自律、責任等の規定から、不正行為の事前防止のための取組、特定不正行為への対応、特定不正行為及び管理責任に対する措置等を広範に定めている。そして、各研究機関に研究不正の根絶に取り組むように促すとともに、文科省がそれらを支援することを明言している。この「ガイドライン」の指針は、その後多くの大学や研究機関の規程改訂や不正に対する取り組みに、大きな影響を与えたようである。

つまり、各大学や研究機関は、この文科省の「ガイドライン」を指針に、「研究不正防止規程」の充実化にとりくみ、押し寄せてくる研究不正の波に対抗するようになっていた。本件の小林の学位論文『「大東亜共栄圏」の形成と崩壊』は、研究不正疑惑の通報によって、こういう流れの研究不正防止の制度や枠組みの中で調査された。四〇年以上も前の研究業績が、現代の大学の学術審査を受けるという数奇な巡り合わせとなったわけである。多くの歴史・経済史研究者、そして先の名誉毀損裁判の結果を知る人達は、この都立大学の調査結果を固唾を呑んで注視していた。

＊　日夜困惑日記望夢楼　http://clio.seesaa.net/article/445149529.html

2　厳格な学術的調査・検証

都立大学内部で行われた調査過程の詳細については、部外者にはうかがい知ることができない。しかし、幸いなことに、本件の調査報告に添付された「別添資料」に、「学術論文として、さらに学位申請論文として、既存研究との関係が明示されていない研究倫理上不適切な点がある。以下でそのいくつかの例を示す。」、として、〈不適切箇所一覧〉が掲げられていた。これは、調査委員会の検討過程がうかがえる重要資料なので、ここに煩を厭わずに主要な部分を紹介する。この〈不適切箇所一覧〉については、原朗氏を支援する会のＨＰ*に掲載している資料をご参照されたい。

＊　原朗氏を支援する会・事務局「小林英夫氏の盗作の疑いで都立大の判断を批判」（二〇二一年六月一一日更新）https://sites.google.com/view/aharashien/% E3% 83% 9B% E3% 83% BC% E3% 83% A0

①序論　課題と方法（三〜五頁）

「本書が掲げる視点ないし課題の四点について、左記四点については、『危機における日本資本主義の構造』のほかにも、著者自身が関わった満州史研究会や土地制度史学会共通論題報告メンバーによる共同研究や、メンバー個々の研究成果が多数ある。本書の記述内容は、多くの箇所でこれらの成果と内容上重なっている。共同研究者として、その事実を知る立場にありながら、重複する部分でその都度、彼らの研究成果に触れず、また自身の研究との相違や、批判点を明示していないのは、研究倫理上、不適切な行為である。特に本書が博士の学位申請論文であることを考慮すれば、研究史への貢献が明記されていない問題は大きい。」。

あわせて、本書全体に対する注の付け方について、次のように付け加えている。

「原の研究業績に関する六つの注のうち、四つが日本・植民地・占領地にわたる鉱工業中心の諸開発計画に関わる四つの節の中にある参照注で、一つが臨時資金調整法に関する参照注、残り一つが、第四篇第一章第三節の第四―一表『第二次生産力拡充計画』の資料提供を受けた旨の出典注である。五つが参照注で、一つが資料出典注である。本文に関する引用注はなく、内容上の重複部分が大きいにもかかわらず、本文での参照範囲の指定が厳密ではなく、先行研究に依拠した部分と著者の貢献部分が判明しない。」（傍線は引用者。以下同様。）。

②第二篇第一章第一・二節（四九～五三頁）

「本書『あとがき』では自身の満州工業化の論文に基づく記述としているが、この節には引用注、参照がない。しかし、関東軍の満州統治と開発構想から、特殊会社の制度的な説明に記述が進み、満州国第一期経済建設期での設立状況、設立會社の業務と経済建設綱要との類似・重複、出資内容の特徴――満州国政府の現物出資と満鉄の資金出資を確認するという叙述構成は、自身の既発表論文の構成とは異なる部分が多い。一方で、原『満州第一論文』の構成には類似している。こうした場合、参考注を付し、その上で依拠した部分や自説との違い、批判点などを明記するのが学術倫理上求められるはずである。」。

③第二篇第二章第一節（六九～七三頁）

「この節の冒頭の参考注で立案経緯の詳細は原『満州第一論文』参照と記載されている。しかし、本節だけでなく、第二章全体が原『満州第一論文』の要約である。原はその後、工業開発から資源開発に変質していく一九四二年以降の『第二次五ヵ年計画』にも言及しており、小林著書の第三篇第三章以降の満州産業開発計画に関する部分も概ね、原の研究と重複している。第三章第一節冒頭にも、原『満州第一論文』の参照注があるが、日本と満州の生産拡充計画の関連について参照するように指示しているだけで、参照範囲が曖昧である。実際には日本との関連だけでなく、満州産業開発計画の立案、展開の記述の多くが、原の研究の要約になっている。にもかかわらず、オリジナリティーを不明にしている点で、研究倫理上、不適切である。」。

④第二篇第二章第三節（七三～七八頁）

「当該部分は『あとがき』に著者の『満洲工業化』論文や土地制度史学会大会報告の「植民地工業化」報告に依拠しているとしているが、そこでは初年度実績の検討はしていない。一方、五ヵ年計画の実績を検討した研究には、既に石川滋「終戦に至るまでの満洲経済開発」日本外交学会編『太平洋戦争終結論』（東京大学出版会一九五八年）があるが、『初年度実績』に限定して実績を検討し、修正五ヵ年計画の立案に続ける論理構成は、原の『満洲第一』論文の際だった特徴である。先行研究である原の論理構成を利用しながら、この点を全く明示しないのは、研究倫理上、不適切である。」。

⑤第三篇第一章第二節（一一一～一一五頁）

「日中戦争勃発以前に国際収支悪化を起点に統制が始まったことを明らかにしたのは、原の「日中戦争期の外貨決済」論文である。原は、大蔵省『第一号省令』（一九三七年一月）と『財政経済三原則』（一九三七年六月）や左記二法の成立を、政府内部資料から初めて明らかにした。本節の全体が原の提示した独自の戦時経済像を要約したものになっている。原の研究は、『鋭い分析』として参照注に挙げてあるが、参照すべき範囲を示していないため先行研究に依拠した部分が判明しない。全面的に依拠するにせよ、部分的に異なる見解を示すにせよ、その旨を明記し先行研究との対応関係を示さないのは、研究倫理上、不適切である。」。

⑥第四篇第三章第一・二節（四四一～四五三頁）

「この部分は、筆者らによる学会共通論題報告の重要テーマの一つであり、報告を活字化した原朗「『大東亜共栄圏』の経済的実態」論文と大きく重なる部分である。報告では、新たに発掘された一次資料が駆使され、戦時の南方占領地域研究に新たな地平を開くものとなった。共同報告者である著者は、通貨発行推移を示す二つの図の出典にこの原論文を挙げているが、この二節全体の記述が原論文に重なっていることを注記しておらず、また自身の貢献部分を示すこともしていない。共同研究者の研究成果の利用に当たって研究倫理上、不適切な扱いが認められる。」

⑦第四篇第八章（五二四頁）

「『大東亜共栄圏』が『共貧圏』であったという指摘は、極めて珍しい表現である。戦後の歴史研究の中でこのような表現を使った最初の例は、原の『大東亜共栄圏の経済的実態』論文の総括部分であると見られる。『共貧圏』は、J-stage などの検索では、原論文からの引用として出てくるのみである。著者はこの本の中で、原の当該論文は二つの図の出典として記載しているが、実証部分や総括表現において、多くの部分で原論文と内容上重なる記述をしている。こうした頻度の少ない特徴的な用語を使用する場合は、出典を明記すべきである。内容を知悉する共同研究者の研究成果の総括的表現であればなおのことであり、研究倫理上不適切に扱われている。」

以上の文章を正確に読めば、都立大学の調査委員会が、学位論文『「大東亜共栄圏」の形成と崩壊』について、原朗の学会報告と論文のみならず、広く先行研究と照合し、厳密に調査を行ったことに疑いはない。当該委員会の本来の職務とはいえ、大部な書籍全般にわたる根拠の検証作業は容易なことではないので、委員の方々が学術倫理に立脚して厳格な検証の姿勢を貫いたことに深く敬意を表するところである。

研究不正というものの基本認識として、本調査が立脚している「東京都立大学における研究活動の不正行為等の防止に関する規則」（二〇二〇年三月一七日、以後「研究不正防止規則」と略す）は、次のように規定している。

「第二条　この規則における用語の意義は、次の各号に定めるところによる。
（一）『研究者』とは、本学に所属する又は本学の名を冠した肩書を使用して研究活動を行う全ての者（常勤、非常勤、学生等の身分及び客員教授等の呼称を問わない。また、資金の主たる受給者であるかどうかも問わない。）をいう。
（二）『研究活動の不正行為』とは、研究者が発表した研究成果の中に示されたデータや調査結果等の捏造、改ざん及び盗用をいう。
（三）『捏造』とは、存在しないデータ、研究結果等を作成することをいう。
（四）『改ざん』とは、研究資料・機器・過程を変更する操作を行い、データ、研究活動によって得られた結果等を真正でないものに加工することをいう。
（五）『盗用』とは、他の研究者のアイデア、分析・解析方法、データ、研究結果、論文又は用語を当該研究者の了解又は適切な表示なく流用することをいう。」

また、先述した文科省の「ガイドライン」（二〇一四年八月）では、研究不正について次のように規定している。

「（三）対象とする不正行為（特定不正行為）

本節で対象とする不正行為は、故意又は研究者としてわきまえるべき基本的な注意義務を著しく怠ったことによる、投稿論文など発表された研究成果の中に示されたデータや調査結果等の捏造、改ざん及び盗用である（以下『特定不正行為』という）。

①捏造　存在しないデータ、研究結果等を作成すること。

②改ざん　研究資料・機器・過程を変更する操作を行い、データ、研究活動によって得られた結果等を真正でないものに加工すること。

③盗用　他の研究者のアイディア、分析・解析方法、データ、研究結果、論文又は用語を当該研究者の了解又は適切な表示なく流用すること。」（一〇頁）

この両者の一致ぶりからして、文部科学省の「ガイドライン」にそって、都立大学の「不正防止規則」の当該部分が改定されたのであろうと予想される。言い換えれば、この不正に関する基本認識は、全国で普遍的に適用されている規定だとみなすことができる。

さて、先にみたように、都立大学調査においては、摘出された問題事例について、いずれもすべて、研究倫理上の「不適切」と表現している。ところが、このように、文科省の「ガイドライン」と都立大学の「研究不正防止規則」では、研究不正とは、「捏造」、「改ざん」、「盗用」の三つであると規定しており、「不適切」という概念は存在しない。とすれば、あげられた七つの問題事例は、すでに学界に定着している「盗用」に当たるのか、それとも当たらないのであろうか。「不適切箇所一覧」では、あくまで「不適切」の表現を繰り返すだけで、「盗用」であるか否かについて、いかなる判断も下していない。何か、判断を回避しなければならない理由があるのであろうか。

ひるがえって、七つの問題事例では、①先行研究とりわけ原朗の大会報告・論文については引用注がなく参照注しかないこと、②学位論文は原の研究の構成や研究内容と重複しているところが多いこと、③先行研究とりわけ原朗の大会報告・論文の内容と筆者小林の見解との区別がなく、あたかも全て自己の見解のように展開していること、④原朗のアイデアや学説を要約して筆者の見解のように叙述していること、⑤以上の個所が多く、それは一書全般にわたっていることが、明らかである。久しく学術研究に携わってきた者の目からすれば、これはまさしく「不適切」な程度にとどまらず、はっきりと「盗用」に該当する研究不正であると判断せざるを得ない。

現在、各大学や研究機関、学会では研究不正に対して厳しく対処するようになり、処分を下した場合は、その不正の内容を明らかにするようになっている。冒頭に紹介した京都大学の事件では、全五章の論文中の一章で、一一箇所の注の欠落や着想の借用を盗用の証拠とされ、学位が剥奪されている。このような流れの中で、都立大学の学位論文不正調査では、七部門の領域におよぶ研究倫理上の問題点を正確に摘出した。この調査過程における検出作業を高く評価するとともに、そこでは著者小林によるそれらの行為が「盗用」に当たるのか否かという決定的に重要な判断が、行われないままになっている事実に注目せざるを得ない。

3　都立大学調査報告の詭弁と隠蔽

都立大学の調査において、対象論文の問題点の摘出が厳格に行われたのとは対照的に、調査結果と結論は驚くほど論理矛盾と詭弁に満ちている。

第一は、結論の冒頭に掲げた前提の異常さである。「通報のあった学位論文『「大東亜共栄圏」の形成と崩壊』において、盗用・剽窃については、確定判決を尊重し、本調査委員会で別途判断は行わない。」、とある。

本件は、二〇一三年の小林による名誉毀損の提訴以来、学術的な争点が司法によって審査されるという特異な案件であったために、多くの研究者の関心を集めて来たのである。そして裁判によって剽窃はなかったという高裁判決が確定したにもかかわらず、当該研究分野の専門家ではない裁判官が、今日の学界における学術的基準や審査手法とはまったく異なる独自の基準や観点にもとづいて判断を下したが故に、判決自体への批判が治まらない状況にある。そもそも、民事訴訟の確定判決とは、原告と被告にその執行を強制するものであり、第三者がその判決を検証批判することを妨げるものではない。

都立大学での不正調査を要求した通報は、当該論文（『「大東亜共栄圏」の形成と崩壊』）の剽窃疑惑の解明を求めたものであった。司法による判決内容を一切吟味することなく「尊重し」、大学としての調査と判断を行わないと宣言することは、学問の自由と大学の自律を自ら放棄することに等しい態度である。

第二は、調査の中で明らかになった「研究倫理上不適切」な事項に対する判断基準である。都立大学の不正審査である以上、都立大学の「研究不正防止規則」によって判断しなければならない。同規則第二条（五）には、「「盗用」とは、他の研究者のアイデア、分析・解析方法、データ、研究結果、論文又は用語を当該研究者の了解又は適切な表示なく流用することをいう。」と明記されている。当然に、調査の過程で明らかになった「学術的な不適切」な七つの問題について、それが「研究不正防止規則」の「盗用」に当たるのか否かの判断こそを、調査の結論としなければならない。ところが、調査結果では「学位論文には、原朗氏の研究業績（論文）そのままの無断引用は見られなかった」、結論では「原朗氏の研究業績（論文）から数行にわたってそのまま引用していた箇所はないことから、重大な不正があったとは言えない。」と、驚くべき判断を示した。「数行にわたってそのまま引用」ということを、「盗用」の判断基準とすることは、どこの規則・規程にも書かれていないので、これは都立大学自身の「研究不正防止規則」の規定からの甚だしい逸脱である。学界における研究不正の審査において、「数行にわたってそのまま引用」ということを「盗用」なしの判断基準とした事例は、管見の限り他に存在しない。

小林・原朗裁判の過程で明らかになったように、小林は『「大東亜共栄圏」の形成と崩壊』における無数の剽窃のなかで、被剽窃者・原朗の文章をそのまま使ったところは一箇所も存在していないことが、既に明らかにされている（堀和生「意見書Ⅲ」。原朗著『創作か盗作か』同時代社二〇二〇年、二四七頁〜三〇五頁）。都立大学の調査報告は、この小林の盗作手法を、そのまま容認していることになる。

すなわち、都立大学の調査報告では、調査過程で摘出された問題事例が、「盗用」に当たるか否かについて、判断されないままに終わっている。近年の研究不正を放置しないという学界の強い姿勢に立ってみると、都立大学のこの恣意的な基準での判断は、学位論文の不正事件に対する学位授与大学としての責任を放棄した、姑息な隠蔽措置としかみえない。本件は学位の剥奪に該当する「重大な不正」「盗用」であったと思われる。

第三は、調査報告は、なんら証拠のないことを断定している。調査結論は、「本学位論文の出版当時、被通報者は先行研究者や共同研究者からは盗用・剽窃の批判を受けておらず、他の多くの研究者は、本学位論文が共同研究者のアイデアや研究成果の利用を承認されて執筆されたものと認識していた。」と述べている。調査委員会は、一九七〇年代の多くの研究者の認識について、はたして何を根拠として判断したのであろうか。そのような不特定多数の認識を、四〇年後に資料も根拠もなく証明することは不可能なことである。あまりに、恣意的で非科学的な断定だといわざるを得ない。

このように、都立大学による本件の調査結果と結論は、調査過程で明らかになった当該論文全般にわたる深刻な問題について、「盗用」有無の判断を回避したうえで、都立大学の「研究不正防止規則」から逸脱した恣意的な判断である。このように都立大学の本件の調査報告は、調査過程における厳格な学術的な検証と、調査結果と結論における非学術的な虚論とがはっきりと矛盾し、二重化したままになっている。

都立大学は、現時点でこのような矛盾した判断を下したことを、社会や大学構成員に説明できるのであろうか。さらに、小林氏の学位論文と同レベルの「研究倫理上不適切」な論文が都立大学各機関に提出された場合、先行研究業績から数行にわたってそのまま引用していた箇所はないことから、重大な不正があったとは言えないとして容認し、正当な研究成果として審査・認定するのであろうか。そのようなことを、都立大学は、はたして社会や大学構成員に示すことができるのであろうか。

4　都立大学は、この調査報告を何故公開しないのか？

「東京都立大学の研究活動の不正行為等に係る調査手続等に関する取扱規程」（二〇二〇年三月）にはこうある。

「第二五条　学長は、不正行為等があったと認められたときは、速やかに調査結果を公表するものとする。なお、公表する内容は、次の各号に掲げる事項とする。

二　学長は、不正行為等は行われなかったと認められたときは、調査結果を公表しないものとする。

三　前項の規定にかかわらず、学長は、研究者及び研究者以外で調査の対象となった者の名誉を回復する必要があると認められる場合、公表までに調査事案が本学の外部に漏えいしていた場合又は論文等に故意若しくは研究者としてわきまえるべき基本的な注意義務を著しく怠ったことによるものでない誤りがあった場合は、当該調査結果を公表するものとする。この場合における公表内容は、次の各号に掲げる事項とする。

（一）　不正行為等がなかったこと。

（二）　論文等に故意又は研究者としてわきまえるべき基本的な注意義務を著しく怠ったことによるものではない誤りがあったこと。

（三）　研究者及び研究者以外で調査の対象となった者の氏名及び所属

（四）　調査委員会委員の氏名及び所属

（五）　調査の方法及び手順」

この条項も、文科省の「ガイドライン」中の「第4節　特定不正行為及び管理責任に対する措置

（6）調査結果の公表」（二〇頁）にそったものであり、それ故に全国標準で運営されているルールといえる。これらの「規程」や「ガイドライン」によれば、本件の調査結果は当然に公開されるべきものだと思われる。ところが、都立大学はこれだけ多くの学界の研究者が注目している本件の調査報告の公開を拒んでいる。

そもそも、都立大学は本件学位論文（『「大東亜共栄圏」の形成と崩壊』）に、「数行にわたってそのまま引用」がないという独自の基準を設けて、重大な不正があったとは言えない、と断じた。しかし、都立大学の「研究不正防止規則」にある「盗用」に該当するか否かについては、最後まで判断を避けている。他大学では実際に学位剥奪の厳罰措置をとっているような事案について、都立大学はこのまま、重大な不正はなかった、という判断で、すませられるのであろうか。

そして、この調査事案は、既に学界で広く知られてその調査結果に注目が集まっている。都立大学は、調査対象者の名誉のためにも、通報者の名誉のためにも、そして何よりも学位を出した都立大学の責任として、この学術論文の不正の有無について、大学の調査結果・見解を公開すべき義務があると考える（「研究不正防止規則」第二五条三項）。これだけ学界の耳目を集めて進められた学位論文不正調査について、都立大学はその調査内容と大学としての確固たる結論を、都立大学内の学生、教職員、大学関係者、そして関心を持つ多くの研究者、ひいては社会に対して明らかにすべきであろう。

しかし、残念ながら、原朗氏を支援する会が都立大学から送られて来た学長通知と調査報告を、HPに一括掲載したところ、都立大学は五月一四日にそれを削除するよう求めてきた。原朗氏を支援する会は、学位論文不正について再調査と都立大学の調査報告の公開を引き続き要求しているが、いまだ受け入れられていない状況である。

やむなく、私達支援する会は都立大学の調査報告を内在的に検討批判するこの評論文を、ＨＰ上に公開することにする。もしも、都立大学当局がさらにこの学術的な評論文をＨＰから削除せよと要求してくることがあれば、それは都立大学の主張が学術的な議論に耐え得ないことを、みずから公言しているのと等しいと考える。

都立大学内から、また広く学界から疑問と批判の声が上がることを期待している。

二〇二一年六月一日

原朗氏を支援する会事務局

※　本書収録のために、一部補筆改定した。

第三部　早稲田大学への批判

——大学における研究倫理審査の形骸化（二）

大学における研究倫理審査の形骸化の第一例としての東京都立大学に関しては以上第二部で略述したが、ついで問題となったのは、小林本人が長年にわたり現役教授として勤務してきた早稲田大学である。のちに述べる若干の「重要な前史」があるが、同大学に対しては、私自身がこの事件について早稲田大学学術研究倫理委員会に提出した「通報書」および付表で、この事件の大略をほぼ示していると考え、本書の中で比重が相当重くなるが、あえてその全文を次の第四部に収録することとした。

ただし、後掲する第四部の原「通報書」については、その重要な前提として、早稲田大学学術研究倫理委員会が小林英夫の生涯最初の「元山ゼネスト」論文に対して、正式の「盗用認定」をしていたという重大な問題がある。同時に、盗用と認定したのちどのような処分をしたかを隠蔽した問題があり、さらには出版社である彩流社が、盗作が公式に認定された問題の図書を、いまだ絶版にしていないという問題もある。まずこの経過について述べておこう。

第一章　早稲田大学学術研究倫理委員会の第一の盗用認定

――元山ゼネスト論文の盗用認定と処分結果の隠蔽（含む　彩流社の責任）（筆者・堀　和生）

1　盗作の発覚と早稲田大学への通報

小林・原盗作裁判が始まり、法廷における小林氏の数々の虚偽発言が伝えられると、彼の嘘を事実によって覆そうという声が生まれた。そのなかで、朝鮮史研究者の中で昔から疑惑がささやかれていた本件の存在が浮かび上がった。小林氏が大学院修士時代に発表した論文「元山ゼネスト――一九二九年朝鮮人民のたたかい」（『労働運動史研究』四四号、一九六六年、以後小林論文と略す）が、北朝鮮の尹亨彬《ユンヒョンビン》による朝鮮語論文「一九二九年元山労働者の総罷業とその教訓」（『歴史科学』一九六四年二月号、以後尹亨彬論文と略す）の剽窃ではないかという疑惑である。そして、両論文を比較検討した堀和生が、論文「小林英夫氏盗作行為の起源」を発表した。それによれば、小林論文は一部分を除いて尹亨彬論文の翻訳まる写しといえる内容で、結論部分は全く同じものである。重複部分は文字換算で四八%におよび、学術論文では許されない剽窃であると結論づけた。

小林氏は、この小林論文を裁判で係争中の『「大東亜共栄圏」の形成と崩壊』の元論文の一つであると主張していた。そこで、原朗氏側はこの小林論文を彼の反学術倫理行為の証拠として、小林論文と堀論文「小林英夫氏盗作行為の起源」、関連資料を、東京高裁に提出した（乙第八三号証　二〇一九年五月一七日）。東京高裁は、この重要証拠について、なんら言及することなく無視してしまった。この論文「小林英夫氏盗作行為の起源」は関連資料とともに、原朗氏を支援する会のＨＰにおいて掲示公開した。それによって、閲覧した人々の間で、小林氏の学術倫理喪失の根深さに、改めて大きな驚きの声が上がった。

そのような状況の中で、二〇一九年七月二日、一研究者が早稲田大学の「研究活動に係る不正防止および不正行為への対応に関する規程」にのっとり、小林論文を抄録（実際は、結論部分二頁ほどを削除したもの）として収録した小林英夫著『論戦「満州国」・満鉄調査部事件』（二〇一一年）について、盗作疑惑を早稲田大学に通報した。ここから、この問題の扱いは早稲田大学における疑惑審査に移っていく。

2　早稲田大学学術研究倫理委員会による調査と結論

この通報を受けた大学の学術研究倫理委員会（以後、倫理委員会と略す）は、盗用元とされる朝鮮語論文の和訳の客観性を担保するために、倫理委員会が独自に尹亨彬論文を全訳した上で、それを元に小林論文と照合する予備調査を行った。その結果、九月二四日に倫理委員会は、小林論文には尹亨彬論文と「適切な表示なく類似する箇所が複数確認され、研究活動に係る不正行為の有無を確認する必要がある」と認め、本調査を行うことを決定した。

一二月二日、規定に基づき学内教員二名、学外の歴史学と法学の専門家と弁護士の三名、都合五名の委員で構成される調査委員会が設けられた。委員会は約三ヵ月で四回開催され、二〇二〇年二月二四日調査委員会の最終報告書を作成した。翌二月二五日倫理委員会は、「アジア太平洋研究科における研究不正事案（盗用）に関する調査報告書」（以後、「調査報告書」と略す）を確定し、通報者に連絡してきた。

「調査報告書」は、本文A4、九枚、別表（尹亨彬論文と小林論文の類似部分の対照表）六五枚、都合七四枚の大部なものである。その概要は次のようである。

Ⅰ「調査対象等」では、上記した経緯や委員の構成が説明されている。

Ⅱ「調査内容」では、まず、両論文の比較調査がおこなわれている。小林抄録論文には尹亨彬論文から「適切な表示なく流用されている疑惑、すなわち盗用が疑われる点があった。」として、その類似部分を八四箇所、列挙して指摘している（別紙）。ついで、調査対象者、すなわち小林氏が、盗用の疑いに対する反論として提出した書類の目次を記している（本文は未収録）。さらに、小林氏への聞き取り調査の概要が述べられている。その聞き取り調査の応答での焦点は、両論文の類似性についてであった。

調査委員が両論文には、「文章の内容が極めて酷似している箇所が多く確認できる」として、その説明を求めている。小林氏は、両論文は、「同一のテーマを同一の資料を使用して執筆したので、似てくるのが当然のことと理解している」と答えている。調査委員が、論文中の他文献の引用は括弧をつけているにもかかわらず、尹亨彬論文についてはそれが一箇所もない点について問いただすと、小林氏は、両論文では、「扱っている部分に共通性があり、それがあまりに多すぎるので、個々の点についてではなく、最初に参考文献として示すことで引用の全体をカバーするとの意図を持っていた」と返答している。

Ⅲ「不正行為の認定」の要点はつぎのようである。（1）比較調査に関する結論として、「資料A（小林抄録論文）には資料B（尹亨彬論文）の内容を盗用した箇所があると判断した」。（2）調査対象者（小林氏）の反論資料に関しては、その「意見の正当性を裏付ける新事実や反証の根拠となる資料は見当たらないと結論した」。（3）聞き取り調査に関する結論として、「盗用した疑いが払拭されるような新事実は見いだされなかった」。「盗用した疑いが払拭されるような資料あるいは反証の根拠となる資料が存在しないことを確認した」。（4）結論として、「『盗用（研究者等が、他の研究者のアイディア、分析・解析方法、データ、研究結果、論文または用語を当該研究者の了解または適切な表示なく流用すること）』がおこなわれたものと認定する」。

この後に、先述したように、二つの論文の類似箇所に赤下線を引いた八四箇の事例が列挙されている。

このように本「調査報告書」は非常に精緻で明快なものであり、学術界のどこに出しても異論がでない妥当な判定である。

第二章　盗用の正式認定とその後の意図的隠蔽

1　早稲田大学の不当な後続措置

倫理委員会は、二〇二〇年二月二七日付けで上記の「調査報告書」を通報者に送付してきた。この「調査報告書」に対して小林氏は不服申立をおこなったが、三月一九日倫理委員会はこの不服申立を却下した。私達は、これほど明快な結論を出したのだから、早稲田大学は先の規定に基づいて、アジア太平洋研究科と大学理事会・総長による審査を得て、小林氏の研究不正に対する懲戒を行うものと期待した。ところが、事態は思わぬ方向に進んだ。

倫理委員会の通報者への送付文で、「本最終報告は非公開の内容であるため、インターネット上に掲載するなどして公開することがないよう」と要請していたが、通報者は、この「調査報告書」の内容は通報者個人に関わるものではなく、社会的に極めて重要なので、改めて倫理委員会にその全文公開を強く要求した。あわせて、この盗用認定にもとづく懲戒措置について質問した。それに対して、三月一三日倫理委員会は、規則に則らないことに対応することはできない、「調査報告書」の公開は認めない、という紋切り型の返答をしてきた。通報者と支援する会事務局で議論した結果、この間に早稲田大学が厳正に調査したことを評価し、早稲田大学当局が今後研究不正を追及する措置に誠実に取り組むことを期待して、「調査報告書」を一方的に公開することは自制することにした。

ところが、その後いくら待っても、早稲田大学が小林氏の研究不正を処罰したという情報は得られなかった。通報者は、「調査報告書」の公開を求めるとともに、あわせて懲戒措置の審査現状の問い合わせを倫理委員会に繰り返し送付したが、それらに一切返答はなかった。こうして半年が過ぎた時点で、支援する会事務局と通報者は相談の上、九月一五日倫理委員会に対して、再度上記二点の要求への回答を催促し、大学としての責任を果たすことを求めた。それにも返答がなかったことから、一〇月一日支援する会事務局は、この間の経緯の説明とともに、「調査報告書」を支援する会HPに掲載した。この反響は大きく、多くの閲覧者から小林氏の甚だしい剽窃行為への驚きや怒りの声が寄せられ、あわせて早稲田大学倫理委員会の公正・厳正な調査態度に対する賞賛も送られて来た。学問の自立をかかげる早稲田大学の評価が高まった一瞬であった。

ところが事態は再度変転する。一〇月九日早稲田大学倫理委員会事務局から、支援する会事務局に対して、会HPでの「調査報告書」を直ちに削除するように要求してきた。それによれば、本調査報告書を無断でインターネット上に掲載して公開する行為は、通知人の複製権及び公衆送信権の侵害であり、差止（著作権法第一一二条第一項）の対象となるのはもちろんのこと、民事上の損害賠償責任に加え、刑事責任（一〇年以下の懲役もしくは一〇〇〇万円以下の罰金又はその併科、著作権法第一一九条第一項）も生じ得る重大な違法行為であると記していた。そして、七日以内に削除しなければ、法的措置を講ずることを検討する旨が続いていた。私達は、この「調査報告書」は早稲田大学内のみならず学界において公開すべきものであると考えているが、著作権が早稲田大学側にあるために、やむなくその要求に応じて削除せざるをえなかった。その後も今日に至るまで、早稲田大学は、この小林論文の研究不正に関する調査結果や懲戒措置の情報を公にしていない。つまり、現職教授が犯した研究不正の事実を隠したままであり、その行為を罰したか否かさえ明らかにすることを拒んでいる。

調査委員会の「調査報告書」の厳正な調査判定と、その後の大学当局の不正隠蔽的な対応ははっきりと矛盾していると考えられる。そして、後者を早稲田大学としての最終的な態度だとするのであれば、それは学術倫理の大いなる退廃だといわざるを得ない。後にみるように、早稲田大学は翌年にも、さらなる研究不正の隠蔽に手をそめることになる。

2　剽窃が明らかになった図書の出版責任

二〇一九年五月に堀和生「小林英夫氏盗作行為の起源」が公表されると、小林論文抄録版を再録した小林氏の著書『論戦「満州国」・満鉄調査部事件』を刊行している彩流社に対して、その責任を問う声が生まれた。二〇一九年六月一〇日原朗氏を支援する会のメンバーである二人の研究者が、彩流社に対して質問書を送付した。その内容は、堀和生論文を根拠に同書所収の小林抄録論文には甚だしい剽窃があると指摘した上で、学術研究書は高い倫理性を求められるのであるから、出版社として同書に対して直ちに公正・公明な措置をとるように求めたものであった。それに対して、六月二〇日彩流社からは、「残部僅少」であるなど出版責任に関係のないことを述べながら、「裁判にかかわる資料のことですので……回答は控えさせて頂きます」という返信で、指摘した同書の不正に対応する姿勢を示さず、出版倫理に対する真摯な態度をとらなかった。質問者は二度、三度と出版社の責任を問う質問書を送付したが、同社から一切返信はなかった（原朗氏を支援する会ＨＰ　二〇一九年七月九日更新記事参照）。

二〇一九年五月に東洋英和女学院大学大学院長・深井智朗著『ヴァイマールの聖なる政治的精神』

による捏造問題が明らかになった場合、さらに二〇二一年一二月に東京農業大学の黒瀧秀久氏の著作『森の日本史』、『榎本武揚と明治維新』に文章の無断転用が確認された時に、出版社である岩波書店はいずれの書籍も絶版として回収措置をとっている。このように、今日では出版図書に捏造や盗用等の不正があることが明らかになれば、出版社が当該図書を絶版・販売停止することは確立した慣行となっている。そうであるにも拘わらず、彩流社は『論戦「満州国」・満鉄調査部事件』の販売を続けている。そこで、先の二人の研究者は、二〇二一年一一月二四日に早稲田大学倫理委員会が小林の著書『論戦「満州国」・満鉄調査部事件』には盗用の研究不正があると判断したことを記し、さらに二〇二二年一月二三日には「調査報告書」を添付して、改めて彩流社に質問状を送り、今回は明確に同書の絶版措置を要求した。しかしながら、度重なる催促にも拘わらず、今日に至るまで彩流社から一切返答がない。このことは、彩流社が出版社として学術・出版倫理の責任を放棄していることを示している。そして、このような事態がまかり通っているのは、早稲田大学倫理委員会が同書に盗用・研究不正があると明確に認定しながら、大学としてその事実と処罰の有無を社会に公表せずに、かえって「調査報告書」の公開を提訴で脅してまで隠蔽した早稲田大学当局の倫理的退廃のためである、といわざるを得ない。

（ここまで、堀　和生）

3　早稲田大学への原「通報書」提出の前提——倫理委員会の第一の盗用認定（筆者・原　朗）

以上の事情が、原自身による「通報書」以前に、早稲田大学学術研究倫理委員会が正式に小林に対し二〇二〇年二月二五日に「盗用」を認定していたという「重大な前史」の内容であり、同時に小林

「元山ゼネスト」論文における盗用の実態でもある。ここで重要なことは、調査対象者小林が早稲田大学教授就任よりもはるか以前の大学院生時代の論稿にたいして、早稲田大学当局が確固たる判断により明白に「盗用」であると断定されている点である。学問上ならびに学術倫理上、盗用などの研究倫理にかかわる責任は、一生を通じて負わなければならないことが示されているのである。

小林の生涯最初の論文、「第一の論文」は以上述べてきたように大幅な「盗用」に基づくものであったが、彼の生涯最初の著書、「第一の著書」である『「大東亜共栄圏」の形成と崩壊』（御茶の水書房、一九七五年）が、やはり非常に大規模で計画的な「盗用」に基づくものであり、しかもこの場合、当時は共同研究を進め、一緒に学会大会報告まで行った私が、重点的な盗用の被害にあうことになってしまったのである。

それだけではなく、二〇一三年六月、約四〇年近くも経って、私の大学での最終講義の内容を理由として、早稲田大学現役教授小林英夫は自ら原告となって私を法廷に訴えた。私は四〇年近くも前に受けた「盗用」の被害を、ひたすら沈黙して受忍し、二〇〇一年に彼と私の論文が同一の大学院生用論文集に収録されることになった際に、私の論文に「付記」を書き、事情の一端を明らかにしたところ、彼は私に対して口頭で直接に謝罪し、その後も一切私に抗議することはしなかった。その彼が、「名誉毀損」の廉で私に謝罪広告と著書回収、慰謝料支払いを要求して来たのである。私の側からすれば、「盗用＝剽窃」の「加害者」である彼が、「被害者」である私を訴えてきたことになる。しかも学界における学問的討論は一切せず、直接に裁判所に訴え出た。以上の事情は東京地方裁判所、東京高等裁判所の判決をへて、最高裁判所に上告する段階までの記録として前著『創作か盗作か』（同時代社、二〇二〇年）に記した。関心を持たれる方は同書をご覧頂きたい。

結局最高裁判所においても私の主張は取り上げられず、確定判決となった高裁判決に従って「慰謝料」や利子などを支払い、裁判は当方敗訴で終わった。

しかし、学術的事項について、非専門の裁判官が恣意的な判断により判決内容を定め、専門の研究者が理を曲げさせられ、それに屈するほかはないという成り行きは、私にとっては全く受け容れがたいものであった。

この事件に関心を抱いたある研究者が、小林が学位を取得した東京都立大学へ調査を要求する通報をされた。東京都立大学の調査と、結論については、すでに本書第二部でその概略を記した。「厳密な調査」をしたうえで、結論が調査内容と全くかけ離れたものになったことも前述のとおりである。楽観していたわけではないが、学術機関であれば、大学であれば、少しは理が通るであろうと、多少の期待感を持ったのが私の誤算であった。

「大学」といえども組織である。組織の自己防衛本能が発動されれば、学術的に見て「真」でも、組織はそれを覆い隠して詭弁に走り、大学が大学として自ら「真」なるものを否定する結果を招いたのである。

この東京都立大学の判断をうけて、私は考えた。早稲田大学は、後掲する第四部の原「通報書」提出の重大な前提として、早稲田大学学術研究倫理委員会が小林英夫の一九六六年、彼が東京都立大学大学院生であった時の処女論文「元山ゼネスト」論文に対して、正式に「盗用」と「認定」していたという事実がある。同時に、同件につき早稲田大学自身が盗用と認定した小林は、二〇〇六年に問題の著書『「大東亜共栄圏」の形成と崩壊』の増補版を出版している。その本文は一九七五年の初版、すなわち私が大々的に「剽窃」されてしまった本文と全く同じであり、「剽窃」された箇所もそのまま残っている。「本文」がなければ「増補版」は成立しない、そして二〇〇六年に彼は早稲田大学教授であった。「剽窃」＝盗用であるか否かはやはり大学の調査委員会に正式に通報するほかはなかろうと考え、次の第四部に全文を収録した「通報書」を執筆し、これを早稲田大学学術研究倫理委員会に提出した。

第四部　早稲田大学への私の「通報書」（全文）

（筆者・原　朗）

早稲田大学学術研究倫理委員会委員長　殿

貴学名誉教授小林英夫氏の著書に係る通報書

二〇二一年九月六日
通報者　原　朗
住所・E-mail（略）

目　次（同封資料一覧）

C　「裁判所」の判決と学問の独立
第三　法律的判決と学問的審査
A　「判決」の学術的問題点――地裁判決について
B　高裁と最高裁判決の問題点
C　本盗用行為の歴史的意味と「学問の独立」
第二部　小林英夫『「大東亜共栄圏」の形成と崩壊』における盗用箇所
――小林氏著書における原論文からの大量の盗用とその方法
第一　盗用事例の検証
（1）「序論　課題と方法」
（2）第2篇第1章第2節「特殊、準特殊会社の設立」
（3）第2篇第2章第1節「立案経緯」
（4）第2篇第2章第2節「立案契機」
（5）第2篇第2章第3節「『満州産業開発五ヵ年計画』の内容と第一年度実績」
（6）第3篇第1章第2節「日本経済の軍事的再編の方向」
（7）第3篇第1章第3節「『生産力拡充四ヵ年計画』の内容と特徴」
（8）第3篇第3章第1節「『満州国修正五ヵ年計画』の立案とその特徴」
（9）第3篇第3章第2節「満鉄改組と満州重工業開発株式会社（満業）の創立」
第1項「対満投資動向と満鉄改組」
第2項「満業の設立とその特徴」

（10）第3篇第3章第4節「北支那開発、中支那振興株式会社の成立」
　第2項「興中公司の設立と活動」
（11）第3篇第4章第1節「満州経済再編の進行」
（12）第4篇第3章第1節「南方における通貨金融政策の特徴」
　第2節「『大東亜共栄圏』内の通貨金融政策の展開とその特徴」
（13）第4篇第8章第2節「『大東亜共栄圏内での抗日運動の展開」
（14）原以外の研究からの盗用（その1）　松村高夫氏
（15）原以外の研究からの盗用（その2）　石川滋氏
第二　総括的な評価
第三「小林著書の構成・盗用一覧」多色刷総括表　出典：堀和生「意見書Ⅲ」、一部補正
　一覧表の説明
多色刷総括表

同封資料一覧（通報者―原朗）二〇二一年九月六日

［資料1］小林英夫『増補版「大東亜共栄圏」の形成と崩壊』（御茶の水書房、二〇〇六年）［↓「小林著書」と省略］
［資料2］原朗『満州経済統制研究』（東京大学出版会、二〇一三年）［私家版］⑦「満州第一」論文と⑰「満州第二」論文を所収。

［資料3］原朗『創作か盗作か』（同時代社、二〇二〇年）
［資料4］原朗「資金統制と産業金融」（『土地制度史学』第三四号）①「資金統制」論文
［資料5］原朗「日中戦争期の国際収支」（『社会経済史学』第三四巻第六号）③「国際収支」論文
［資料6］原朗「日中戦争期の外貨決済」（1）～（3）『経済学論集』第三八巻一～三号⑨「外貨決済」論文。
［資料7］原朗「『大東亜共栄圏』の経済的実態」『土地制度史学』第七一号、「実態」⑱論文
［資料8］原朗「準備研究会資料」一九七四年一〇月一二日
［資料9］原朗「大会報告配布資料」一九七四年一〇月二七日
［資料10］小林英夫「準備研究会資料」一九七四年一〇月一二日
［資料11］小林英夫「無題（大会配布資料）」一九七四年一〇月二七日
［資料12］小林英夫『「大東亜共栄圏」と日本企業』（社会評論社、二〇一二年）抜粋（乙第七四号証）
［資料13］「対照表」（乙第七五号証）

＊「通報書」第二部では、主に原［資料2］（⑦、⑰）、［資料4～7］（④③⑨⑱）を中心に小林著書がいかに原の各論文から盗用したかを示すため、その部分の代表的な例につき傍線ないし下線を付した。各頁の上の線は、内容からみて広範囲に事実上原の諸論文の趣旨を「要約」しあるいは「模倣」している部分、公正な慣行に合致しない「引用」、公表権・氏名表示権・同一性保持権など著作者人格権の侵害等に相当する部分等々であって、本「通報書」第二部「小林著書の構成・盗用一覧」の右から第二列「原朗成果の使用箇所」が示す頁数に基づく。多くの場合、原の論文の記述のほとんどの部分が該当する。

本通報の趣旨

ここに通報する趣旨は、以下の通りです。

小林英夫貴学名誉教授（以下小林氏と略します）が二〇〇六年に刊行された『増補版「大東亜共栄圏」の形成と崩壊』（御茶の水書房）［資料1］の本文部分は、本人も認める通り、一九七五年一二月の初版と全く同一であり、初版で盗用された原朗（東京大学名誉教授・東京国際大学名誉教授、以下原ないし私と略します）の一九七四年一〇月二七日の土地制度史学会大会秋季学術大会共通論題「一九三〇年代における日本帝国主義の植民地問題」への私の基調報告論文「『大東亜共栄圏』の経済的実態」（のち『土地制度史学』一九七六年四月に報告内容を変更せずそのまま収録、⑱論文）、その他それ以前の私の諸論文からの盗用箇所が非常に多く、さらに同報告・論文に集大成された私の約一〇年間の研究成果の、アイデア・分析・解析方法・データ・研究結果・論文又は用語を、私の了解や適切な表示なく大々的に利用したものであり、貴学の「研究活動に係る不正防止及び不正行為への対応に関する規程」第二条二項四の「盗用」に、まさに該当する行為であります。

同書「増補版」は、初版の本文を一切改訂せず、「補論　『大東亜共栄圏』再論」（五四七〜五六二頁）を補い、そこでは初版へのいくつかの書評に関する短いリプライと、「発表論文目録」（五六三〜五七六頁、リストの最初は一九六六年の「元山ゼネスト」論文（貴委員会が二〇二〇年二月二五日に「盗用」であると認定されたもの）から、リスト Abstract and Some critics の最後に二〇〇五年の『アジア太平洋討究』掲載論文まで）を加え、さらに英文（i-xiii頁）を加えたのみであることを、著者自身が認めており（「増補版はしがき」i-ii頁）、私の報告・論文を盗用した部分は、初版と同じ形で本文にそのまま残っております。以下で指摘しますように、同書は学術書として到底認められない盗用に満ちた書物ですので、貴委員会の学術機関としての厳正なご審査により、しかるべき措置がとられますよう、ここに通報するものです。

本通報に先立ち、小林氏は盗作の事実を指摘する私に対して名誉毀損訴訟を提起し、この訴訟は被告の真実の証明を認めない内容によって最高裁判決で確定しています。通報者は、判決の事実認定が、学術界における盗用に関する規範的基準と異なる判断によること、司法判断が学術界の規範的基準を採らなかったことを遺憾としていますが、貴学の上記規程は、まさに学術界の規範的基準として、通報に係る件につき適用されるものと理解しています。

通報者は、小林氏の盗用行為のみならず、指摘された盗用について小林氏のとった行動が科学者として「良心にしたがい誠実に行動する」という貴学「学術研究倫理に係るガイドライン」の定める研究者の責務にもとり、また「学の独立」という貴学の建学精神を顧みないものであると考え、この問題を本通報において指摘しています。

そこで、本通報は、第一部において小林氏の盗用行為の特徴と問題点を概観するとともに、本件に係る司法判決と学問的審査との関係について述べ、第二部において盗用の事実を具体的に詳細に明らかにすることといたします。

（通報書）第一部　小林英夫氏著書における盗用行為について

第一　小林氏による盗用行為と通報者との関係

A　小林氏の盗用行為の特徴

はじめに、この通報で指摘する盗用事実が、四点の際立った特徴を持つことを述べなければなりません。

1、学術的討論ぬきで裁判所に訴え出た点。学術界で小林氏がなんら討論や反論をせず、学術界での論争を避けて、直ちに裁判所に訴えたため、専門性を理解しない裁判官が学問の内容に介入して誤った判決をくだし、今後将来の学問と裁判との関係について、さらには貴学が基本理念とされている「学問の独立」そのものを、貴学現職教授（提訴時）かつ名誉教授（判決時）自身が、深刻かつ根底的に侵害する重大な先例を残してしまった点。小林氏という一研究者個人の研究不正のみならず、貴学の名声を著しく傷つけたこと。

2、盗用箇所の膨大性。小林著書五四五頁の本文のうち、本文・引用史料も含め、原との関係で比較検討を加えるべき章・節・項・目一〇五項目のうち、二五項目という、約四分の一にも近い部分が原の論文からの盗用であること。通常は二・三ヵ所ないし数ヵ所の盗用であっても問題とされ、研究不正として処分を受けるのが通例であるのに対し、本件では二五項目にも及び、小林氏著書の目次に従って、論点の重複のみならず各項目の文章に即して盗用に当たるか否かを整理して指摘し、色刷りで示した盗用か否かを判定した一覧表を、後掲第二部の第三（注、本書一八〇―一九一頁）で示す。

3、盗用手法の複雑性。小林氏の盗用の特徴は、原の文章を絶対にそのままでは用いず、必ず手を加えて細かく文言を変えていること。すなわち、数行まとめて盗用するような単純なものではなく、原の文言を部分的に書き直したり、切刻んで小林著書の各所に散らしたり、表現や順序を変更し、図表等の出典も同種史料の他年次のものにわざわざ変更するなど工夫を凝らし、意図的に盗用をトレースし難いものにしている点。

4、著書一冊全体にわたる大規模な盗用。小林氏の盗用は著書全篇の至る所で原の発見を自らの発見とし、書物全体の基本となる論理と構成それ自体も、したがって「序論」と「結語」の内容も、基本的には著書全篇これ原からの盗用であり、近年の人文社会科学史上でも、このように一冊の著書全体にわたって包括的に盗用したような例は他にほとんど見られないこと。

以上の四点が目立った特徴といえますが、とりわけ第一の特徴として指摘した、学術界でその内容が討論されあるいは評価されるべき問題を、学界での討論を全く行おうともせず、直接裁判所に名誉毀損の廉で訴状を提出した小林氏の二〇一三年（当時も同氏は現役の早稲田大学教授）の行為は、以下のように巨大な問題点を包蔵していると考えられます。

「学問の独立」を高く掲げてこられた早稲田大学の現職教授が、研究上の批判に何らの反論もせず、学術界での討論もしないまま、学問的権威とは全く異なる司法的権威に縋り、裁判所に訴状を提出されたことは、それまで高い尊敬の念をもって「学問の独立」を自らの内的規範の一つに数えていた私にとって大きな衝撃であり、二〇一三年六月に訴状を受けとってから二〇二一年八月の今日に至るまで、あらためて「学問の独立」とは何かを考え続けてまいりました。

提訴されてから八年後、その点に関する私の現在の見解は、簡単かつ明瞭でありまして、貴学の掲げられる「学問の独立」ないし「教旨」はあくまでも正しく、誤っているのは小林氏の行為と裁判所の見解（判決）である、というものです。

付言いたしますと、通報者は個人が法に基づきさまざまな訴えを起こすこと自体をなんら否定しているものではありません。それが学問に係るとき、学問の自由に係るとき、そして「学問の独立」に係るとき、学問に携わる学者が、研究倫理に悖る行為を犯し、学界での自律的な判断を恐れて、国家の権力そのものである裁判所に逃げ込むようなとき、大学や学術界はこれを許しておいてよいのであろうか、この点を問題だと考えているのです。

もしこれを放置すれば、現代の日本の裁判所の現状から見て、次々に学問的専門的判断とはかけ離れた判決が続く恐れがあります。本件で学問的内容にわたる案件を、裁判官が非学問的・恣意的基準により裁断した点に、この裁判が将来の学界における研究倫理の徹底に及ぼす危険性を憂慮するのです。

もう一点ここでご留意いただきたいことは、私がいわゆる「悪意のある通報者」ではない、という点です。私の通報の目的は、大学による小林氏個人の研究不正行為の調査ではありますが、それだけではなく、むしろ次のような学術界と法曹界との関係の在り方を、「裁判所」によってではなく、組織的に構成された学術機関である「大学」自らの手によって、改めて純粋に学問的観点から審査することが必要であろうと考えて、この通報書を記しているからです。

小林氏が第一審も終わりに近くなってから提出された『陳述書』で主張し依拠された、「公正な法曹界」による司法手続きの結果は、東京地方裁判所と東京高等裁判所での度重なる非学術的誤判とともに、最高裁判所がこれら下級裁判所の誤判につき職権をもって見抜く力量を持ち合わせなかったこと、総じて「学問」固有の手続きとその内容判断に、裁判所がどのように対処するかという問題に正面から向き合う姿勢が、裁判官たちには欠落していることを私は実感せざるを得ませんでした。

やはり学問的事項については、大学や学会などの学術界で討議することなくしては問題を解決することはできず、裁判の場ではなく、学問の場、とくに確固とした組織をもつ「大学」の場での学術的審査による外はないと考えております。

昨年には、小林氏がその著書の初版『「大東亜共栄圏」の形成と崩壊』（一九七五年一二月）により「博士」の学位を得られた東京都立大学に対して、盗用疑惑の通報書が届けられました。都立大学における審査の結果（二〇二一年三月三〇日）は、「研究倫理上不適切な点」が七点あると一覧表をかかげたものの、「確定判決を尊重し、本調査委員会で別途判断は行わない」、小林氏の記述には「数行にわたってそのまま引用していた箇所はないことから、重大な不正があったと言えない」、「原の記述と数行そのまま一致する点がないから、盗用とはいえず、博士号の剥奪には及ばない」というものでした。

上記の一覧表は、小林氏の著書と私の論文とを極めて丹念に対比したもので、たぶん委員会の中の真剣な研究者委員の手になるものと思われます。しかし、同大学の研究不正防止に関する規程には、「研究活動の不正行為」「捏造」「改ざん」「盗用」に関する規定はあっても、「研究倫理上の不適切」という規定はありません。文面からは「盗用」に相当する内容を、「研究倫理上不適切」と表現せざるを得ない何らかの事情があって、退任直前の同大学学長がいわば苦し紛れにひねり出されたのが、

「数行にわたって」「そのままの」「引用」がないから博士号剥奪には及ばない、という途方もない判断基準であると推察され、私から見ればそれはおそらく学術史上初の珍しい判断ではないかと疑われます。また「確定判決」は、原告と被告の当事者のみを拘束するだけで、それ以外の第三者には何の「尊重」義務もないという、法律上の初歩的知識も踏まえていなかったことにも驚きました。

この知らせを受けて私は考えました。小林氏は一九六六年に執筆した「最初の論文」である「元山ゼネスト」論文が、貴委員会によって「盗用」と断定された行為を犯していたばかりでなく、同氏は本件で問題とする一九七五年の「最初の著書」でもまったく同様に、あるいはそれ以上に大規模な「盗用」行為を犯し、そして同書によって「博士」の学位を取得し、早稲田大学に職を得て、さらにその増補版を二〇〇六年三月に刊行したのです。

上述いたしましたように、その増補部分は、書評へのリプライと自らの業績一覧などの追加のみで、本論部分は一九七五年一二月に発行されたものと全く同じです。（小林氏『増補版「大東亜共栄圏」の形成と崩壊』の「はしがき」i頁）。この二〇〇六年には、小林氏は現職の早稲田大学教授として多面的な著作活動を展開されておりました。

私はすでに二〇〇一年に小林氏の個人名を挙げ、抑制的な文体を用いつつも、小林氏の著書が私の研究諸論文と酷似していることを記し、剽窃を受けた心証を明らかにしております（『展望　日本歴史二〇　帝国主義と植民地』（柳沢遊／岡部牧夫編、東京堂出版、二〇〇一年二月、二四八～二四九頁、拙著『日本戦時経済研究』東京大学出版会、二〇一三年三月［資料2］、一三七～一三八頁、『創作か盗作か――「大東亜共栄圏」論をめぐって』同時代社、二〇二〇年二月［資料3］、五四～五五頁所収）。同年五月末に小林氏は私のこの指摘に対して私に直接謝罪し、以後も二〇一三年の提訴に至るまで、何ら私に対して反論も糾弾もしてきませんでした。

このとき私が小林氏の実名を公然と挙げたにもかかわらず、そして小林氏自身が同年五月末に私に謝罪したにもかかわらず、『増補版「大東亜共栄圏」の形成と崩壊』二〇〇六年の本論部分は、一九七五年初版『「大東亜共栄圏」の形成と崩壊』の本論部分と全く同一であり、したがって私の研究論文からの盗用部分を数多く含んだまま、あえて『増補版』を発行したこと、これらを考え合わせて、この通報書を貴学の貴委員会に提出することにいたしました。

以上のような次第から、この小林氏著書二〇〇六年増補版の本論部分につき、私が盗用・剽窃行為を受けたと考えている点を、本「通報書」第二部において列挙し、すでに小林氏の「最初の論文」につき、明解に「盗用」と認定された早稲田大学学術研究倫理審査委員会に、「最初の著書」についても、盗用の有無につき学術的な観点から公正なご審査をお願いしようと思い至ったのです。列挙に入るに先立って、本件の歴史的前提をご説明するため、第一部を構成する以下の部分をお読みいただいてから、第二部にお進みください。

B　小林氏と私の研究協力関係と本件盗用の前提

小林氏と私が知り合ったのは一九六九年春のことで、氏が「満州史研究会」を作りたい、参加してもらえないか、と私の研究室を訪ねて勧誘された時でした。農林省農業総合研究所の浅田喬二氏、慶應義塾大学の松村高夫氏との四人で四月から研究会を始め、二五回の共同討議・共同研究を重ねて、七一年六月に執筆原稿の検討のため二日間の合宿を行い、その成果として一九七二年一月に満州史研究会編『日本帝国主義下の満州』を御茶の水書房から刊行しました。

私が担当した満州経済統制政策については、それまで私が数年をかけて発掘し収集してきた満鉄経済調査会編『立案調査書類』全三〇編一一八点という膨大な史料群に基づいて、満州経済統制政策の形成過程と実施過程を叙述した約五〇〇枚の原稿を合宿に提出しました。同史料のすべての部分を、直ちに研究会のメンバーに公開して自由に利用することを歓迎する、と私は申し出ておりましたので、例えば小林氏が担当した『日本帝国主義下の満州』第二章の金融構造に関する記述では、私が提供した立案調査書類第二五編『満州通貨金融方策』全四冊に同氏が全面的に依拠されたことは、引用文のみならず本文の地の文でも、その大きな部分を占めていることに明白に表れています(小林氏執筆部分のうち一三六〜二〇〇頁参照)。

私の原稿は分量が多すぎたので、前半の政策形成過程のみを同書に収録し、後半の政策実施過程については次の発表の機会を待つことにされました。この点は同書四〇〇頁の「あとがき」(浅田喬二氏執筆)に明言されていますが(拙著『満州経済統制研究』東京大学出版会、二〇一三年三月[資料4]、二〇七〜二〇八頁収録)、小林氏は自ら起こされた訴訟の中で事実と反する虚構を主張され、原論文の後半部は自著出版後の発表であるから自分が読むことは「物理的に不可能」だと繰り返し述べられました。しかし、氏がすでに一九七四年一〇月の学会大会当日の小林氏の配布資料に、私の論文名を自ら引用していることを当方が指摘すると、それを認めることをひたすら避け続け、なおも意図的に虚言を法廷で繰り返したことは、「争点対照表」に何度も「物理的不可能」論を記入し続けたことで明らかです。

話を満州史研究会に戻しますと、この研究会は熱心で真剣な研究会でした。とくに申し上げておきたいのは、一九六九年から一九七五年まで、小林氏と私とは特に親密な関係にあったことです。研究会の終了後も、その他の日にも、次々に彼は私に質問の電話をくださり、私も長時間になるのを敢えて厭わず対応し、私の自宅へも何回も来訪され、家族ぐるみのお付き合いをしておりました。このことは当時の学界でもよく知られており、小林・原は自他ともに認めるごく親しい研究仲間だったのです。

私は自分で発掘した一次史料を小林氏に対して提供し、その分析方法について自分のアイデアをすべて彼に伝え、自分の知る限りの情報をすべて彼にあたえていたわけです。現在の二人の関係からは理解しがたいことでしょうが、念のためここで申し添えておきます。

ついで本件の第二の歴史的前提は、一九七四年度土地制度史学会秋季学術大会共通論題の実行に関し、原は共通論題の第二報告者として小林英夫氏を選び、共同して準備し、報告（一九七四年一〇月）し、学会誌への報告の一括発表（一九七六年四月）を求めました。満州史研究会と土地制度史学会共通論題準備研究会を通じて、小林氏と原は非常に親密に交流し、上記のように原は研究のアイデアや研究構想、自分が発掘した一次史料などを小林氏にすべて自由に提供しておりました。

学会理事会より託された共通論題の実行に当り、原はかねてより深い関心を寄せていた「一九三〇年代における日本帝国主義の植民地問題」を共通論題に選んで評議員諮問文を書き、評議員全員の賛同を得ることができました。研究報告としては自ら「『大東亜共栄圏』の経済的実態」を第一報告として行うとともに、小林英夫氏に第二報告として「一九三〇年代植民地『工業化』の諸特徴」の報告を要請し、さらに第三報告には当時貴学大学院に在籍中であった新進の高橋泰隆氏による「日本ファシズムと『満州』農業移民」を配して共通論題を組織し、一九七四年一〇月二七日に専修大学で実行しました。この土地制度史学会の報告準備に関しても、原は同様に小林氏を全面的に信頼していたわけです。

ここまではなんの問題もなかったのですが、三報告を一括して学会誌に掲載してほしいという原の希望は、個々の掲載論文の厳格な審査を前提とする理事会（＝編集会議）により、個別論文ごとの審査を原則とする立場から直ちには受け入れられず、学会誌への掲載は一九七六年四月まで遅れました。

ところが学会誌掲載が遅れている間の一九七五年一二月、学会誌掲載の直前わずか四ヵ月前の時点で、小林氏（当時駒沢大学経済学部講師）は単著『「大東亜共栄圏」の形成と崩壊』を刊行したのです。この本は、全巻に亘って原の既存研究に全面的に依拠しつつ、しかも本文では一箇所の図の注を除いて、原の氏名を表示せず、夥しい盗用を行っておりました。

それまで研究仲間として親しく付き合っていた小林氏から、思いがけず彼のこの著書（初版）を手交された時、私は彼が単著刊行を準備していることも全く聞いておらず、学会誌発行の直前というタイミングで著書を刊行されたこと自体にやや驚きましたが、その題名に「大東亜共栄圏」と冠していたことにも意外な感を持ちました。

それまでの彼は主として朝鮮労働運動と植民地工業化問題を研究し、原は日本帝国主義本国と中国東北部（「満州」）および「大東亜共栄圏」を研究してきました。土地制度史学会共通論題でも、小林氏には彼の従来の研究に「大東亜共栄圏」に関するモノグラフはなかったので、やはり朝鮮・台湾を含む「日満華北ブロック」に限定し「植民地工業化」に重点を置いた報告を依頼して、私が「大東亜共栄圏」全体について概観する報告をいたしました。

小林氏の新著の内容を一読して、その論旨や論点が原の論旨を盗用したものであることに直ちに気づき、原は大きな衝撃を受け、愕然としました。彼の著書の内容が原の学会大会報告「『大東亜共栄圏』の経済的実態」の内容や、それ以前に原が発表した諸論文（「資金統制と産業金融」「日中戦争期の国際収支」、前掲『日本帝国主義下の満州』第一章「一九三〇年代の満州経済統制政策」、その続編草稿「『満州』における経済統制政策の展開」、「日中戦争期の外貨決済」など）の内容を非常に多く盗用していることに気づいたからです。

私はその時、一旦はこの盗用行為を学会理事会に対して告発することを考えました。しかし、このとき学会理事会の内部では、秋季学術大会共通論題報告の存廃問題や、学会誌編集方針をめぐって非常に深刻な対立があり、意見の対立点については次期新理事会に継続審議とすることとし、当面の共通論題の分野を西洋経済史から日本経済史に変更することを安藤良雄理事が提案され、まったく例外的に若年で未経験な私が共通論題組織者に急遽選ばれ、窮した私は満州史研究会メンバーに協力を依頼し、安藤理事は大会当日の司会者も引き受けられました。満州史研究会からは、小林氏が報告を引き受けられ、代表格であった浅田喬二氏が司会者をひきうけられました。

この年度の秋季学術大会共通論題はこうしてようやく断絶することなく続けることができた、私たちのこの相当冒険的なワン・ポイント・リリーフによって、共通論題それ自体が生き延びることができ、現在までなんとか継続することができたのだというのが私の考えです。私たちのチームが共通論題を引受けなかったとすれば、伝統の秋季学術大会共通論題は、この年をもって杜絶し、共通論題存続派の理事は理事会に残るとしても、共通論題の廃止あるいは実行方式を存続派とは大幅に変更することを主張されていた理事たちは、学会から退会するか、理事会から離れるか、いずれにせよ真っ二つに分かれることは不可避になりつつある、という私の状況認識が、共通論題組織者としては若年にすぎる私に、無理を押してでも引き受けざるを得ない、と踏み切らせたのです。

このような事情が背景にあったが故に、小林氏の著書が発行され、それが私の報告や論文からの盗用を非常に多く含んでいたことが判明した時にも、共通論題組織者で第一論題報告者を兼ねた私自身が、第二報告者の小林氏を告発すれば、学会理事会に大きな衝撃となるであろうことは、目に見えていました。

年間の学会行事の中で最も重視され、通常はほとんど一年間をかけて準備されていた秋季学術大会共通論題において、こともあろうに盗用を行うような報告者を選んだ責任をめぐって、私は勿論、司会に当たられた安藤良雄・浅田喬二両氏の責任が追及され、ひいてはかかる共通論題を承認した理事会全体の責任そのものが問われることとなり、紛糾した議論が蒸し返されて、最悪の場合には学会の分裂や解散にいたる深刻な事態となりうる危険をはらんでいたのです。このことを、毎回書記役として理事会に陪席していた幹事としての私には、手に取るようにわかっておりました。

この危機が当時の学会に対して持った大きな意味は、私が組織した共通論題の翌年、長期間にわたって理事代表を務められていた山田盛太郎氏が理事への就任を固辞して受けず、結局理事代表の席を去られることになり、また共通論題存廃論をめぐり山田氏と異なる意見を強力に展開されていた西洋経済史の岡田与好氏も、同様に理事就任を固辞して受けず、理事会を離れることになったことに具体的に表れています。

このような状況の中で、小林氏の盗用問題を理事会に持ち出すことは、それによって学会が解体してしまう結果を招くことを、私は深くおそれました。学会の解体だけは避けなければいけない、これが私が小林氏の盗用行為を当時学会に告発しなかった一つの理由です。

私が小林氏を学問的に告発しなかったもう一つの決定的理由は、満州史研究会と土地制度史学会共通論題準備など六年間の学問的・日常的交流で、私は小林氏の個人的性格を相当深く知っていると思い込んでいたため、当時はなおいくつものコンプレックスを抱え、「ひ弱さ」を感じさせていた彼が、仮に彼の盗用行為を私がおおやけに批判すれば、懲戒解雇・出版物絶版・再就職不可能などの強烈な社会的制裁の嵐の中に立たされ、前途をはかなんで自殺する途を選ぶ惧れが相当高い、と怖れたのです。学会の解体と彼自身の自殺、この二つの危険性が、私に小林氏盗用行為の告発を断念させたのです。

その時までの私の研究・教育が社会に対して持ってきた意味と、彼の生命そのもの、いのち一つが失われることの意味とを考え合わせ、私は深刻に考え悩みぬきました。その挙句、私は人間一人の生命の方が、やはりずっと重いと考え、私自身の本来の研究・教育生活をみずから断念せざるをえないと判断し、これまでの研究成果の公刊も断念し、学会解体の危機や小林氏自殺の危惧については、長期間にわたって一切沈黙を守るほかはないという、非常に苦しく苦い決断をするに至りました。

具体的には、私がそれまで約十年間の研究時間を注ぎ込んで、自ら構想し史料を集め、準備し熟成させてきた学問的主題、要約すれば『日本帝国主義研究――一九三〇～四〇年代の史的分析』の、包括的研究内容すべてが、小林氏の著書刊行、正確には盗用行為によって、一瞬のうちに闇の世界に奪い去られたのです。

小林氏の本が出た以上、そしてその本が私の論文を大量に剽窃している以上、私が出版する際には小林氏の行為を全面的に批判せざるを得ず、小林著書五四五頁の批判をするには、どう考えても数倍以上の、一〇〇〇頁を大きく超える頁数を必要とするでしょう。まず批判の対象としての小林著書の文章を引用し、次いで盗用された自分の文章を掲げ、なぜそれが盗用に当たるのかの説明を詳細に行い、さまざまな史料や統計や地図のそれぞれにつきそれがどのような盗用行為にあたるかを示したうえでなければ、自分のオリジナリティーを証明できない、その上でようやく自分の論旨を展開する、このような数千頁を超す本の出版など、どの出版社も引き受けてはくれません。

もはや小林氏と類似したテーマの本の出版は考えられず、ましてや博士論文としての私の研究の集大成の出版も、学位取得も同様に不可能になりました。以後、私は「帝国主義」や「植民地」、「大東亜共栄圏」の研究は断念して一切自分の主題とせず、同氏に同調する研究者に対しても意識的に背を向け、私は学者としての前途にただ暗黒を見詰めながらひたすら新たな研究テーマを模索するのみでした。

小林氏と重なる仕事は一切拒否し、テーマも変えるほかはない、さりとて新たな一次史料の発掘と研究面での新分野の開拓は容易ではない、二〇代後半と三〇代前半の時期を奪われ、三〇代半ばにして、自分の将来の学問的キャリアを投げ捨てさせられた私が、深く心に決めたのは次のようなことでした。

小林氏の生物学的生命の存続を決意したからには、自己の本来の形での研究者生命は、少なくとも上記の「帝国主義」・「植民地」・「大東亜共栄圏」などについての彼と関連する研究は、もはや断念せざるを得ない、しかし私が職業として選び、あるいは天命として与えられ、なお「生涯一学生」と思い定めて今後も持続させなければいけない学問の在り方として、自己の研究は続けざるを得ないとすれば、学問的生涯の可能な在り方としては、本質的には自分自身ではなく、自分の教育と研究を媒介として、「次世代の研究者」の育成に全力を挙げることしかないであろう、そう考えて一九七六年以降の私の学問的目標をあらためて定めたのです（この間の事情について、詳しくは原『創作か盗作か――「大東亜共栄圏」論をめぐって』〔同時代社、二〇二〇年二月［資料3］〕二三～六〇頁の記述もあわせてご参照ください）。

さて、小林氏の最初の著書である『「大東亜共栄圏」の形成と崩壊』（一九七五年一二月初版）における盗用行為は、この通報文の冒頭でご覧いただいた通り、単純に文章の一部をそのまま写しとるようなことは絶対にせず、原の文章をバラバラに解きほぐして著書の中の別の部分に散らし書きにする手法をとっています。

原が作った図表なども小林氏はそれを意図的に改変し、出典も同一史料のわざわざ別の年度に差し替え、原の報告・論文からの引用を可能な限り回避し、節の冒頭で一度原の名を挙げても、以後の叙述をそのまま読めば、原が発見した史料やそれに基づく記述が、あたかも小林氏が発見した史料による小林氏の記述としか読めないように工夫されていたのです。同書における盗用の具体例については、本通報書の第二部で逐次列挙していきます。

C　本件と裁判所判決との関係

さて、本件については、貴委員会にこの通報が届けられる前に、東京地方裁判所（以下「地裁」と略します）・東京高等裁判所（「高裁」と略します）・最高裁判所（「最高裁」と略します）は、約七年の時間をかけて一連の判決を行い、原の上告が棄却され、高裁判決がもはや変更する手段がないという意味で「確定判決」となり、原は小林氏に合計三〇〇万円強の慰謝料並びに利子を支払っております。

この「確定判決」は、最高裁の「決定」を受けて「高裁判決」が他に変更する方法がなくなったという意味で「確定判決」となり、国家の意思として判決の主文が強制力を持ちますので、それに従い原は「慰謝料・金利等」の金員を支払い済です。現在では、民法上私は小林氏に対して現在なんらの債務も持っておりませんし、法的資格において二人はまったく平等であり、裁判に伴う法的手続きはすでにすべて終了しているのです。しかも、法律上、判決の理由中の判断は当事者をも拘束しません。

従いまして、「確定判決」の主文のみが、当事者（原告・被告）のみを拘束し、その理由中の判断は当事者間でも拘束しないのですから、ましてその他の第三者、小林氏と私を除く他の大学関係者などをなんら拘束するものではなく、学術機関等が「確定判決」の内容の検討や批判をなすことを妨げないことは、法律上疑う余地はないものです。むしろ、本件のように、訴えの内容が学問の内容に深く係っているのですから、裁判で裁くことに正当性があるか、裁判官が学問の専門性にどれだけ深く配慮したか、事実認定とその基準が正確に行われたか、等々の批判的検討が必要です。

最高裁判決があったからといって、それが学問的真理を覆すものではありません。事実についての審理は高裁までで終わり、最高裁は上告が法律に合致しているか否かを判断するだけですから、高裁判決が大きな事実誤認に基づいているなら、高裁の誤判は学問的見地から必要であれば厳しく批判されなければならないものです。最高裁は司法の世界では「最高」と位置付けられても、常に社会の他の分野の自律的な諸機関に優越するものではありません。

裁判所の判断とは独立に、学術機関で審査を受けるべきであると各級裁判所で一貫して主張してきた私の本来の立場からすれば、一連の裁判過程が既に終了した今、改めて学術機関によって小林氏の深刻な盗用問題の審査がなされるべきだと考えます。

すでに貴委員会は、小林氏の生涯の「最初の論文」である「元山ゼネスト」について、厳密な審査に基づいて明確に「盗用」と断じられておられます（早稲田大学学術研究審査委員会「アジア太平洋研究科における研究不正事案（盗用）に関する調査報告書」二〇二〇年二月二五日）。これは日本の人文・社会科学上の研究不正の歴史を考えるとき、まさに歴史的な意義を持った判定であると私は受け止めております。

著作権と研究不正・研究倫理にかかわる今回の小林氏の生涯での「最初の著書」にかかわる、極めて大規模な研究不正＝盗用問題につき、学術的にこれを不問に付してよいのかを、ほかならぬ早稲田大学の貴委員会にどうか厳密なご判断を頂きたいと存じます。

「学問の自由」は憲法第二十三条によって認められており、その必然的な帰結として「大学の自治」も認められています。大学は、自己の意思のみによって学問のあり方、大学のあり方につき自ら決定し、他者を批判できるわけです。

前述いたしましたように、「確定判決」となった高裁判決の内容について、その判決の主文がすでに履行されて拘束力のなくなった現在、その「確定判決」なるものがいかに非学術的な誤った判決であったか、これを学問的・科学的に解明することが大変重要です。「法律審」としての最高裁で憲法条項に該当しない、民事訴訟法上の規定にも合致しないという上告棄却の決定があっても、学術的に見て重要な事実誤認があった今回のケースのような場合には、「最後の事実審」としての高裁の判決については、学術的な見地からも深く検討する必要があります。

私の当初からの主張は、かかる学術的性格を持つ問題は、裁判の場で是非を決するべきものではなく、学術の場で、当該テーマに詳しい学術研究者による詳細かつ慎重な検討に付して是非を討論すべきものだというものでした。裁判による判決の限界が露呈したあとにも、学術の場で小林氏の剽窃問題の当否が検討されるべきだと考えております。

「最高裁判決があったから」この案件は結論が出た、もうそれ以上議論する必要はない、「確定判決」を尊重すべきだ、という考え方が示されたこともありますが、すでに述べましたように、これは全くの誤りで、その案件をさらにとりあげ、学術的な見地から地裁・高裁・最高裁それぞれの判決内容を、裁判所の観点からは独立した学術判断の見地から批判することが重要でありますし、実際的にも、法律関係の月刊の学術誌は毎号これらの判決批判（評釈）を掲載し続けているのです。だからこそ判例変更もなされているのです。

以上、本通報書をお送りする事情についてご留意いただきたい事柄についてやや立ちいって申し述べました。以下、第二部において、小林氏の最初の著書が、いかに私の研究を盗用していたかについて、数々の例を提示したいと存じます。単刀直入に問題点を列挙してご説明したいのですが、問題が裁判所に提訴されているということもあり、具体的な盗用そのもののご説明に入る前に、小林氏による裁判所への本件の提訴と、法廷で行なわれた彼の虚偽の申告、さらには裁判所における判決と学術的な審査との本質的な問題など、なお考察を避けられない各種の問題について、この第一部において概括的に事情をご説明を申し上げたうえで、いったん第一部を締めくくり、次の本通報書第二部において、小林氏の行為が「盗用」か否かについて、集中的に述べたいと存じます。盗用が大規模に行われておりますので、第二部はさらに相当の紙数を必要とします。

貴委員会委員諸氏には誠に恐縮ながら、小林氏が「最初の著書」でいかに数多くの盗用行為をしたか、その全体を直視することを要請します。第二部では全体の順序を小林著書の篇別構成の順序に従いましたので、ところどころ主題が飛んだりあるいは重なったりすることがあることをお断りしておきます。

第二　小林氏による裁判所への本件の提訴

［本項より、裁判・判決および小林著書の内容を検討対象とするので、文語体を用います。］

A　小林氏「訴状」における虚偽の申告

しかし、小林氏の行動はさらに事態を急激に悪化させる方向に進んだ。すなわち、学界の判断は信頼することができないからという理由で、「公正な法曹界」に訴え出て、盗用者・加害者である自らが原告となり、被盗用者・被害者である私を相手取り、二〇一三年六月に正式に東京地方裁判所に「訴状」をもって提訴したのである。「学の独立」をモットーとする早稲田大学の、提訴時にも現役である教授が、学問や大学を信頼せず、明確に国家機構の一部をなす裁判所に名誉棄損の廉で訴え出るということは、私にはにわかに信じ難いことであった。

だが、新聞や大学紀要に謝罪広告を掲載せよ、著作物を回収せよ、巨額の精神的慰謝料を支払え、等々の原告の主張を認めることは私にはできず、いわゆる欠席裁判で相手の言いなりになることもできない。なによりも学問の独立を、かくも安直に司法界に委ねたこと自体が、今後の学問の発展にとって許せなかったので、私は応訴して全面的に争うことにせざるを得なかった。

ほかならぬ「大学の自治」により守られている「大学教授」が、歴史的に見てこれまで学問的自立の努力に何度も介入してきた過去を持つ、司法機関そのものに対して訴え出て、自らの「学説」や「名誉」を守ってもらおうと懇願するのは、「学問の独立」の精神に抵触しないのか、これが小林氏に提訴されてから今日にいたる私の深い疑問である。従って、以下において、私は今回の事件に即し、「学問」と「裁判」の関係について、裁判所の判決の荒唐無稽さと、大学による審査がもつ役割について振り返り、今後の大学における学問の在り方と、現代日本における裁判官の資質の極端な低下につき、率直かつ簡潔に記しておくこととする。その中で、今回の事件の持つ意味をふりかえり、将来に向かって研究倫理を向上させるための方策を探り当てたいのである。

この事件は、原告小林氏が被告原を「名誉毀損」の廉で訴え出たもので、「謝罪広告等請求事件」として分類され、原告側の「請求の趣旨」は、①慰謝料三〇〇万円と弁護費用三〇万円並びに利子の支払い、②東京朝日新聞等への謝罪広告、③東京国際大学『経済研究』誌への謝罪広告、④配布した図書『満州経済統制研究』の回収ないし謝罪の意の付箋添付、⑤訴訟費用の被告負担の五点であった。

「訴状」は請求の原因として「原の最終講義での発言内容」を挙げているが、これを原の講義録と正確に対比すると、小林原告の「訴状」の内容は、誤読と曲解にみちている。まず、小林氏の実名を原が公表したのが二〇〇九年のこの最終講義である、と訴状は述べているが、実際には既述のようにもっと早く二〇〇一年二月に『展望　日本歴史二〇　帝国主義と植民地』への追記で原は小林氏の実名を挙げていたのである。であるからこそ、その年五月末に小林氏は原にはっきり謝罪の言葉を告げ、以後も原に対し何の抗議も苦情も申し立ててこなかった。

従って、最終講義当日の原は、小林氏がなお原に対する謝罪の念を持ち続けていると信じていたのであり、それがたとえ「誤認」であったにせよ、当時原がそう信じていたことは、この最終講義録自身がその明白な証拠である。原は念を入れて二〇〇一年の付記を聴講者に配布したうえで、「お手元の資料にありますように」と発言している。この部分は「訴状」からきれいに抜き去られており、小林氏は原の最終講義の中から、自分が謝罪した事実と、その後の八年間につき自分に都合が悪い経緯の部分を避け、「訴状」そのものを事実とは異なる虚偽あるいは虚構に基づいて作成し、自己に都合が悪いことはすべて隠蔽して法廷に出さなかったのである。

そして、地裁・高裁の裁判官たちも、これを見破れなかった。「訴状」の対象である私の「最終講義録」を正確に読めば、私が最終講義の当日も、かつての小林氏の謝罪を信じていたことが文面にくっきりと表れていることは明白で、それが「誤信」でも、相当性が成立する十分な要件を満たしていたのに、何度も何度も替わりに替わった裁判長裁判官も陪席裁判官も、全く気付かなかったとすれば、東京地方裁判所の裁判官（の一部であると信じたいが）は、名誉棄損を問題とする案件で「真実性」と区別された固有の「相当性」を全く不正確にしか理解できていないことを示すものだと危惧するほかはない。ここは法廷の場ではないから、これ以上の言及は控えるが、「訴状」そのものを意図的に捻じ曲げて提訴することは、真理を追求すべき大学人のなすべきことではない。

B　小林氏の「陳述書」における虚偽の申告

小林氏は非常に遅くなってから法廷に対して提出した唯一の「陳述書」（平成二九年五月二日）において、四つの大きな論点を繰り返し強調しているが、これらの論点は全く事実と適合せず、矛盾に満ちている。

その第一は、小林氏の著書執筆が早くから行われていたとの主張であり、第二は分析の方法が当初から最後まで一貫していたという主張、第三は陳述書における課題と本文における結論との矛盾、第四は小林氏が裁判の初期には非常に早くから執筆していたと主張し、裁判の後期には逆にごく短期間に著書を完成したとする自己撞着である。

特に第一と第四の矛盾は、真実のみを述べると宣誓して裁判所に提出した「陳述書」と、過去に公刊してすでに多くの読者の前で公言している自身の著書『「大東亜共栄圏」と日本企業』（社会評論社、二〇一二年一〇月）とが決定的に矛盾していることを示す。陳述書の主張を認めれば、小林氏の過去の数多い全業績の信頼性が全く否定されることとなり、逆に過去の全業績を維持しようとすれば、法廷に提出した陳述書が虚偽の事実に基づく虚偽の陳述であることになって、どちらの道を選んでも小林氏には逃れる道はない、という点で非常に重要である。

私は地裁の結審に際しての口頭陳述でこの二者択一の問題点を追及したが（『創作か盗作か』〔資料3〕三四九～三五一頁）、小林氏はこれに対して絶句し、まったく答えることなく、沈黙したまま発言しなかった。原告側代理人も同様に無言で、裁判長裁判官はそのまま結審とした。

さらに詳述すると、第一の論点は、地裁の審理の初期に小林氏が強調した論点で、自分の著書はごく早い時期、一九七二年ごろから準備していたので、一九七四年一〇月の原の報告など全く聞く必要もなく出来上がっていた、という主張である。内容だけでなく、方法論も、原の報告ではなく浅田喬二氏との「三本柱（土地支配・鉄道支配・金融支配）」論との論争の中からつかみ取ったと主張し、自ら法廷に提出した証拠が後年の著書『「大東亜共栄圏」と日本企業』だった。しかしその内容と、小林氏の「準備書面」や「陳述書」とを照合すると、小林氏が浅田氏の「三本柱」論を批判したのは一九七五年夏の終りのことで、後年の著書に記された執筆過程は、なんと小林氏自身によって、「一九七五年秋以降、小林は方法論の構築に全力を挙げ」、「のちの著書『「大東亜共栄圏」の形成と崩壊』

はこの流れの中で生まれた」と叙述されている〔[資料5]同書の抜粋一六～一八頁、乙第七四号証および[資料6]乙第七五号証「対照表」〕。しかもこの著述は小林の記憶のとおりである旨法廷で認めている。夏の終りにようやく方法論に力を入れ始めた者が、同じ年の一二月に五四五頁の大著を刊行できるとは、当時の出版事情の常識に照らしても全く不可能なことは自明である。

小林氏「陳述書」の第二の論点、分析の方法が当初から最後まで一貫していたという主張の要点は、「工業化の鍵は、日本からの機械と熟練労働力、朝鮮人《ママ》不熟練労働力の直接的生産過程での結合如何」にあり、この方法は一九六七年一〇月以降、一九七五年一二月の小林氏著書初版に至るまでの各論文を一貫しているとの主張である。しかし、小林氏の各論文を精密に点検すれば、学会報告ののち最後に著書初版発行時になって初めてこの方法は自覚的に明示されるのであり、「陳述書」において何度も何度も繰り返された記述は、大々的な法廷への虚偽の羅列だったことになる。法廷に宣誓しながらのこの行為を、地裁の裁判長裁判官それ自身が全く咎めなかったことも驚くべきことである。

第三は陳述書における「課題」と、著書本文における「結語」との矛盾である。陳述書では「植民地工業化の形成と崩壊の論理を『大東亜共栄圏』形成と崩壊の論理とし」と述べており、「植民地工業化の形成と崩壊」と『大東亜共栄圏』形成と崩壊」との二つの問題が、本来非常に異なる次元の問題であることが自覚されていない。華中・華南・南方地域などの諸地域では工業化政策など最初から問題とされていなかった。この問題は著書初版の「結語」にいたって極度に混乱した形で錯綜して現れ、「結語」の論理が二つに分かれて、「結語」としての役割を果たせず、かえって歴史像を二重に混乱させている。小林氏がたとえどんなに「植民地工業化」に詳しくとも、その方法と「大東亜共栄圏」研究の方法では非常に大きな差異があることを自覚せぬまま執筆を急ぎ、結語の提示部分で全くの混乱に陥ってしまったのである。

第四論点は第一論点との関連で既述したので繰り返さない。

以上のうち、「訴状」をめぐる問題点は、訴状を提出した本人が気付かなかったのみならず、また原側が証拠調べに基づいて指摘したにもかかわらず、地裁・高裁の何回も交替した地裁の裁判官の全員が気付かず、判決はこの誤った認識の下で行われ、高裁判決もその誤謬を維持したため、小林氏の「訴状」提出時の事実隠蔽と瞞着の意図は成功した。また、「陳述書」における驚くべき数の不誠実な虚言の連鎖は、小林氏の法廷に対し真実のみを述べるという誓約に全く反しており、裁判官たちがこれを何も咎めなかったこと自体に私は驚愕した。

C　「裁判所」の判決と学問の独立

この点も判決自体がその事実認識の誤りを如実に示している。小林氏が開いた学問への司法の介入の道は、日本の司法制度の土台をなす地方裁判所や、その上位にあってより高い見識を持っていると想定されている高等裁判所の実態が、嘆かわしくも非常に低水準の「見識」と「公平性」しか持ち合わせていないことを明らかにしてしまった。今後の「学問」が「裁判」とかかわりを持つことになる場合に、かかる低水準の裁判官と対峙せざるをえないことを私は深く憂慮する。

小林氏が惹き起こした問題は単なる個別的な盗作問題だけではない。学術的事項を司法的解決に訴えること自体が、「大学」と「裁判所」との関係、「学問」と「裁判」との緊張関係に大学人を置くことになった。彼は「盗用とまではいえない」という高裁の判決理由で慰謝料・利子等三〇〇万円の金員を手にした。今後、この「成功」例を見て、研究不正を侵した者が裁判所に訴え、各地の裁判所で学術的事項に専門知識のない裁判官たちが長期間をかけても判決を書き上げることができず、最後は目を瞑ってどちらか一方を勝たせることを決断し、事実認定も合理的論理も何もなく、ひたすら手探りで「判決」を言い渡す、そういう情景が起こりうる道を小林氏は開いたのである。その意味で、小林氏の盗用・剽窃はそれ自体として学問上絶対に許せないが、学問に対する権力の介入の道を開いたことは、歴史学者として、さらに、人文社会科学・自然科学・応用科学などすべての学問に真剣に携わっている人々のために、さらに絶対に許すことはできない。

第三　法律的判決と学問的審査

A　「判決」の学術的問題点――地裁判決について

さて、原告本人の訴状や陳述書の検討に基づき、ここで裁判所が行った一連の判決の枢要点を簡潔に批判しておかなければならない。小林氏の行為の学問上の全体的意味、あるいは学問と裁判との関係一般を問うために、最小限必要なことだからである。

まず、地裁判決の批判（地裁判決の主文と「当裁判所の見解」ならびに裁判官氏名は原『創作か盗作か』三六〇～三八〇頁、判決に対する批判は三八一～四七〇頁を参照されたい）。

地裁は、私の主張のうち、「公共性」と「公益性」の主張を認め、憲法第二一条にも言及して原告側の主張を斥けた。また、原告の三三〇万円の慰謝料要求を二二〇万円に減額して認め、その余の請求を棄却した。すなわち、原告が請求した新聞と学術誌への謝罪広告の掲載、著書の回収、等々の名誉回復の手段は認められず、訴訟費用は一〇分の七が原告、三が被告の負担とされた。

「謝罪広告等請求事件」として原告が要求した本事件の各種の請求は、金員を除いてはすべて棄却され、謝罪広告もその他の「名誉」回復措置も当方はする必要はなくなったのである。主文の限りでは、「名誉棄損」裁判としては形式的には当方の「勝訴」と受止められることもなくはないが、被告の行為の「公共性」と「公益性」を認めながら、「真実性」の判断において誤った盗用＝剽窃の非学術的な基準を恣意的に定めた点は、学問的基準への司法権力の恣意的介入として重大な汚点を残すものである。

地裁は全くの誤認により、事実認定上のすべての論点につき事実上原告側の誤った主張に追随し、事実認定の誤りを徹底的に繰り返した。この「盗用の定義」とそれに基づく判断は、原が法廷に提出した貴学大学院経済学研究科が修士論文提出に際して義務付けている「剽窃行為定義書」でも例示されている具体性をも地裁はなんら参考とせず、「アイデア」「ありきたりのアイデア」などの定義を自分だけの判断で勝手に決め込み、学術上・慣例上大学で定められている明確な基準を、何らの根拠を示さず恣意的に審判の基準としている。

さらに、「真実性」の立証ができなかったときにも考慮されるべき「相当性」の判断につき、「真実性もないから相当性もない」という、法理も判例も全く無視した、裁判官とはほとんど考えられない途方もない理由で、被告に対し原告への金員支払いを命じた。

歴史学に関する知識も、当案件の審理に要する歴史学の学習もなにもなく、「歴史上の事実だから」「誰にも書ける」、「主語・述語・叙述の順序が同一」だとか、新しい研究を知らずに原告側の指示する古い「文献が存在する」とか、繰り返し何回も歴史学の方法論に無知な「当裁判所の見解」をみれば、司法が土足で学術の場に踏み入ってきたという感慨を持たざるを得なかった（地裁判決の荒唐無稽さとその水準は、原『創作か盗作か』三六〇～三八〇頁に全文を収録した「当裁判所の見解」をみれば判然としている、その批判は同書三八一〜四七〇頁を参照。とくに、地裁判決に見られる盗用の判断様式が、学界における盗用の判断の方式と全く異なっている点については、同書三八六〜四二五頁を参照。この指摘は、同時に学界における盗用の判断様式のあるべき姿を鋭く指摘するものでもある）。

かつて日本学士院賞をめぐる案件で裁判が起こされたとき、東京地方裁判所が「学問」にかかわる裁判について非常に慎重な配慮を必要とするという立場を明確に示したことがある（「中国塩政史研究論文事件」東京地裁　平成四年一二月一六日、本書第一部第一章第一節、一九一―二三頁参照）。そのような判決が存在したこと自身を、今日の地裁は忘却しきっているのではないか。

この地裁判決に接し、原は、個人としてよりも、これまで歩んできた学者・研究者の立場から考え、司法に対する学術上の観点に立って、控訴することを決意した。

B　高裁と最高裁判決の問題点

次いで、高裁判決の批判に入る（判決文のうち主文と「当裁判所の見解」は原『創作か 盗作か』四九〇〜五〇四頁、それに対する批判並びに上告理由書・上告受理申立て理由書の「理由要旨」は同書五〇五〜五二二頁を参照）。

高裁は流石に地裁判決の説得力がないことを認めたからか、地裁判決の危うい点を一一点にわたって削除と挿入、言い換えを繰り返して取り繕い、弥縫したうえで地裁判決を維持した。しかし、「剽窃の定義」はなんと『広辞苑』（第七版）による、というのである（本書三〇―三六頁）。剽窃＝盗用の定義については、原側は早くに「準備書面4」で早稲田大学・神戸学院大学等々の定義の例を提出し、文部科学省や日本学術振興会にも言及してあるのに（『創作か盗作か』六九〜七三頁）、「最後の事実審」

としての高裁が事実調べも全くせず、初回結審で地裁の判決を弥縫するのに汲々とし、その誤りは真実性判断でも相当性判断でも地裁と同様であった。「真実性」の判断で多用された理由は「（剽窃）とまではいえない」、「とまではいえない」の繰り返しで、なぜ「とまではいえない」のか、についての説明は最後までなく、相当性の判断でもほとんど同様であった。

最後に、最高裁判決の批判。最高裁第一小法廷は、職権によって改めて自判する可能性があるにもかかわらず、誤判を繰り返した下級審の在り方を見破れず、事件の全容を把握することができなかった最高裁調査官（氏名不詳）の作成した報告にそのまま依拠して、上告却下・上告受理申し立て不受理の決定を下したのであろう。当方が提出した非常に重要な「上告受理申立理由補充書」に一言の言及もなかった（本書二二三―二二六頁）。

ここで問題となるのは、このような現在の憂慮すべき実態では、私が受けた地裁・高裁の判決の水準からみると、同様な水準の判決を裁判官からうける被告が、毎週のように定められる判決言渡しの日のたびに、ショックを受け続けていくのではないかと心が痛む。このような下級審の状況を、最高裁がどう見るのであろうか。憲法第六章で最大の権能を与えられている最高裁が、日本の裁判制度の土台となるこれら下級裁判所の裁判官の、非科学的な審査判決の実態を、どのように改善できるのかという点に、現在から将来にかけての日本の司法制度とその運用の危機が収斂するのであろうと、私は肌身で感じ、憂慮している。

C　本盗用行為の歴史的意味と「学問の独立」

最後に、これらすべての事態を引き起こした原告小林氏＝被通報者の行為の重大性を問いたいと思う。早稲田大学でも長年にわたって研究教育経験を有する教授であった小林氏が、「学問の独立」の教旨を真正面から冒涜したことによる深刻な学術的権威の崩壊、この深刻な事態をどう受け止めたらよいか、この問題を考えなければならない。

貴学が「早稲田大学憲章」で建学の精神とされる「学の独立」と「進取の精神」、ならびに「教旨」の表現では「早稲田大学は学問の独立を全うし学問の活用を効し模範国民を造就するを以て本旨となす」、「早稲田大学は学問の独立を本旨と為すを以てこれが自由討究を主とし常に独創の研鑽に力め以て世界の学問に裨補せん事を期す」、「早稲田大学は学問の活用を本旨と為すを以て学理を学理として研究すると共にこれを実際に応用するの道を講じ以て時世の進運に資せん事を期す」、この貴学が誇られてきたリフレインの精神を、小林氏は深刻かつ根底的に侵害する結果を自ら招きよせ、さらに将来に重大な悪影響を及ぼすことになった（『創作か盗作か』五二七～五二八頁）。

結果として、研究者個人小林氏自身の研究不正のみならず、本件を知る学術界の多数の研究者に対し、小林氏が既に貴学全体の名声をも著しく傷つけてしまっていることを、貴学関係者はまだ深刻に認識されていない。小林氏が「大学」という学術機関に籍を置きながら、学術的討論をせず、明確に国家権力の一機関である「裁判所」に直接訴えたという行動を、貴学の「学問の独立」の精神は、これを放置されるのであろうか。

また、その結果として、学術的に全く誤った基準を司法当局が設定し、かつ学術研究と研究不正との関係につき同じく全く誤った判決を行ったことの将来・未来の学術界へ及ぼす影響を、どのように深刻にお考えなるのだろうか。小野梓が貴学の前身東京専門学校開校祝辞で「一国ノ独立ハ国民ノ独立ニ基ヒシ、国民ノ独立ハ其精神ノ独立ニ根ザス。而シテ国民精神ノ独立ハ実ニ学問ノ独立ニ由ル」

と諭した気概が、貴学には連綿として脈動していると信じたい私にとって、小林氏の一連の行動は俄かには信じ難いものだった。

このような貴学の名誉にとって非常に重要な案件であること、同時に貴学のみではなく、将来・未来における人文社会科学が盗用等の研究不正行為を許さず正常に発展を遂げるために、小林氏から提起された本件を通じて得られた数多い注意点を考慮して、この通報を真剣にご検討下さることを切望する。

その結果、貴学現職教員（当時）自身が、かつて大規模な盗用を行った書物の「増補版」をみずから現役早稲田大学教授として刊行することにより、貴学が誇りとされている教旨「学問の独立」を、深刻かつ根底的に侵害したことを、学術的な立場から、すなわち司法機関の「裁判所」ではなく、学術機関である「大学」の立場から、そして単に小林氏個人の問題としてのみではなく、「学問の独立」を尊重し堅持してこられた早稲田大学自体の問題として、さらに日本の学術界と世界の研究者コミュニティが、研究不正を根絶させるために不可欠な課題として、貴学術研究倫理委員会の学術研究機関としての責任において、本件を明確に研究不正（盗用）として認定されることを要望する。

貴学が「進取の精神」と「学の独立」の理念を高く掲げられてきたことは、世間一般にもよく知られ、通報者の私としてもこの理念に強く共鳴して、最後の勤務先であった東京国際大学で、ただ一度与えられた入学式における「全学教員代表の歓迎の辞」を述べる機会において、「学問の独立」ならびに精神的独立・精神的自律の重要性を強調したことがあった。

ここに述べてきた通報の内容は、誠に遺憾ながらこの貴学建学の根本精神に抵触するものとしか考えられず、この具体的案件を審査して下さる貴委員会と、委員の皆様方お一人お一人に、単なる具体例としてのみではなく、すでに貴委員会によって第一の「盗用」行為を認定されているこの被通報者の、この第二の研究不正行為が、早稲田大学教授（当時）として何等の処分もなく容認されるのか、早稲田大学が大学としてその威容を保持しうるのかを見極めて頂きたく、天下の早稲田大学がよもや誤った措置をとられないであろうと信じ、ここに通報する。

私の知る限りでは、小林氏の行為によって、学術界での早稲田大学の「進取」の精神や、学問の「独立」の精神が、すでに現在大きく揺らいでしまっている。哲人曰く、「知ることをもって知るとはなさず、知らざるを知ることをもって知るとなせ」。本件に即していえば、小林氏個人の一事例、この覆われていた真実、知らざるを「知る」に至ったことは、同僚や研究者、彼の数多い著書の一般読者たちとともに、とりわけ大学当局が、永年「これを知らなかった」ことを痛切に振り返り、小林氏の一問題の処理のみをもって問題の解決とはせず、彼の行為を、いまや大河の流れのように大きく迫ってきている短期的な業績至上主義に触発されて続出する不正行為の一つの波頭ととらえることが必要であると思われる。このように永年にわたり見過ごされてきた過ちが、今後の学問研究に及ぼす悪影響を少しでも食い止めるため、研究教育機関・学術機関としていかなる措置をとって、真の学術研究体制をゆるぎないものとする方法を「知る」ことができ、かつ構築できるのか、という問題として突き付けられていると考える。

小林氏の行為は、一盗用事件に止まらず、学術界全体に係る。今後「学問」と「裁判」の間で類似した事件が発生した場合、学術界も法曹界も正しく対応されるよう、裁判官にも、大学関係者にも、学芸に関心を抱く社会の人々一般にも、強く理解を求めたい。

最後に、裁判に関して、次のことは言っておかなければならない。日本のような三審制の制度では、地方裁判所の上に高等裁判所があり、高等裁判所の上に最高裁判所がある、と観念されている。しかし、社会科学と歴史学とを永年専攻してきた私から見ると、最高裁判所が最後の裁判所なのではない。さらにその先に「歴史の法廷」が厳然として存在し、小林氏と私とのこの事件についても、「『歴史の法廷』は私に無罪を宣告するであろう、── LA HISTORIA ME ABSORVERA」。法律的裁判が終わり、学問的審査が始まろうとする現在、私はこう信じている。

なお、貴学において審査がなされる場合、その審査手続きを私が尊重することは勿論であるが、仮に審査が終わって結論が判明した場合、この通報書の著作権は私にあるので、私はこの通報書そのものを、以下の第二部を含めて公表する権利があることを申し添える。（「通報書」第一部）　完

（通報書）第二部　小林英夫『「大東亜共栄圏」の形成と崩壊』における盗用箇所
――小林著書における原論文からの大量の盗用とその方法

［なお、第二部では、研究史上の事実を扱うため、私は原、小林氏は小林と表記する。］

すでに二〇〇一年に、原は小林英夫に対し実名をあげて公に注意を喚起（『展望　日本歴史』二〇「帝国主義と植民地」所収「原『大東亜共栄圏』の経済的実態」追記、東京堂出版、二〇〇一年。その内容は原『戦時日本』一三七～一三八頁に収録）したところ、小林は同年五月末に原に謝罪し、以後も二〇〇六年まで原に対する抗議も全くしなかったにも拘わらず、これを無視して同年に「増補版」を刊行した。

なお、小林の同書初版『「大東亜共栄圏」の形成と崩壊』は刊行が一九七五年一二月で、原の学会誌掲載論文「『大東亜共栄圏』の経済的実態」（一九七六年四月）より前であるように見えるが、原の学会報告はそれより一年二ヵ月早い一九七四年一〇月二七日、小林の報告「一九三〇年代植民地『工業化』の諸特徴」と同日に行われていた。小林は共通論題の一括掲載（一九七六年四月）を待たず、その直前一九七五年一二月に著書を刊行した。同著書の内容は原がそれまで積み重ねてきた一〇年間の研究結果を大幅に盗用するものであったため、小林のこの行為によって、原は自分の著書の刊行が不可能となり、研究課題も全面的に変更せざるを得ず、以後今日に至るまで、上述のように長期にわたり苦痛に満ちた学問的生活を余儀なくされてきた。

なお、今回の通報の対象者は、貴委員会が「盗用」行為を行ったと認定された人物と同一人物であることに注意されたい（「アジア太平洋研究科における研究不正事案（盗用）に関する調査報告書」二〇二〇年二月二五日）。この認定に際して、貴委員会が示された厳正かつ誠実な態度に、そして八四箇所もの盗用（類似点）を明確に指摘されたことに、原は深く敬意を表するものである。その際の問題は、対象者が研究生活の最初の論文において盗用を行ったか否かという問題であり、その論文を二〇一一年に再刊したことの学術的責任を問うたものであった。

今回の問題は、対象者が最初の著書で盗用を行い、その盗用部分を訂正せずに、早稲田大学教授の名において二〇〇六年に増補版を発行した点である。

本部では、まず原が小林により盗用されたと判断している点を、小林英夫『「大東亜共栄圏」の形成と崩壊』（初版一九七五年一二月、増補版、二〇〇六年三月、以下『小林著書』と略記する）の目次の順序に即して列挙する。以下で小林の著書の順序を追いつつ、小林が原の研究を盗用した箇所及び論点について傍線で示したうえで、盗用の事実と意味を解説する。また、最後に他の代表的な研究者の研究論文からの盗用についても、摘出し解説する。

なお、小林著書、「増補版」の本文に相当する部分は、本人も認めているように、「あとがき」を除いた本文の内容・頁数ともにその「初版」と全く同じである。下記の指摘は、小林著「増補版」を用いて当該箇所に傍線を付し、通報文に添えて提出する。

ここで対照し検討する小林と原の関係文献は、つぎのとおりである（裁判所に小林、原双方が提出した資料にもとづき原が作成）。本文と付表中で文献名は、基本的にこのリスト番号を示すが、頻繁に使用する文献名は分かりやすくするために、左記（⬇）のように略記名を付ける。

＊小林英夫の著書
小林英夫『「大東亜共栄圏」形成と崩壊』（一九七五年一二月　増補版二〇〇六年三月［資料1］、御茶の水書房）➡小林著書

＊小林英夫の論文（一九七六年四月まで）
①「元山ゼネスト――一九二九年朝鮮人民のたたかい」（『労働運動史研究』四四号　一九六六年七月）
②「朝鮮産金奨励政策について」（『歴史学研究』（321）、一〇～二四頁、一九六七年二月）
③「一九三〇年代朝鮮『工業化』政策の展開過程」（『朝鮮史研究会論文集』（3）、一四一～一七四頁、一九六七年一〇月）
④「一九三〇年代前半期の朝鮮労働運動について」（『朝鮮史研究会論文集』六集　一九六九年七月）
⑤「一九三〇年代『満洲工業化』政策の展開過程――「満洲産業開発五ヵ年計画」実施過程を中心に」（『土地制度史学』11（4）、一九頁～四三頁、一九六九年七月）➡⑤「工業化政策」論文
⑥「一九二〇年代初頭の朝鮮労働者階級の闘争」（『歴史評論』二四八号　一九七一年三月）
⑦「一九一〇年代後半期の朝鮮社会経済状態」（『日本史研究』一一八号　一九七一年四月）
⑧「満洲金融構造の再編成過程――一九三〇年代前半を中心として」（満洲史研究会編『日本帝国主義下の満州』御茶の水書房　一九七二年）
⑨「一九三〇年代朝鮮窒素株式会社の朝鮮進出について」（山田秀雄編『植民地経済史の諸問題』アジア経済研究所　一九七三年三月）
⑩「一九三〇年代後半期以降の台湾『工業化』政策について」（『土地制度史学』16（1）、二一～四二頁、

一九七三年一〇月)
⑪「朝鮮総督府の労働力政策について」(都立大学『経済と経済学』(34)、五五〜七九頁、一九七四年二月)
⑫「日本帝国主義の華北占領政策――その展開を中心に」(『日本史研究』(146)、一〜三二頁、一九七四年一〇月)➡⑫「華北占領」論文
⑬「日本企業の東南アジア進出と労働問題」(『社会政策学会年報』一九号　一九七五年六月)
⑭「一九三〇年代植民地『工業化』の諸特徴」(『土地制度史学』18(3)、二九〜四六頁、一九七六年四月)
➡⑭「諸特徴」論文

＊原の著書
1、原『日本戦時経済研究』(東京大学出版会、二〇一三年三月)➡原『日本戦時』と略す。下記①、③、⑨、⑱所収。[資料2]
2、原『満州経済統制研究』(東京大学出版会、二〇一三年三月)➡原『満州経済』と略す。下記⑥、⑰を収録[資料3]
3、原『創作か盗作か』(同時代社、二〇二一年二月)[資料4]

＊原朗の論文・編纂資料等(一九七六年四月以前)
原の諸論文のうち、本書で主に参照するのは、以下の①③⑥⑨⑰⑱諸論文である
①原朗「資金統制と産業金融」(『土地制度史学』第九巻第二号、一九六七年一月、[資料5])➡①「資金統制」論文、のち原『日本戦時』Ⅵ章

②原朗「書評：桑野仁著『戦時通貨工作史論――日中通貨戦の分析』（東京大学『経済学論集』第三三巻第二号、一九六七年七月）

③原朗「日中戦争期の国際収支――外貨不足問題と経済統制」（『社会経済史学』第三四巻第六号、一九六九年三月、［資料6］）➡③「国際収支」論文　のち原『日本戦時』Ⅱ章

④原朗『「金融事項参考書」解説』（一～七八頁、勉誠社、一九六九年）

⑤中村隆英・原朗編『現代史資料　第四三巻　国家総動員（一）経済』（みすず書房、一九七〇年二月）

⑥中村隆英・原朗編『日満財政経済研究会資料』全三巻（日本近代史料研究会、一九七〇年）

⑦原朗「一九三〇年代の満州経済統制政策」（満州史研究会編『日本帝国主義下の満州』、御茶の水書房、一九七二年一月）➡⑦「満州第一」論文のち原『満洲経済』［資料3］に所収

⑧原朗「日中戦争期の外国為替基金」（松田智雄教授還暦記念『市民社会の経済構造』、有斐閣、一九七二年九月）

⑨原朗「日中戦争期の外貨決済」（1）（2）（3）（東京大学経済学会『経済学論集』第三八巻第一号、一七～四八頁、一九七二年四月、第二号、一～六六頁、同年七月、第三号、二八～六四頁、同年一〇月）➡「外貨決済」論文　のち原『日本戦時』Ⅳ章［資料2］参照。

⑩ Akira Hara, L'Economie Japonaise pendent la deuxième guerre mondiale, in. Revue d'histoire de la deuxième guerre mondiale, No.89, Presse Universitaires de France, Janvier 1973.

⑪中村隆英・原朗「経済新体制」（日本政治学会年報『「近衛新体制」の研究』、七一～一三三頁、岩波書店、一九七三年三月）

⑫原朗「書評：小山弘健『日本軍事工業の史的分析』一九七二年、御茶の水書房刊（『土地制度史学』

第一六巻第一号、一九七三年一〇月）
⑬高橋亀吉・安藤良雄・原朗「社会科学五〇年の証言」一〜三一（『エコノミスト』第五一巻第一〇号、〜一九七四年三月）
⑭河原弘・藤井昭三編『日中関係史の基礎知識――現代中国を知るために』（項目執筆）（有斐閣、一九七四年七月）
⑮田中申一著・原朗校訂『日本戦争経済秘史――十五年戦争下における物資動員計画の概要』（同刊行会、一九七四年一二月、コンピューター・エージ社、一九七五年一月）
⑯大石嘉一郎・宮本憲一編『日本資本主義発達史の基礎知識』（項目執筆）（有斐閣、一九七五年一一月）「戦時経済統制の開始」「戦時貿易問題と円ブロック」「経済新体制」「統制会と軍需会社」「戦時経済の崩壊」
⑰原朗「『満州』における経済統制政策の展開」（安藤良雄編『日本経済政策史論』下巻、東京大学出版会、一九七六年三月）⬇⑰「満州第二」論文　のち原『満洲経済』［資料3］に所収
⑱原朗「『大東亜共栄圏』の経済的実態」（『土地制度史学』第一八巻三号、一九七六年四月、［資料7］）
⬇⑱「実態」論文　のち原『日本戦時』Ⅲ章
　なお、東京都立大学「別添資料　不適切箇所一覧」については、原朗氏を支援する会事務局「東京都立大学の報告の二重性――研究不正排除の流れに抗って」（九〜一〇頁）、「原朗氏を支援する会ウェブサイト」（二〇二一年六月一日更新）を参照。この「不適切箇所一覧」のうち、明確に「盗用」したものと原が判断した場合には、次項の盗用例の列挙にも含めている。

第一　盗用事例の検証（1）〜（15）

（1）「序論　課題と方法」

同書冒頭の「序論　課題と方法」において、小林が原の論文を盗用している事例を、八箇所指摘する。

1　「序論　課題と方法」における課題の提示

「日本本国および植民地全体の経済活動を規定した『生産力拡充計画』、『物資動員計画』」「日本の新興、既成財閥、さらには、中小資本の植民地での活動の実態と特徴」「植民地における国家資本と財閥資本の癒着・結合のあり方の変化」「満鉄改組と満州重工業株式会社、北支那開発、中支那振興両株式会社の設立、さらには、太平洋戦争勃発後の東南アジア地域での経済『開発』政策の展開の分析」（七頁一行〜八行）。

上記引用した「課題」は、原の研究成果①「資金統制」論文五二〜五三頁、⑱「実態」論文二〜八頁、⑥「満州第一」論文四四〜五〇頁、⑰「満州第二」論文、二二一〜二四八頁、等々で提示した課題設定ならびに内容と同じものである。小林の既発表論文（一九七五年以前、以後同様）において、小林がこの課題を掲げて論じた事実はない。先行研究である原が既に設定した研究課題を、あたかも自己が提起するかのように装っている。引用注、参照注がないので、これは盗用である。序論冒頭から原の盗用で始めていることは、同書全体にわたっての盗用を象徴することになる。

2　「序論　課題と方法」中の研究史

小林著書は（八頁七行〜九頁四行）の注（1）〜（9）で一一名の研究者に触れながら、当時小林のいちばん身近で「大東亜共栄圏」を研究しており、かつ翌年四月に学会誌に掲載される予定が確定し内容も小林がよく承知していた「大東亜共栄圏」に関する原の学会報告⑱「実態」論文）については、一切言及せずに意図的に隠蔽し無視している。

小林は井上晴丸・宇佐美誠次郎『危機における日本資本主義の構造』（一九五一年）を高く評価して、自らの課題を設定したとしているが、上記文献のほかにも、小林自身が関わった「満州史研究会」や「土地制度史学会」の共通報告者たちの研究成果が多数存在している。本書の記述内容は、多くの箇所でそれらの成果と内容上重なっている。共同研究者として、その事実を知る立場にありながら、内容が重複する部分でその都度彼らの研究成果に触れず、また自身の研究との相違や批判点を明示していない。

特に本書が博士の学位申請論文であることを考慮すれば、本書全体において先行研究の直接に関連する各部分についての研究史への貢献が明記されていない問題は大きい。これについては、順次指摘していく。原の大会報告⑱「実態」論文）を研究史的に検討していないうえに、原の「大東亜共栄圏」研究への言及がなく、後の本文で原の研究に数回言及するものの、本文に関する引用注はなく、内容上の重複部分が大きいにもかかわらず、本文での参照範囲の指定が厳密ではなく、先行研究に依拠した部分と著者の貢献部分が判明しない。具体的には、順次指摘する。

3　「序論　課題と方法」中の「時期区分」

「この時期区分は、国際的諸関係を視野に入れた時期区分とは若干異なる。後者によれば、第一期は、英・米をバックとした法幣と日本帝国主義が対抗を余儀なくされた三五年一一月のリース・ロスの『幣制改革』をもって一小区画をなし、また、第二期では」（九頁）「第三期の出発も」、「日本帝国主義の南部仏印進駐に対しアメリカが対日資凍結で対抗し、対米貿易遮断にいたる四一年七月時点までで一つの時期区分が可能である。」（一〇頁）。

この部分は、原が全体を三期に時期区分し、創意をもって第一期と第二期の境界を中国幣制改革に、第二期と第三期の境界を対日資産凍結においたこと⑱「実態」二頁右列上段、原『日本戦時』九一頁）が前提となっている。小林は大会報告後学会誌発表前の自筆草稿において、全体の時期区分につき「原論文の時期区分のとおりである」と明確に書いていたにもかかわらず、著書では全体を満洲事変期・日中戦争期・太平洋戦争期という常識的区分に戻り、しかも原の発想を「国際的諸関係を視野に入れた時期区分」として取り込み、これを自らの軍事的常識的時期区分と「若干異なる」「小区画」として言及し盗用した。時期区分は歴史学者にとって決定的に重要である。自らは新発想を生み出せず常套的な時期区分に戻り、なおかつ原の新発想による時期区分も、学会誌が発行され原の報告論文が活字化される一九七六年四月より前に取り込もうという行動に出ている。

4　投資ルートの変更について

「『満州国経済建設要綱』を制定し」、「『第一期満州経済建設』を他に先がけて満州で立案、実施していった」「『財閥入るべからざる』満州国での利潤統制方針への危惧から、満鉄ルートでの対満投資が圧倒的比率を占めた。先の「『第一期満州経済建設』の資金供給ルートが満鉄とされた理由もそこにある」（一〇〜一一頁）。

これらは原が⑦「満州第一」論文一四〜三三頁、五四〜五七頁で詳細に解明した史実に依拠している。小林は自分自身の先行論文に依拠したと主張するが、小林著書の記述は、自身の先行論文の叙述内容とは大きく異なっており、実際には実証密度のより高い原の論文に依拠しつつ、原の新説を自己の旧説だと装って盗用している。

5　日本の対中国通貨政策と通貨戦争

「解放区が建設された結果、国民党、共産党との三つどもえの戦争に入りこむことを余儀なくされた」「華北に中国連合準備銀行を設立し、」「華北では、強力な法幣を駆逐しえなかった。」「華中では、当初『旧通貨回収』も『円元等価』政策も実施できなかった」（一一頁）

解放区（辺区）辺区銀行券・法幣・中国聯合準備銀行券・円元等価政策などを終始重視し強調したのは、桑野仁『戦時通貨工作史論』を書評し咀嚼した上で（原②書評）、あらためて位置づけ直した原の学会報告（⑱「実態」論文二一～二三頁）の盗用である。

6　満洲経済建設と「生産力拡充計画」「物資動員計画」

「第二期の基本的特徴は、日中戦争の長期化と全面的な侵略戦争の拡大に照応して、」「第一期に満州で関東軍指揮下に展開された『総力戦体制』に照応する戦時統制経済体制が、日本国内に移植され、日本を軸に『日・満・支』を逆規定する『生産力拡充計画』『物資動員計画』が樹立された点である。」（二一頁一三～一七行）

関東軍と満鉄経済調査会の共同作業による満州第一期経済建設案の立案過程については、前掲『日本帝国主義下の満州』第1章（⑦「満州第一」論文）で克明に分析し、元大蔵大臣泉山三六氏資料を発掘して、陸軍軍人石原莞爾のブレーン・トラストである日満財政経済調査会による日満を通じる五カ年計画の展開過程を分析し、さらに日本政府の企画院資料により「生産力拡充計画」や「物資動員計画」などを分析し、「解題」を付して『現代史資料』43「国家総動員」経済（一）（みすず書房、一九七〇年二月）および『日満財政経済研究会資料』全三巻（日本近代史料研究会、一九七〇年）などを編集し公刊したのも、すべて故中村隆英教授と原である。小林は原が執筆した「解題」をも使って原の分析のあとを追い、自らのものとして文章を綴っているが、これらすべては盗用と言わざるを得ない。次の七項も参照。

7　日中戦争勃発時から戦争経済の破局までの総括的叙述

「序論後半における大規模な盗用」（一二頁一行目から一五頁六行までの四頁に亘るすべての行、なお一三頁四～八行を除く）」。［資料　小林英夫著『「大東亜共栄圏」の形成と崩壊』（増補版二〇〇六年、一二～一六頁に付した傍線を参照）

この部分はあまりにも盗用が多く、列挙するだけでも以下に見るとおりである。

「三七年一月の林内閣成立（日本国内での『五か年計画』実行内閣の成立）、『満州産業開発五カ年計画』の推進者、石原莞爾の『構想』の日本国内基本政策への具体化、同年六月の近衛内閣成立と日中戦争勃発による『財政経済三原則』等の統制実施とその具体的立法たる『輸出入品等臨時措置法』、『臨時資金調整法』の制定および植民地への適用であった。これと前後して立案、実施された『生産力拡充四ヵ年計画』は、……大規模な戦争を展開しない前提で計画は立案されていた。この軍需基礎素材部門の拡充をまって、直接軍需生産の拡充と軍備拡張が可能となったからである。……一九三七年初頭から実施された『満州産業開発五ヵ年計画』が、三八年段階で大幅修正され、……『物資動員計画』にしたがい、『輸出入品等臨時措置法』、『臨時資金調整法』、『国家総動員法』により、資材、資金、労働力の重点的投下がおこなわれた。この時期にいたると、三井、三菱、住友、日産等が国家資本と癒着する形で大々的に植民地にむかって資本進出を開始した。満州では、三七年末創立された日産の満州重工業開発株式会社が、満鉄にかわり満州の重工業部門を掌握し、三井、三菱、住友は、三八年末創立された国策『開発』会社たる北支那開発株式会社および中支那振興株式会社に大量投資を展開していく。……満州重工業開発、北支那開発、中支那振興に共通する点として、政府による利潤保障があった。しかし、『生産力拡充計画』は、当初の予定通り進行しなかった。」(以上一二頁)、「この計画自身、大規模な戦争が発生しないことを前提として樹立されており、この前提は、日中戦争の長期化と独・ポーランド戦勃発で崩されたからである。……計画は縮小を余儀なくされ始め、植民地、本国を含め生産上昇比率が著しい減退を示した……外貨獲得の必要性に起因する第三国貿易が、外貨獲得ならざる円ブロック内貿易を犠牲にする形で進行し、三九年九月には『関満支向輸出調整令』が公布され、円ブロック向輸出が制限された結果、円ブロック内消費物資の不足をもたらし、占領地での通貨乱発とあいまってインフレを促進し、……中国側通貨たる法幣駆逐の失敗は、日本占領地側の物資確保を著しく困難にし、加えて解放区側の巧妙な通貨政策は、日本帝国主義の法幣駆逐政策に大きな打撃を与え……独・ポーランド戦勃発による第三国貿易の変化、とくにドイツからの……輸入の途絶とアメリカへの転換の必要性は、日本の『生産力拡充計画』、『物資動員計画』を破綻させ、」(以上一一三頁、以下も同様に盗用箇所で埋め尽くされているが、紙幅を考えてここでは簡略な指摘のみにとどめる）、「……重化学工業の未成熟……総動員→軍需動員→軍動員という総力戦体制の本来の姿をとり得ず……直接軍需生産拡充……第三期……第三国貿易途絶……大東亜共栄圏に物資供給なし得ず……占領地での裏付物資なき通貨の乱発……天井知らずのインフレ……占領地での物資蒐集困難……海上輸送力の不足……共栄圏内物資輸送のネック……日本の工業力水準の低位性……艦載機と潜水艦……輸送船・タンカーの喪失……基幹海上輸送ルートの切断……『陸送転移』方針……大陸中継輸送」（以上一四頁）、「……輸送能力減退問題……植民地政策に大きな変更……軽工業抑圧方針の転換……現地自活……輸送負担軽減のための現地中間財生産……第二次生産力拡充計画……徹底的重点主義……生産増強の課題は実現できず」（以上一五頁、詳しくは小林著の原本一三〜一五頁の傍線部分を参照）。

あまりにも盗用箇所が多いため、簡略化して重要なキーワードのみを拾ったが、これらすべての事実はすでに原が提示したものと全く同一であり、事実と事実の脈絡も原の⑱「実態」論文、⑦「満州第一」論文、⑰「満州第二」論文、①「資金統制」論文、③「国際収支」論文、⑨「外貨決済」論文などの盗用であって、原が諸論文で展開したものと同一である。小林の既存研究には、これらの領域を個別にも総括的にも論じた論文が、まったく存在しないことが決定的に重要である。この途方も無い四頁も続く盗用の連鎖を初めて見た時、原はあまりのことに呆然とし、非常に強い衝撃を受けた。

8　植民地統轄機関の変遷

「新興、既成財閥が、国策会社を通じ重工業に進出するという形態から、財閥群が前面に登場し、国策金融機関が後方から支援する形態を取りつつ、『開発』を進行させるという方式が主に東南アジア地域を中心に採用され始めた」（一六頁一〜三行）、「日本帝国主義の植民地支配の形成と崩壊のプロセスを三期に分けて」（一六頁七〜九行）考察した。

この新興・既成財閥、国策会社、南方支配地の担当企業者指定方式へと独占資本がせり出していくという論点は、原が⑱「実態」論文二〜四頁、八〜九頁で、「基本構想と投資形態の変遷」により「概括的に把握」するという「課題」（⑱「実態」論文一頁、）を掲げて把握した結果に依拠している。

「序論」のみについて見ても、先行する原論文についてただ一度の引用注もなく、以上のように原の報告及び論文からの夥しい盗用が行われている。しかも、これらの盗用が、前述のように原の文章をそのまま同じ文章で取り込むのではなく、原の記述を細かく分断して引きちぎり、著書全体に散りばめてパッチワークのように再編することによってあたかも自らの文章であるかのように見せかける、という独特な手法による盗用であることに注意されたい。小林による盗用の際立つ特徴は、原の文章を数行たりとも直接にそのまま自分の文章に取り入れることは絶対にせずに、必ず分断し入れ替え再編して表現を意図的に変えるという手の込んだ手法に徹していることである。この手法は、以下のすべての事例で繰り返される。

以上で「序論　課題と方法」部分についての概括的な指摘を終わり、以下残りの「本論」全体で五二八頁についての吟味をしなければならないが、わずか一六頁の「序論」だけについて上記のように数多くの盗用（傍線）部分があったことからすれば、同じ調子で盗用を指摘すれば、際限もない。そこで、特に盗用が著しい領域のみに絞りこんで、その章節項目ごとに、盗用関係を摘出して証明することにする。

（2） 第2篇第1章「満州国樹立と占領政策の展開」

第2節「特殊、準特殊会社の設立」（小林著書　四九〜五三頁）

この節には引用注、参照がなく、本書「あとがき」では小林自身の満州工業化の先行論文に基づく記述としている。しかし、関東軍の満州統治と開発構想から、特殊会社の制度的な説明に記述が進み、満州第一期経済建設期での設立状況、設立会社の業務と経済建設綱要との類似・重複、出資内容の特徴、すなわち満州国政府の現物出資と満鉄の現金出資を確認するという叙述構成は、小林自身の既発表⑤「工業化政策」論文の構成とは異なる部分が多い。一方で、原⑦「満州第一」論文の構成と類似している。こうした場合、参考注を付し、その上で依拠した部分や批判点、自己の見解との関係、あるいは自説の変更などを明記するのが学術倫理上求められる。

（3） 第2篇第2章「『満洲産業開発五ヵ年計画』の立案過程」

第1節「立案経緯」（小林著書六六〜六九頁）

本節は、その冒頭の参考注で立案経緯の詳細は原⑦「満州第一」論文参照と一度だけ記載されている（六九頁―注1）。ところが、全一一四頁ある原当該論文の何頁から何頁のどのような見解を、小林著書のどこで利用したのかについては、何も示されていない。それは著書の題名をただあげているのと等しく、とうてい先行研究としての参照・引用とみなすことはできない。しかし、実際は本節だけではなく、第2章全体が原⑦「満州第一」論文の要約である。原はその後、工業開発から資源開発に変質していく一九四二年以降の「第二次五ヵ年計画」にも言及しており、小林著の第3篇第3章以降の満州産業開発計画に関する部分も、概ね原の研究と重複している。

本節の本文の内容は、下記の対照文に掲げるようにすべて原が論じており、原の見解以外の叙述は全くない。本節には九つの注が付けられており、小林はあたかも資料に沿って自ら論じているように装っているが、注（2）を除いてすべて原の論文が利用しているものをそのまま使っている。

唯一原が使っていない文献は、小林六九頁注（2）の満州国編『満洲国経済建設ニ関スル資料』である。ところがこの注（2）が引用している「満洲国第二期経済建設要綱」については、原が⑦「満洲第二」六一頁注（8）で、島田・稲葉編『現代史資料　8』七〇八〜七一〇頁を引用して既に分析している。小林は、その同じ『現代史資料　8』を利用していながら、「満洲国第二期経済建設要綱」を引用する際に、あえて『現代史資料　8』を使わずに、わざわざ発行所、発行年不詳（小林著、四九頁注2）の満州国『満洲国経済建設ニ関スル資料』によったとしている。これは何故であろうか。それは、小林が原に依存していない部分があることを、あえて示そうとした工夫であろう。

つまり、本節の本文、注すべては原⑦「満州第一」五七〜七一頁に全面的に依拠しながら、それを明示していないので、本節全部が原論文の盗用であると判断される。

ちなみに、自己の論説の冒頭で他者の論文名をあげたきりで、その見解や引用頁数を示すことなく、本文でその内容を自己の見解のように論じることは、完全な盗用行為である。小林は、一九六六年自己の最初の発表論文でその手法を使い、前述のように早稲田大学学術研究倫理委員会から、その行為は「盗用」であると認定された（「アジア太平洋研究科における研究不正事案（盗用）に関する調査報告書」二〇二〇年二月二五日）。本章の中でも、小林は全部で五回この手法を用いている。

ここで、しばらく本節における両者の本文を対照させる方法によって、盗用の有無を検討することとする。本文は小林・原の順で引用し、解説を加えれば以下の通りである。

〈本文対照1〉「立案経緯」「満州国第二期経済建設要綱」等

小林（小林著　六六頁後五行～同頁最後行）

「陸軍省は、石原莞爾の指導下で『満州開発方策要綱』を決定し、これを関東軍司令官宛に提出、関東軍は、これをうけて、三六年八月一〇日付で『満州国第二期経済建設要綱』を決定した。同要綱は、一〇項目からなるが、その骨子は、『昭和一五年、六年ヲ目途トシ帝国在満兵備ノ充実増強ニ伴ヒ日満共同防衛上必要ナル諸施設ノ実現ヲ期』し、『以テ帝国大陸政策ノ根基ヲ不動タラシメントス』（方針）るものであり、具体的には……」。

⇔

原（原⑦「満州第二」五九頁六行～同一一行）

「『方策要綱』は八月五日付で関東軍司令官宛に示達されたが、関東軍はただちにこれをうけて八月一〇日付で『満州国第二期経済建設要綱』を対案として提出した。この『要綱』は、『満洲国第二期経済建設ハ昭和十五・六年ヲ目途トシ帝国在満兵備ノ充実増強ニ伴ヒ日満共同防衛上必要ナル諸施設ノ実施ヲ期スルト共ニ……以テ帝国大陸政策ノ根基ヲ不動タラシメントスルニアリ』との方針につづいて、十項目の要綱からなり、……」

〈本文対照2〉「国防上必要ナル諸施設」等

小林（小林著書　六六頁後一行～六七頁六行）

「前者に関し見れば、『国防上必要ナル諸施設ノ設備ニ資シ得ルコトニ重点ヲ置キ』『有事ノ際成シ得ル限リ大陸ニ於ケル軍需ノ自給自足ヲ目途ト』し、『現地調弁主義ノ目標ト日満経済ノ合理的融合ノ精神ニ基キ帝国政府ニ於テハ満州ニ於ケル重要産業ノ健実ナル発展ヲ促進スル為満洲国産業統制ニ関連シ内地、外地ヲ通ズル産業上ノ統制ニ関シ格別ノ考慮ヲ払フ』としていた。右の課題実現のためには、当然のことながら、『交通、通信ニ関シテハ……経済開発上ノ要望ヲ充足スル様考慮スル』と同時に、『積極的開発財政政策ヲ樹立』し『金融機関ヲ整備シ国内資本ノ統制、動員ヲ図ルト共ニ』『特殊会社並準特殊会社ニ付テハ……会社本然ノ使命達成ニ遺憾ナキヲ期スル様指導監督スル』としていた。」

⇔

原（原⑦「満州第一」論文　五九頁後四行〜六〇頁一一行）

「一、……国防上必要ナル諸施設ノ設備ニ資シ得ルコトニ重点ヲ置キ……

三、……有事ノ際成シ得ル限リ大陸ニ於ケル軍需ノ自給自足ヲ目途トス……

四、現地調弁主義ノ目標ト日満経済ノ合理的融合ノ精神ニ基キ帝国政府ニ於テハ……満洲国産業統制ニ関聯シ内地、外地ヲ通ズル産業上ノ統制ニ関シ特別ノ考慮ヲ払フ

五、交通通信ニ関シテハ……経済開発上ノ要望ヲ充足スル様考慮スル

八、特殊会社並準特殊会社ニ付テハ……営利主義的独占ノ弊ニ陥ルコトヲ避ケシメ……指導監督スルコトニ力ムル」

〈本文対照3〉「満鉄経済調査会」等

小林（小林著書　六七頁一〇行〜一一行）

「これと前後して、関東軍の依頼をうけた満鉄経済調査会も三六年四月以降、満州の総合経済『開

発』計画作成に着手し、同年八月には『満州産業開発永年計画』を立案していた。」
⇔
原（原⑦「満州第二」論文六一頁九行～一三行）
「満鉄経済調査会は、……関東軍からふたたび満州産業開発永年計画の樹立を要望され、同年三月から七月にかけての五ヶ月間に企業対策・農業政策・移民政策・資金計画の四分科会を含む満州産業開発永年計画立案委員会を設け（正式設置は三六年六月）て、計画立案を行なった。」

〈本文対照4〉「日満財政経済調査会」等

小林（小林著書　六七頁後三行～六八頁後二行）
「三五年秋以降、石原莞爾の私的調査機関として宮崎正義を中心に設立された日満財政経済研究会も三六年九月「満州ニ於ケル軍需産業建設拡充計画」を立案していた。……この『満州ニ於ケル軍需産業建設拡充計画』は、三六年八月日満財政経済研究会が立案した『昭和十二年度以降五年間歳入及歳出計画』と密接な関連をもっていた。……この『昭和十二年度以降五年間歳入及歳出計画』は、日本国内で実施すべく想定された、政治経済体制の軍事的改編をも含む総括的な計画であり、後の『満州ニ於ケル軍需産業建設拡充計画』は、その一部を、まずもって満州で具体化したものであった。」
⇔
原（原⑦「満州第二」論文　六二頁二行～六二頁一二行）
「石原莞爾が「全くの私的機関」として三五年秋に設置した日満財政経済研究会、いわゆる宮崎機関は、その後精力的に活動をつづけ、三六年八月十七日には『昭和十二年度以降五年間　帝国歳入歳出計画　附、緊急実施国策大綱』を作成した。……
　この案が基礎になって、その後満州では満州産業開発五年計画に、内地では重要産業五年計画からさらに生産力拡充計画にまで石原構想が具体化されていくことになったのである。……九月三日、宮崎機関はさらに『満州ニ於ケル軍需産業建設拡充計画』を完成した。」

〈本文対照5〉「大蔵省」等

小林（小林著書　六九頁三行〜同頁六行）
「ところで、関東軍側のこの計画に対し、大蔵省が必ずしも賛意を示さなかった点は注意してよいであろう。大蔵省は、関東軍に計画の具体性を要求して譲らず、ために、究極的には、『満洲産業開発五箇年計画は今後実現を企図して引続き検討を取進むるも日満経済の連繫に関する事項並之が資金調達に関する事項に就ては諸般の事情に稽へ更に具体的に審議考究を遂げたる上適当に措置する』形で、その実施にふみきる結果となったのである。」

⇔

原（原⑦「満州第一」論文　六七頁六行〜六八頁四行）
「日本側の反応　さて、満州産業開発五ヵ年計画に対する日本側の反応は、必ずしも積極的なものとはいえなかった。……まず『大蔵省側より右要綱が余りに漠然たるものに付審議を進むる能はず……この取扱方針については、四月一四日の会議でようやく妥協が成立し、「満洲産業開発五箇年計画は今後実現を企図して引続き検討を取進むるも日満経済の連繫に関する事項並之が資金調達に関する事項に就ては諸般の情勢に稽へ更に具体的に審議考究を遂げたる上適当に措置することとするものとす」という文案で決定をみた。」

（4）第2篇第2章「『満州産業開発五ヵ年計画』の立案過程」

第2節「立案契機」（小林著書　六九～七三頁）

これも前節と同じく、その過半が原⑦「満州第一」論文の内容と重複している。

石原莞爾構想から満州五ヶ年計画の移行過程について、小林英夫⑤「工業化政策」論文（一九六九）においては、原①「資金統制」論文（一九六七）を引用していた（一八頁注1）。ところが、小林著書においては、その後発表された原の長大な実証論文⑦「満州第一」論文だけでなく、原①「資金統制」論文も引用していなくなっている。下記本文の対照に明らかなように、同じ文献の同じ箇所を、既に自らが利用した原①「資金統制」論文（一九六七）から引用するのでなく、わざわざ別の角田順編『石原莞爾資料集』（一九六七）から引用している（小林著書七〇頁六行＝七三頁注1）。

石原構想の中にソ連の軍事力を脅威と捉えていた問題について、原が前掲『現代史資料8』にもとづいて叙述していたのに対して、同じ内容を中村隆英・原編の『日満財政経済研究会資料』第一巻の所収資料で置き換えている（小林著書七〇頁六行～一四行）。

七二頁と七三頁の「満州産業開発五ヵ年計画」、「満州ニ於ケル軍需産業建設計画」、「昭和十二年度以降五年間歳入及歳出計画」、「満州産業五ヵ年計画取扱要綱」等の関係についての簡単な説明は、原⑦「満州第一」論文六六～七一頁の要約に過ぎない。

つまり、小林著書七〇頁後から三行～七二頁後五行の民族運動に関する部分の叙述を除くと、本節の過半は原⑦「満州第一」六六～七一頁の盗用であると判断される。

〈本文対照6〉 石原構想立案の契機

小林（小林著書　七〇頁四行～六行）

「石原莞爾自身次のように述べている。『昭和十年八月参謀本部作戦課長ニ任命セラレシ石原ハ着任後北満ニ於ケル日蘇両国兵備ノ差甚大ナルヲ知リ速カニ内地ニアル相当兵力ヲ北満ニ移駐シテ蘇聯トノ兵力均衡ヲ獲得スルト共ニ軍隊ノ機械化特ニ航空兵力ノ増強ヲ眼目トスル兵備充実ヲ企図』したと。」

⇔

原（原①「資金統制」論文　五六頁、注3）

「昭和十年八月参謀本部作戦課長に任命せられし石原は着任後北満に於ける日蘇両国兵備の差甚大なるを知り速かに内地にある相当兵力を北満に移駐して蘇聯との兵力均衡を獲得すると共に軍隊の機械化特に航空兵力の増強を眼目とする兵備充実を企図し……」

(5) 第2篇第2章「『満州産業開発五ヵ年計画』の立案過程」

第3節「『満州産業開発五ヵ年計画』の内容と第一年度実績」（七三～七八頁）

小林は当該部分について、「あとがき」において自らの土地制度史学会大会報告、⑭「諸特徴」論文に依拠していると述べているが、そこでは初年度実績の検討はしていない。初年度実績を取りあげてその実績を検討し、修正五ヵ年計画の立案に続ける論理構成は、原の⑦「満州第一」論文（七一～

七七頁）の際だった特徴である。この点も小林著書では全く明示されていない。

（6）第3篇第1章「日中戦争の勃発と戦時動員体制の確立」

第2節「日本経済の軍事的再編の方向」（小林著書　一一一頁一行〜一一五頁一五行）

本節の主題は、最初の著書の刊行まで、もっぱら植民地史の研究に取り組んできた小林にとって、全く研究実績のない領域である。一九七五年までの小林の発表論文一二本の中に、日本内地の経済を分析した論文は存在しない。故に、ここで先行研究をどのように取り扱うかに、研究者としての倫理的な姿勢がよく現れる。

小林は、本節の冒頭につけた注1（一一五頁）で、「日中戦争下の経済統制体制構築過程については、貿易、金融を軸に鋭い分析をおこなっている」と述べ、原の⑨「外貨決済」論文（1）（2）（3）を参考文献として掲げている。しかし、参照すべき範囲を示していないために、本節が原の先行研究に依拠した部分が判明しない。その内容については、本文一一二頁五〜六行に「貿易、金融統制は、日中戦争勃発前から準備されていた」という言及がある点を除くと、原⑨「外貨決済」論文の内容について、全く何も説明していない。菊判一六五頁におよぶ原の長大な論文について、論文名を一度掲げるだけでは、先行研究として取り扱ったことにならない。引用文献については、正確な号数、頁とその内容を明らかにした上で、自己の見解との関係を論述すべきであるが、小林の本節ではこのような学界の引用ルールがまったく守られていない。

本文一一二頁六行の記述、「しかるに、この統制立法が具体化されたのは、日中戦争勃発直後の同年九月の第七二臨時帝国議会だった」という叙述は、原の⑨「外貨決済」論文（（1）一一七〜一三七頁）

の内容を著しく矮小化している。日中戦争勃発以前に国際収支悪化を起点に経済統制が始まったことを明らかにしたのは、原の⑨「外貨決済」論文である。原は、大蔵省「一号省令」(一九三七年一月)と「財政経済三原則」(一九三七年六月や下記二法の成立)を、政府内部資料から初めて明らかにした。全面的に依拠するにせよ、部分的に異なる見解を示すにせよ、その旨を明記し先行研究との対応関係を示さなければならない。

さらに、本文一一二頁後ろから六行目「第二に、日本の国内経済体制の改編は、この貿易、資金統制をもって終了したのでは決してない」、と述べている。これを、先の注(1)と合わせてみれば、先行研究である原の成果の不十分な問題について、ここから小林が論じるという叙述になっている。はたして、それ以後に叙述されている内容はそうであろうか。次に示すように、本節で小林が論じていることは、すべて原によって既に明らかにされており、小林はそれに依拠しているにもかかわらず、それを明記していない。

「国際収支悪化と入超激増」問題

国際収支統制策から戦時統制全般への広がりについて、小林は次のように述べる。

「国際収支悪化と入超激増を生み出し、抜本的対策を講ずることを余儀なくされた……政府は、まず、三七年一月の大蔵省令第一号……『臨時資金調整法』と『輸出入品等臨時措置法』が可決を見、……対策の一応の完成を見たのである。この両立法に共通する点は、……『財政経済三原則』……かかる貿易、金融統制は、日中戦争勃発前から準備されていた。しかるに、この統制立法が具体化されたのは、日中戦争勃発直後の第七二臨時帝国議会だった。……物資動員計画……国家総動員法……満

州産業開発五箇年計画……生産力拡充計画……日満軍需工業拡充計画……重要産業五箇年計画大綱……。」（小林著書　一一一頁四行～一一五頁一行）

前記のように、小林著書一一五頁注1に原の論文の全頁を注記し、注2は頁数を表記するが、「三二頁以下参照」とされ、引用範囲の下限について指示がなく、結果的には同様な効果を持つ。その結果原の研究があたかも小林自らの研究であるかのように延々と叙述が続き、ほとんどすべてが原の①「資金統制」論文（五二～七四頁）・③「国際収支」論文（四四～七七頁）・⑨「外貨決済」論文（（1）一八～四八頁、（2）四一～四七頁）が明らかにした事実であって、小林著書には具体的な引用がないので、これは盗用となる。

〈本文対照7〉「貿易・金融に始まる全般的統制」等

小林（小林著書　一一三頁後から九行）

「貿易、金融に始まり、それらを含む全般的統制にこの時期進まざるを得ない理由は……三八年以降展開された『物資動員計画』は、直接軍需物資輸入増と輸出減の結果、その改訂を余儀なくされる反面、統制は飛躍的に強化された……『満州産業開発五箇年計画』に若干遅れる形で日本国内でも……『生産力拡充計画』が、具体的検討段階に入り三七年段階で、満州で実施された『満州産業開発五箇年計画』に照応し、それと密接に関連して立案されていた日本国内の軍事工業動員体制の計画案は、三六年一一月の『帝国軍需工業拡充計画』から三七年五月、日満財政経済研究会立案の『日満軍需工業拡充計画』へと具体化され……。」

⇔

原（原①「資金統制」論文、五二～五三頁）

「日満財政経済研究会とは、……石原莞爾大佐が、その構想の具体的展開を行う為の機関として設けたもので……この内、生産力拡充五ヶ年計画に関する研究がここに取り上げる軍需産業拡充諸計画であって、作成月日順に列記すれば次の通りになる。

一、『昭和十二年度以降五年間　歳入及歳出計画　附緊急国策大綱』（昭和一一年八月一七日）

二、『満州ニ於ケル軍需産業建設拡充計画』（昭和一一年九月三日）

三、『帝国軍需工業拡充計画』（昭和一一年一一月一一日）

四、『日満軍需工業拡充計画』（昭和一二年五月一五日）

五、『重要産業五ヶ年計画要綱実施ニ関スル政策大綱（案）』（昭和一二年六月一〇日）」

このように、これら諸計画を発掘してその存在を学会誌に紹介したのは原の最初の①論文及び中村隆英教授の紀要論文であり、また資料集を発行したのも両名である。小林は注には資料集の名のみを引用し、これら諸計画を分析し展開した原の①「資金統制」論文五二～六〇頁や、⑦「満州第一」七四～七九頁を知りながらこれを無視し、自らの論旨展開であるかのように装っている。

以上、このように本文を対比すれば、原の側の資料的なオリジナリティは明白である。原は最初の論文（①「資金統制」論文）において、自ら発掘した資料に基づいて戦時統制への移行期における経済的諸契機の連関を解明し、最終的にはこれを⑨「外貨決済」論文で彫琢を加え、定式化し得た。それに対して、小林著書は独自な資料も持ち合わせず、内容上は原の研究（①「資金統制」論文五二～

七四頁や、③「国際収支」論文四四〜七七頁、⑦「満州第二」論文七四〜七九頁、⑨「外貨決済」論文（1）一八〜四八頁、（2）四一〜四七頁等）に依拠しつつ、外見上は原への依拠を極小化すべく腐心しているのみである。研究史上において、小林著書の寄与はほとんどないに等しい。

〈本文対照8〉「生産力拡充計画」等

小林（小林著書　一一三頁一二行〜一一四頁八行）

「『満州産業開発五箇年計画』に若干遅れる形で……直接軍需生産拡充にむかう基本プランたる『生産力拡充計画』が、具体的検討段階に入り、その実施に向う伏線が準備されていたのである。三七年段階で、満州で実施された『満州産業開発五箇年計画』に照応し、それと密接に関連して立案されていた日本国内の軍事工業動員体制の計画案は、三六年一一月の『帝国軍需工業拡充計画』から三七年五月、日満財政経済研究会立案の『日満軍需工業拡充計画』へと具体化され、それと同時に、同年八月以降同研究会は、近衛文麿、池田成彬、結城豊太郎、鮎川義介、津田信吾、野口遵、郷古潔、斯波孝四郎、小倉正恒、木戸幸一、林銑十郎等、政界、財界の主脳等にプラン説明をおこなっている。……先の『日満軍需工業拡充計画』は、三七年六月に陸軍省案『重要産業五箇年計画大綱』に具体化され、同年七月の日中戦争勃発という新しい条件下で、三八年一月には企画院が『生産力拡充計画要綱』を、四月には『生産力拡充計画大綱（案）』を作成している。この計画は、三八年一月以降、『物資動員計画』の背後にかくれ、翌三九年一月の『生産力拡充計画要綱』へと結実していくのである。」

⇔

原（⑦「満州第二」論文　七五頁三行〜七八頁一〇行）

「宮崎機関では、さきの二案につづいて『帝国軍需工業拡充計画』（三六年一一月一一日）において日本内地について軍需工業の地方分散をはかり、……その後満州における五ヵ年計画（当初計画）の決定後の事情も加味して宮崎機関としての最終案ともいうべき『日満軍需工業拡充計画』（三七年五月一五日）を完成する。……『重要産業五年計画実施ニ関スル政策大綱』は、宮崎機関がさきの『日満軍需工業拡充計画』の説明資料として作成したものを、そのまま陸軍省案としたものに他ならない。

この間、三六年秋以降宮崎機関は計画成案のたびに陸軍省、参謀本部に説明するのみではなく、政財界の有力者に対して計画案を説明し、その意見を求めている。近衛文麿、池田成彬はもとより、結城豊太郎、鮎川義介、津田信吾、野口遵、郷古潔、斯波孝四郎、小倉正恒、木戸幸一、林銑十郎等、極秘のうちにも相当広範囲にこの計画は配布された如くであり……三八年一月には『生産力拡充計画立案要領』が定められ、四月二〇日にいたって企画院としての第一次案である『生産力拡充計画大綱』がまとめられている。……一二月にはこれを改訂して『生産力拡充四ヵ年計画を決定、これを基礎として三九年一月一七日にようやく『生産力拡充計画要綱』の閣議決定にいたるという経過をたどる。」

ここに典型的にみられるように、小林による盗用の典型的な形で、決して同じ文章をそのまま使うことはなく、自分で全ての文を書き直している。しかし、その内容を詳細に検討すれば、原の原文を横に置いて、その内容を転写していることは歴然としている。そして、原の文献からの引用注を付けていない。

（7）第3篇第1章「日中戦争の勃発と戦時動員体制の確立」

第3節「『生産力拡充四ヵ年計画』の内容と特徴」（小林著書　一一五頁後～一一八頁）

この節も、前節に引き続き、原によって先駆的に開拓されつつあった領域である。原には①「資金統制」論文（一九六七年）があり、⑦「満州第一」論文のなかでも、「日本における生産力拡充計画との関連」（七四頁一〇行～八〇頁六行まで）、「日本における物資動員計画の改訂」（⑦「満州第一」論文八〇頁八行～八三頁後四行）等で、資料に基づいて分析を進めていた。小林には、この領域についての研究実績は全くなかった。

ところが、本節で小林は、原の明らかにしたことをなぞりながら、先行研究として原の論文を全く引用していない。一一六頁で「生産力拡充計画要綱」の数値を掲げているが、この資料自体、原によって既に利用され（⑦「満州第一」論文八〇頁注二〇）、分析解説されている。そして、その概略の数値のみでなく、「生産力拡充計画」が直接的な軍需品生産を目指すものではなく、それを支える基礎的部門の拡大を主な対象としている点を、一九六七年時点で明らかにしている。

原によって先駆的に明らかにされていたこれらの事実と見解は、一九七〇年代半ばの時点で学界においてすでに通説として受け取られていた。にもかかわらず、当該分野の研究状況を十分に知る立場にあった小林は、これらの先行研究を無視して、あたかも自分の見解のように論じている。

なお、小林は一九七四年一〇月大会発表のレジュメにおいて、右記の「生産力拡充四カ年計画（一九三八～一九四一年）」の統計とならべて、第四表「生産力拡充計画」立案過程（一九三七～三九年）を掲げていた（三頁）。その注に、原「一九三〇年代満州経済統制政策」（『日本帝国主義下の満州』所収論文）より作成と明記している（傍線は引用者）。小林が、生産力拡充計画の立案過程について、原①「資金統制」論文、および原⑦「満州第一」論文に依拠していたことは明確である。故に、本節は小林による原の研究成果の盗用である。

〈本文対照9〉「軍需基礎素材部門拡充」等

小林（小林著書　一一七頁後五行～後三行）

「主力は、軍需基礎素材部門拡充であり、直接軍需生産能力の拡充は副次的位置づけに置かれていた。まず、広大な裾野をもつ軍需基礎素材部門を構築し、その後に、それをつみあげる形で直接軍需生産部門を拡充する、というのが当初の計画意図であった。」

⇔

原（原①「資金統制」論文　六一頁右一一行～二一行）

「この計画産業の内容からみても、生産力拡充計画は直接的な軍需品製造工業は含まず、それを支える基礎的部門を主要な対象としている。では、生産力拡充産業は、全産業の中で量的にはどの程度の重要性を持っていたのだろうか。生産額や従業員数でこれを判断することもできるが、戦争経済におけるさし迫った必要の下で、生拡産業の『重要性』がどう変化していったかを見るためには、生産力拡充計画と特に密接な関連をもつ物資動員計画による資材の割当額——特に物動の中心であった普通鋼々材——の動向を見るのが最も適切であろう。」（以後、生産力拡充計画についての解説が続く。原①「資金統制」論文六〇～六六頁）

（8）第3篇第3章「植民地軍事工業構築の準備過程」

第1節「『満州国修正五ヵ年計画』の立案とその特徴」（小林著書　一六七頁）

「修正五カ年計画」

この節の冒頭にも、原⑦「満州第一」論文の参照注があるが、日本と満州の生産拡充計画の関連について参照するように指示しているだけで、参照の範囲が明記されていない。実際には日本との関連だけでなく、満州産業開発計画の立案、展開の記述の圧倒的部分は、原の研究（⑦「満州第一」論文七一～八〇頁）の要約になっている。にもかかわらず、オリジナリティを不明にしている点で、論文執筆において研究倫理を逸脱している。

（9）第3篇第3章「植民地軍事工業構築の準備過程」

第2節「満鉄改組と満州重工業開発株式会社（満業）の創立」

第1項「対満投資動向と満鉄改組」（一七〇～一七四頁）

第2項「満業の設立とその特徴」（一七四頁～一七七頁）

本節の検討の前に、確認しておくべきことがある。それは、小林が小林著を執筆する以前に、原「『満洲』における経済統制政策の展開――満州改組と満業設立をめぐって――」（一九七二年六月執筆完了　⑰「満州第二」論文）を入手していた事実である。

小林は、名誉毀損裁判において最初から「被告の満州第二論文が公刊されたのは一九七六年三月であり、当時、原告はすでに原告著書を上梓済みであった。したがって、被告の満州第二論文に依拠して原告著書を執筆することは、物理的に不可能である。」（原告「第二回準備書面」二〇一四年一月二一日　一九頁　傍線は引用者）と主張した。しかし、それは嘘であることがすぐに明らかになった。なぜなら、原が保管していた一九七四年一〇月二七日土地制度史学会大会における小林自身の報告レジュメ（乙二七―二）には、次のような記述があることを確認できるからである。

レジュメ八頁の第九表の出典に、「経済部金融司『金融情勢参考資料』康徳九年一一月　三一～三七頁（原「『満州』における経済統制政策――満鉄改組と満業設立をめぐって」安藤良雄編『日本経済政策史論』下（未刊）所収論文より引用）」と書かれている（傍線は引用者、次も同じ）。同じく、一二頁の第一二表の出典にも、（原「『満州』における経済統制政策――満鉄改組と満業設立をめぐって」安藤良雄編『日本経済政策史論』下（未刊）所収論文より引用）と明記されている。つまり、小林の裁判での虚言とは異なり、小林は大会当日にすでに原の⑰「満州第二」論文を持っていたのである。

本節および、小林著書全体の中で、原の⑰「満州第二」論文は一度も言及・引用されていない。⑰「満州第二」論文の副題は、「満鉄改組と満業（満州重工業株式会社）の設立」であり、小林著書本節の主題と全く重なっている。ここで、小林が先行研究である原⑰「満州第二」論文を盗用した可能性について、検討する必要がでてくる。実際に小林著書中で、この原⑰「満州第二」論文は頻繁に注記なく盗用されており、それを順次指摘していく。

まず、小林自身にこれに関して研究した成果があったかどうかを確認しておく。小林の一九三〇年代満州に関する論文「一九三〇年代『満洲工業化』政策の展開過程」⑤「工業化政策」論文　一九六九年）では、満鉄改組は分析されていない。また、小林は同論文において、日本による満州経済政策が行き詰まっていた一九三六年を「特殊、準特殊会社設立、金融機構再編成を事実上完了し、跛行的であれ、『満洲』産業諸部門が、恐慌、『事変』後の混乱から漸次回復する時期であり、……対ソ、対中前進基地『満洲』の政治的経済的基礎過程の準備を完了する時期に当っている」（二五頁）と、実際の史実とはかけ離れた「楽観的」な捉え方をしていた。これは、日本が一九三〇年代半ばに満州政策の転換を図らざるを得なかった、とする小林著書中の本節の見解とは異なっており、小林⑤「工業化政策」論文の発表以後に、小林の歴史認識が変わってきたことを示している。さらに、⑤「工業化政策」論文においては、小林は日産の満州移転について、一般書にもとづいて簡単に概説しているだけであった（二五頁左段）。その論文末尾の（付記）では、わざわざ「本稿では日産の対満進出の視点が弱い」（四三頁）と自認していた。

では、小林は小林著書の本節を執筆する過程で、先行研究をどのように扱ったのであろうか。先述したように、本節では副題に満鉄改組と満業設立を対象としているにもかかわらず、原⑰「満州第二」論文を引用することなく、先行研究として槙田健介「一九三〇年代における満鉄改組問題」（『歴史評論』二八九号　一九七四年五月）のみを引用している。槙田論文は、新聞記事や資料集、公刊図書を丁寧に整理しており、学部生の卒業論文としては優秀であるが、それ以上ではない。一方、原⑰「満州第二」論文は、自ら発掘した満州重工業社長鮎川義介文書を始めとする一次資料を駆使してまとめた八八頁におよぶ長大な実証論文であり、高村直助東大助教授（当時）が原の「満業分析はまさに圧巻であり、満業の研究は画期的に深化した」と賞賛したものである（堀「意見書Ⅱ」、原『創作か盗作か』二三〇〜二三二頁参照）。つまり、本節執筆時に、小林は満鉄改組と満業設立に関する二つの先行研究論文を手にしていた。ところが、小林は本節で槙田論文のみを引用し、裁判の過程では、この分野については槙田論文に依拠してまとめたと主張している（「争点対照表」二〇一七年五月一〇日版　六頁）。槙田論文と原論文を読み比べれば、その視野や対象領域の広さと深さがあまりにも異なるので、槙田論文のみに依拠して書したという小林の主張には疑惑が生じる。そこで、この三つの文献を比較照合すると、小林の主張が成り立たないことがすぐに明らかになる。

それは、槙田論文に書かれておらず、原⑰「満州第二」論文と小林著書本節には共通して書かれている問題領域が存在するからである。それぞれ具体的な例を示そう。

満鉄改組

満鉄改組についての要点は、一九三〇年代満州事変後に満鉄がはらむことになった経営的矛盾の解明であった。小林は本節では、「三〇年代前半期の関東軍主導下の満州経済建設の進行は、満鉄の位置づけに新たな変化を生み出さずにはおかなかったのである。一つに、満鉄の経営状態の悪化である。……二つに、満鉄の擁する鉄道以外の附属事業（満鉄傘下の特殊、準特殊会社）の満州国内での位置づけである。……」（小林著書　一七二頁八行～同一四行）と論じている。

槙田論文は、「満鉄の経営の変化」は、二年間ほどの経営に対する理事者の認識を明らかにしたものであった。

それに対して原⑰「満州第二」論文では、つぎのように叙述している。

「満鉄自身の側にも一連の満鉄改組案を受入れざるをえない経済的事情が存在した。その第一は、新鉄道建設の負担増加である。……

経営悪化の第二の要因は、満鉄の委託経営となっている満州国国有鉄道の営業成績不振であった。……

第三の要因は、満鉄自身の資金調達難である。……」（二一九頁六行～二二三頁末）

⑰「満州第二」論文では、このように本文五頁、注二頁にわたり、満鉄の経営内容が分析されている。満鉄改組を条件づけた満鉄経営の行き詰まりについて、手元にあるこれほど詳細な分析を無視して、経営分析とは呼べない概説的な論文だけを使ったということは、研究の過程ではあり得ないことである。これは、小林が満鉄の経営難に陥った事実について、原⑰「満州第二」論文によって十分理解したうえで、そのことを意図的に隠蔽したことを意味している。

満州重工業

満業の創設について、槙田論文中には、「満州産業開発五ヵ年計画と満州重工業」という項目はある。しかし、そこでは満業について、鮎川義介が満州で自動車工業等を拡大させる意図を持って満州に進出した、と半頁足らずで概説しているだけである。まさか、小林も満業についてまで、槙田論文に依拠したとはいえまい。では、満業の設立については、原⑰満州第二」論文に依拠することなく、全て自分で執筆したのであろうか。そうではない。

小林は、「日本国内で危機に瀕した日産が、満州の重工業経営を引き受ける場合、大きなリスク負担を満州国政府に対して要求したことはいうまでもない。」（一七五頁四〜五行）として、「満州重工業開発株式会社管理法」をとりあげ、その第一二条での政府所有株に比べての民間株に対する配当優遇措置と、第一三条で配当を支えるために一〇年間年投資利益六分までの政府補助金支給の規程等について論じている。

これについては、槙田論文には言及がないが、原⑰「満州第二」論文には「満業への優遇措置」として独立した項目が設けられている。そこの冒頭で、「それらの（優遇……引用者）措置の具体的内容を定めた基本文書である『満洲重工業確立要綱』について……一九三七年九月二九日案、同一〇月一二日案、一〇月一九日関東軍司令部案、一〇月二二日陸軍省案の四点があり、同日付閣議決定および一〇月二六日満州国国務院会議決定とあわせて、六点の資料を比較することができる」（二三三〜二三四頁）と述べている。ついで、各資料の比較分析によって、小林の指摘した民間株の配当優遇措置や年六分の配当保証等の条項が、どのような過程を経て確定していったのかについて七頁にわたって詳細に明らかにされている（二三三〜二三九頁）。これは、満州重工業に対する政府の優遇措置について、学術的に分析した最初の論考であったと評価されている。ところが、小林はこの原⑰「満州第二」論文の内容を承知していながら、この点に何ら言及することなく自己の見解として論じている。

以上のように、3篇3章2節「満鉄改組と満州重工業開発株式会社（満業）の創立」の第1項「対満投資動向と満鉄改組」と第2項「満業の設立とその特徴」（一七〇～一七七頁）は、原⑰「満州第二」論文の「3　日産の満州移駐」（二二八～二四八頁）の盗用である。

（10）第3篇第3章「植民地軍需工業構築の準備過程」

第4節「北支那開発、中支那振興株式会社の成立」

第1項「興中公司の設立と活動」（小林著書　一八〇頁五行～一八四頁六行）

本節は、活字化されていない学会報告の盗用に関わる問題で、小林著書の盗用行為を代表する案件なので、詳しく検討する。検討の対象となる文献は、三つである。

第一は、小林「日本帝国主義の華北占領政策」（『日本史研究』一四六号　一九七四年一〇月　⑫「華北占領」論文）、第二は原の学会大会報告「「大東亜共栄圏」の経済的実態」（一九七四年一〇月　以後原「学会報告」と略す）およびそれを活字化した『土地制度史学』七一号論文　一九七六年四月　⑱「実態」論文）、第三は小林著書の本節である。

対象は、日本が一九三〇年代華北に設けた興中公司である。

小林は⑫「華北支配」論文（一五～一六頁）で、興中公司『北支炭坑概要』と興中公司『北支重要産業開発』をつかって、次のことを述べていた。

（ア）興中公司は、日中戦争前、天津電業公司、塘沽運輸公司を設立し、長蘆塩輸出、棉花倉庫の建設を手がけ、華南貿易工作をおこなってきた……。
（イ）日中戦争勃興以後、軍の指示で活動範囲を拡大し、占領区域の経済工作に協力、経済諸機関及施設の保護管理乃至運営、戦果の確保と地方の治安維持に資すために活動した。
（ウ）華北主要炭鉱一二、電燈廠一八、製鉄所三、鋳物工場一、窯廠一、鉱山三、石灰山一の合計五七事業体が軍管理工場としてその経営を委託された。……在華北主要炭鉱、電力事業、製鉄所等を掌握し、戦後華北占領地経営に重要な役割を演じた。
（エ）後に、北支開発の設立で、委託工場を同社に譲っていく。

原は、この興中公司について、社長をつとめた十河信二の一次文書を発掘し、収集した膨大な資料を駆使して興中公司の活動を解明した⒅「実態」論文四頁右段一六行〜九頁左段一二行、一三頁注二〇〜一四頁注三〇）。

使った資料として、明示されているだけでも、株式会社興中公司『会社設立ニ関スル経緯』、同『株式会社興中公司業務概要』、同『関係事業現況』、各関係事業『引継書類』、北支那開発株式会社『北支那開発株式会社及関係会社設立書類』、同『北支那開発の概況』、東亜経済研究所『日本の対外投資』、国松文雄『わが満支二五年の回顧』、岸道三伝記刊行会『岸道三という男』、岡田酉次『日中戦争裏方記』等を確認できる（一四頁注二二、二三および学会報告レジュメ）。

原はこれらの資料から「興中公司関係略年表」において、興中公司に関する五三の事項を摘出して列挙し、四つの表を作成したうえで、重要な点として次の点を明らかにした。

1、興中公司は一九三五年初頭より華北経済進出の担当機関として設立工作が開始された。
2、主導したのは軍と満鉄である。
3、日本側政府の一部に反対があったが、それを押し切って一九三五年一二月に設立された。
4、興中公司は日中戦争開始と共に軍隊と同行して鉱山・工場の接収に当たる。後これらの軍管理工場の委任経理を行って、日中戦争開始前後における華北への投資の中心機関となる。
5、特に重要なことは、委任経営に当たって興中公司が単独ではなく、日本本国の独占資本と協力して開発に当たったことである。
6、石炭については大手石炭資本、電力については五大電力等が地域的に分担しつつ、興中公司との共同経営を行った。
7、開戦前における軍事的冒険的性格、開戦後の広範囲の活動と共に、満鉄全額出資の子会社でありながら、満鉄の意図とは相対的に独立した行動を示した。
8、一方では支那駐屯軍と癒着しつつ、他方関西財界（野村、住友財閥）と密接な連関を持つという複合的性格を持っていた。
9、しかし、満鉄はこのように軍に協力したのにも拘わらず、華北開発の中心機関になることは認められず、一九三八年に華北は北支那開発、華中は中支那振興という国策会社が設立された。
10、新設された両社は、持株会社としては満州重工業株式会社と同じであるが、その設立や資本構成に於いて日本の既成財閥が参加していたことに新しさがあった。
11、支那駐屯軍は、その方向に積極的に誘導した。
12、既成財閥や紡績聯合会、電力連名などが積極的に前面に出てきた点で、新しい局面であった。

13、満鉄は華北占領地における鉄道経営を一手に委託（華北交通株式会社）されたが満鉄はここでも交通部門のみにその役割を限定された。

原の学会報告は、⑱「実態」論文では削除した表を含めると七枚の資料を使って、興中公司の実態と興中公司を中心とした日本の占領地開発政策の展開、および興中公司から北支那開発、中支那振興への再編過程を分析していた。その内容は、当該領域では群を抜くオリジナリティに満ちた新しい研究を目指していた。

一方、小林の⑫「華北占領」論文は、主に華北を対象とした占領地開発政策の分析であり、原の大会発表と一部重複する部分はあった。しかし、その論文の興中公司に関する限り、先述のように一般的な資料による簡単な概説的な叙述にとどまっていた。つまり、一九七四年一〇月という時点において、原と小林の興中公司に対する知見のレベルに、大きな格差があったことは疑問の余地がない。

その小林が書いた本書の本節で、興中公司はどのように扱われているであろうか。その内容には、小林の先述の記述内容である（ア）から（エ）まで、もちろんすべて使われている。しかし、二つの事項が新たに加えられている。

一つは、興中公司の創立をめぐる満鉄を核とした諸勢力の動きと葛藤である。そもそも小林⑫「華北占領」論文では、興中公司の設立を、満鉄による華北進出として捉えるという視角はなく、その満鉄の戦略をめぐる関東軍や中央政府との葛藤という問題はまったく扱われていなかった。原は⑰「満州第二」論文（二一七、二二六頁）において、満鉄改組に対する対応として、満鉄の華北進出の意図を看破しその動きを明らかにしていた。原の学会報告は、満鉄の華北進出と興中公司の成立の政治的過程を、十河信二文書等の一次資料を駆使して、年表と本文・注によって明らかにした。この解明は、原のはっきりした学術的な功績であった。

小林は、一九七四年一〇月公表の⑫「華北占領」論文ではそのような視点を全くもっていなかったにもかかわらず、本節冒頭で満鉄の華北進出と興中公司の設立問題を扱っている。裁判の過程で、小林は著書の本節では、原の使った資料ではなく別の『株式会社興中公司ニ関スル件』によって明らかにしたのであるから、原の学会報告とは別の研究であると主張している（「争点対照表」二〇一七年五月一〇日五頁「原告の反論」）。しかし、小林は、準備会を含めて原の学会報告を聞いており、著書刊行前に関係資料及び原発表原稿のフルペーパーを受け取っている。その小林が興中公司について論じるときには、当然に原の大会発表中の興中公司の研究成果に言及し引用しなければならない。しかし、小林著書本節に原の名前はない。

また、小林は著書本節の中で、この問題に関して原が学会報告で使ったのとまったく同じ資料を使って、同じ内容を主張している。しかも、表の形やデータの配列を、原朗の表とわずかに異なるものにしている。そうして、小林は原学会報告に言及することなく、原⑱「実態」論文も引用してもいない。それは、以下の資料である。

〈資料対照―1〉興中公司」等

小林著書

「第三―一九表ａ　興中公司担当事業一覧（一九三九年四月）」一八一頁

「第三―一九表b　軍委託管理工場一覧」（一九三九年四月）」一八二～一八三頁
⇔
原発表レジュメ三頁「興中公司関係事業（一九三九年四月現在）」
原⑱「実態」論文七頁「第四表　興中公司関係事業」

この論文では、発表レジュメに収録されている表、データの一部（例えば、「軍委託管理工場の一部」）が紙幅の関係で削除されていることに注意されたい。

〈資料対照―2〉「中支那振興」等
小林著書　一八八頁「第三―二三表　中支那振興株式会社傘下企業一覧（一九四一年二月末現在）」
⇔
原大会発表レジュメ四頁「八　中支那振興関係会社」
原⑱「実態」論文八頁「第六表　中支那振興関係会社」

出典は同じ『中支那振興会社並びに関係会社事業概況』という資料となっているが、小林の表は、一九四〇年刊行の資料で、一九四一年二月末現在の表を作成しているので、何らかの錯誤がある。原は同資料の一九四二年三月三一日付の資料を用いており、それは十河資料の中にあった二種類のうち刊行年次が遅いものを採用したからである。同名の資料は日本全国六ヵ所で所蔵されており、山口大学・大分大学・国際日本研究センター・愛知大学・東京大学東洋文化研究所、東京大学社会科学研究所（二点いずれも十河文書）であって、原が東大社研十河文書のうち表の作成時点に問題がある一九四〇年刊行の「概況」に史料批判を加え、一九四二年の「概況」を採用したのに対し、小林は原の表と同じになることを避けるため、たまたま一九四〇年しか所蔵していない山口大学から「概況」をコピーで取り寄せたためにこの結果が生じたのであろう。

裁判の過程で、小林は研究者が同じ資料を使うこと自体は盗作ではないと、当然のことを主張している。しかし、同じテーマについて、まったく同じ或いは同系統の資料を使って、同じ結論を出すことは、研究倫理のうえで慎重であらねばならない。偶然に別のところで同じ研究が行われることはあり得るが、その場合においては創見のプライオリティは、最初に分析しその結果を発表した者のものとなる。二番手以後の研究者は、そのことが明らかになった時点で、そのことを明示しなければならない。本件の場合、小林は原の学会報告を聞き、資料と原稿を既に受け取っていたのであるから、原の学会報告に言及引用することなく著書に書くことは、明確に盗用に当たる。

以上のように、第4節「北支那開発、中支那振興株式会社の成立」第1項「興中公司の設立と活動」は、原の学会報告及び⑱「実態」論文の明白な盗用であるといわなければならない。

⑾　第3篇第4章「日中戦争期の植民地産業の軍事的再編」

第1節「満州経済再編の進行」（小林著書　一九二頁〜二〇一頁）

「満州経済再編と鉄鋼業」の問題

日中戦争期の満州工業開発に関しては、小林自身による⑤「工業化政策」論文（一九六九年）発表以後、小林著書（一九七五年）刊行以前に、原による⑦「満州第一」論文（一九七二年公刊）、⑰「満州第二」論文（一九七二年執筆完了）がでており、小林はその二本の論文を所持しており内容を熟知していた。本節の中で、原の論文はどのように扱われているであろうか。日中戦争期の満州開発政策の中で、重要な鉄鋼業から見ていこう。

満州の鉄鋼業の問題

鉄鋼について、小林⑤「工業化政策」論文では、三四頁左段二三行〜三六頁左段一行で鉄鋼業の生産計画と実績について論じており、その文章は、小林著書本節（一九二頁後ろから四行〜一九四頁一〇行目）でもほぼそのまま使われている。他方、その後に公表された原⑦「満州第一」論文の「（３）日本における生産力拡充計画との関連」（七四頁一〇行〜八〇頁六行）では、満州の開発計画について、実に一二箇もの異なるプランを掲げ、鉄鋼業に関する生産計画の数値の変遷を詳細に論じている。さらに、原の同論文「３　重点主義への転換の意義」（一一一頁八行〜一一四頁末）では、日中戦争期以後の鉄鋼業の計画と生産の推移について論じている。

この時期の満州鉄鋼業の生産実績について、小林の⑤「工業化政策」論文（三四頁「第一五表満州銑鋼生産累年表」）では大蔵省管理局『日本人の海外活動に関する歴史的調査』を使っている。それに対して、同じ問題について、原⑦「満州第一」論文（一一二〜一一三頁「第一・一五表　鉄鋼部門および石炭部門の年度別計画並実績」）では商工省金属局編『製鉄業参考資料』一九四三年版を使い、小林著書の本節（一九三頁「第三—一六表　満州鉄鋼生産状況」）でも商工省金属局編『製鉄業参考資料』各年版をデータの出典としている。そのため、小林の⑤「工業化政策」論文の掲載資料（三四頁第一五表）の銑鉄、鋼塊、鋼材の生産実績高は小林著書本節第三―二六表（一九三頁）および原⑦「満州第一」論文第一・一五表（一一二～一一三頁）の数値とまったく異なるのに対して、その小林著書本節第三―二六表と原⑦「満州第一」論文第一・一五表の数値はほぼ一致している。

資料的には、二次あるいは三次資料である『日本人の海外活動に関する歴史的調査』よりも、一次統計である商工省金属局編『製鉄業参考資料』の方がより正確であると考えられるので、小林は原⑦「満州第一」論文を見てそのことに気がつき、当該資料を差し替えたのだと思われる。ところが、このように小林は原⑦「満州第一」論文によって鉄鋼業生産実績の数値を差し替えたにも拘わらず、小林著書の本文においては、「当初計画」に対する生産実績の比率として元の⑤「工業化政策」論文の数値をそのままにしている。銑鉄、鋼塊、鋼材生産の対当初計画の比率は、⑤「工業化政策」論文（三四頁一八、一九行）では二九％、一八％、二九％であり、小林著書本節（一九四頁九、一〇行）でも二九％、一八％、二九％と全く同じ数値になっている。これは、自ら掲げている表データの生産実績高を大きく変更したのであるから、あり得ない記述である。このことは何を意味するのであろうか。それは、小林著書の本節の記述は、原⑦「満州第一」論文から引き写した資料を自ら新たに分析して書いたものではないこと、つまり小林は⑦「満州第一」論文から資料・データだけを盗用し、自分の元の記述文の中に差し込んでいることを示している。

「満業への外資導入計画」の問題

日中戦争期の満州経済開発で、原⑰「満州第二」論文が解明した新領域の一つは、戦時期満州における外資・技術の導入問題である。同論文には「五　外資導入の失敗」（二六九頁九行～二八〇頁五行）

という節が設けられている。「外資問題は、満業の設立にあたって最大重要条件として重視され、閣議決定にさいしても特に付箋をもって強調されていたところであった。鮎川の移駐構想自体において重要な一環を占めていたばかりでなく、満鉄ルートによる満州への資金導入がゆきづまり、重工業の急速な拡大への焦慮をもちつつも資金不足というネックに悩んでいた関東軍および満州国政府にとって、日産の『大衆株主』による資金投下とならんで、あるいはそれ以上に外資の導入に期待がかけられていた」（二六九頁一一～一五行）という重要政策であった。これについて、⑰「満州第二」論文は、本文の七頁と注の二頁を費やし、二一件の満業による借款申し込み、一〇件の満業の事業提携案、九件の満業のクレジットによる機械・製品購入案件等を紹介していた。いずれも鮎川義介文書を始めとする原自身が発掘した一次資料を駆使しての、緻密な分析である。ドイツと米国からの資本と技術の導入が如何に切実であったかを、詳細に明らかにした。鮎川自身の訪独旅行の経緯や重要案件の交渉過程などの解明など、この領域の研究水準を一挙に引き上げた。そして、これらの外資導入の試みが失敗したことが、満州重工業建設の計画が挫折していく重要な要因であることを証明したのである。これらの事実だけは同時代にも一般情報としては知られていたし、小林⑤「工業化政策」論文にも語句としての言及はあるが、この日中戦争期満州の外資導入政策の試みと失敗を、学術的に最初に明らかにしたのは、原⑰「満州第二」論文である。

ところが、小林著書本節では「修正五ヵ年計画」の達成率が低位になった要因として、「基底にある問題としては、日本帝国主義の中国侵略戦争がエスカレートした結果、対米関係が悪化し、また、三九年九月の第二次世界大戦の勃発により、対独貿易が困難になるにともない、当初予定されていた満州における資材、資金の対米、対独依存への期待が裏切られていったからである」としている。「鮎川義介のアメリカ、ドイツへの資本導入交渉旅行と、なんらの成果を得ぬままの帰国は、右の事情を物語っている」（一九七頁五行～同九行）として、二〇一頁一五行まで、満州の外資導入と機械輸入問題を論じている。例え、この事実について、別の文献を引用しようとも、この問題を解明した原⑰「満州第二」論文を手元に置いて参照している以上、⑰「満州第二」論文を先行研究として位置づけないで、同じ見解を述べることは、学術的には盗用と評価される。

⑿　第4篇第3章「太平洋戦争期の植民地通貨金融政策」

第1節「南方における通貨金融政策の特徴」（小林著書　四四一～四四八頁）
第2節「『大東亜共栄圏』内の通貨金融政策の展開とその特徴」（小林著書　四四八～四五三頁）

南方における通貨金融政策の問題

小林著書のこの部分は、原と小林等による学会共通論題の重要テーマの一つであり、学会報告を活字にした原⑱「実態」論文と大きく重なる部分である。原報告は、新たに発掘した一次資料を駆使して、戦時の南方占領地域研究に新たな地平を開くものとなった。共同報告者小林による本書では、通貨発行推移を示す図の出典として原⑱「実態」論文を挙げているが、この章全体の記述が原論文の内容に重なっていることを、本文でも注でも述べておらず、また小林自身による貢献の範囲を明示してもいない。共同研究者の研究成果の利用にあたって、研究倫理から逸脱した態度である。

太平洋戦争期の「大東亜共栄圏」における金融構造を論ずる際の焦点は、激しいインフレの進行と、その進行速度が各地域間で異なったために起こった地域間の経済交流の分断の進行、その帰結としての「大東亜共栄圏」の崩壊の過程である。この崩壊過程を、原と小林はどのように論じたかを見ることとする。

ここでは、原の本文から見ていこう（原⑱「実態」論文一～二頁）。

原⑱「実態」論文は、もともと「課題」として「『大東亜共栄圏』の形成過程について、その基本構想および投資形態の変遷をつうじて概括的に把握するものであり、さらに『共栄圏』内各地域間の経済的構造連関と諸矛盾の存在形態について、主として貿易構造と金融構造との両面から考察すること」と設定していた。この視点は、投資形態・貿易構造・金融構造の三面すべてに堅持されており、南方占領地における基本構想と投資形態は九～一四頁、貿易構造は一六～二〇頁、金融構造は二六～二八頁に具体化され、「むすび」二八頁では以上三側面からの分析の成果が、「課題」と照応する形で提示されている。

南方への基本構想である「南方経済対策要綱」と、投資形態である担当企業者指定方式が独占資本を正面に押し出したこと（九頁）、その基本構想の「南方甲地域経済対策要綱」への転換を余儀なくさせた船舶不足と、作戦軍現地自活、兵站物資供給地の確保（九頁）等の記述が、ここで既になされている。

南方の貿易構造についても、東南アジアを海洋部と大陸部に分け、両地域が旧宗主国との貿易関係を絶たれた一方、日本からの物資供給はえられず、船舶不足問題の深刻化とともに海洋東南アジアでの食糧危機・飢餓状態、大陸東南アジアでの米価下落と農村危機が生じ、日本内地の戦争経済の破綻をもたらした海上輸送力の不足が、東南アジア全域の生活水準を押し下げた（一八～一九頁）との記述もなされている。

これらの記述を前提として、「南方インフレと臨軍費会計」（二二六頁）の記述が始まる。

まず仏印・タイ等の乙地域で特別円制度と預合勘定による円貨決済圏の拡大、ついで直接軍政下の甲地域での現地通貨と等価の軍票すなわち南方開発金庫券の発行による戦費調達と物資収奪、インフレを見越した南方占領地と日本との送金関係切断が行われ、インフレ波及防止のため物資輸出入も全て軍を通じ臨時軍事費特別会計と重要物資管理営団の経由とされる。貿易・送金関係を切断してもなお南方インフレが急速に進行するため、外資金庫の預合勘定による戦費負担の形式を構成せざるを得なくなるなど、金融をめぐる諸矛盾の剔抉が行われる（二二六～二二七頁）。このインフレ激化と地域間経済関係の切断をめぐる矛盾は、先に華北と華中との経済的分断を試みたことの記述（二二一～二二三頁）と相まって、「課題」（一～二頁）と対応した次の「むすび」（二二八頁）の結論を導いている。

これは、金融・貿易・資金移動を総合して分析することによって、日本が占領した帝国圏、「大東亜共栄圏」の崩壊の構造とメカニズムを明らかにしたものであり、一九七四年時点に原がはじめて解明したものであった。この小林著書刊行以前に、小林にはこの領域の研究成果は一切存在していなかった。

この領域について、小林著書では、既知の資料や文献からの、南方の協定地域（乙地域）と軍事占領地域（甲地域）について、個別の通貨制度についての抜書を延々と続ける。それらは、『昭和財政史』などですでに明らかにされていた制度の説明に過ぎない。小林著書の第4篇第3章第1節末尾は、「大東亜共栄圏」におけるインフレの進行を扱っているが、これらは原の大会報告における当該問題の骨子を、原が利用した『南方経済対策』を資料として、解説したものにほかならない（原⑱「実態」論文二一〜二七）。小林は小林著書では原の学会報告の内容にまったく触れていない。

インフレ激化のグラフの問題

ところが、ここで小林著書はこう続ける。

「太平洋戦争期、『現地自活』という最大の課題達成のための対日期待物資の供給減少は、事実上、南発券による軍票回収を不可能にし……とどめを知らぬ南方地域のインフレの進行を生み出すのである。第四―四図を参照していただきたい。この図は、南方地域での南発券のみならず……。」（四四五頁後ろから四行〜四四八頁一行）

ここで、二枚のグラフが掲げられている。ところが、このグラフは原が大会報告時にレジュメで配布し、「実態」論文二三頁に掲げたものとほとんど同じものであって、これを微細な点〈データを月別（原）から半期別（小林）へ、通貨名を欄外記入（原）から図中記入（小林）へ〉で改変したものにほかならない。

小林が原作成のグラフ（学会大会報告資料⑱「実態」論文二三頁記載）にアイデアを得てこれを模倣したことは、グラフの注に「前掲「『大東亜共栄圏』の経済的実態」日本銀行統計局『戦時中金融統計要覧』（一九四七年）、一五七〜一五八頁より作成」と注記して、原の氏名を表示しないで、論文名は引用せざるをえなかった点に如実に現れている。日銀統計局の資料名も原の図に記入されており、小林は年号や頁字数を付加して、いかにも自分が「作成」作業をしたグラフのように装っている。

さらに踏み込んで議論すれば、原が大会当日配布したレジュメではこのグラフは論文と同じ片対数グラフであるが、その半月前の小林も出席していた準備研究会（一九七四年一〇月一二日）では、未だ単純な方眼紙のグラフをいくつも重ね合わせたものであった。原は大会報告準備前の半月間にグラフの形状を片対数にして全地域の激しいインフレ進展状況を一つのグラフに統一して示すことを着想し、大会報告で発表した。これを小林が模倣したことは、原の大会当日までの半月間の発想の変化に追随したことを示す。

ちなみに、この出典中の「前掲」の論文が小林著書のどこにあるかというと、三三八頁も前の一〇九頁第三―一図「日中戦争展開と解放区」の注の最下段に「……原朗「『大東亜共栄圏』の経済的実態」（『土地制度史学』第七一号、一九七六年四月予定）、より作成」とある。小林著書のうちで原の氏名が掲出されるのは、注を除けば本文中ではただこの一回、此処のみである。先述のグラフ中の「前掲」二箇所と合わせても、本文中では原の名は抹消されており、原⑱「実態」論文名が引用されているのもわずかにこの図と表の注をあわせて三箇所のみである。三三八頁も前の記載を、「前掲」で済ませるのは、学術的論文としては通用しないもので、「公正な慣行に反する引用」だとしか言えないものである。また、著者本人の許可を得ずに未公刊論文（一九七六年四月「予定」）から「引用」することも認めることはできない。

以上のグラフに関して、小林著書は次のように述べる。「第四―四図を参照していただきたい。この図は、南方地域での南発券のみならず『大東亜共栄圏』全地域での通貨発行量を表示しているが、南方地域での南発券および各地域での現地通貨の流通量は、この太平洋戦争下で急激に増加の一途をたどったのである」（四四五頁最終行～四四八頁第二行）。ついで、第2節「『大東亜共栄圏』内の通貨金融政策の展開とその特徴」の冒頭で、「ところで激しいインフレの進行は、前掲第四―四図から明らかなごとく、満州、華北、華中でも同様だった。満州では……華北においても……華中ではどうであっただろうか……こうして、裏付物資なき通貨発行量の激増は、『大東亜共栄圏』各地に激しいインフレをまきおこした」（四四八頁後ろから二行～四五〇頁一一行）。このように、原から盗用したこの図に基づく認識は、小林著書の論旨展開の中軸に位置づけられているのである。この領域について、小林自身には先行する研究実績が全くなかったのであるから、上記のような金融・貿易・資金移動を総合してはじめて明らかにし得るような、歴史認識については、当然にその提唱者を明らかにする研究倫理上の責務があった。しかし、小林はそれを果たしていない。

この節の最後に、突然に金現送と阿片供給、外資金庫等への言及があり、最後はまたも『昭和財政史』を引いて次のように結ばれる。「東南アジア地域のインフレは急速度で進展し、もはや従来の操作では、日本波及は防ぎ得ず、ために四五年二月、外資金庫を設立し、現地インフレの進行を日本国内に波及させぬ歯止め措置としたのである。」（四五二頁一三～一七行）。南方インフレについての結論が、原の学会大会報告の各所を盗用したにもかかわらず、結局は小林本人が、『昭和財政史』の研究水準と原の学会大会報告が開拓したあたらしい地平の相違について、十分に理解できなかったエピゴーネンに過ぎなかったことを示している。

（13）第4篇第8章「『大東亜共栄圏』の崩壊」

第2節「『大東亜共栄圏』内での抗日運動の展開」小林著書　五二四～五二八頁）

ここでは、本節の中で使われている歴史学界において著名な「『共栄圏』ならぬ『共貧圏』」という表現について検討しよう。双方の用語の使用は次のようである。

〈本文対照—10〉「共貧圏」

小林（小林著書　五二四頁六行）

「『大東亜共栄圏』相互の紐帯が船舶輸送力の不足により切断され、『共栄圏』ならぬ『共貧圏』が形成されてきたことはすでに述べた。」

⇔

原（原⑱「実態」論文　二八頁Lむすび　一二三行）

「貿易構造と金融構造のみから見ても、『大東亜共栄圏』ないし円ブロックの経済的実態は、ブロックとしての実質的な内容を全く欠き、ポンド・ブロックなど他のブロックがそれなりに持ちえたようなブロックとしての統一性を欠いており、いわばブロックならざるブロック、『共栄圏』ならぬ『共貧圏』であったことは明白である。」

ここで、小林著は「すでに述べた」と書いているが、実はこの頁以前には何も述べてはいない。また、小林は地裁の裁判では「共貧圏」の語は原の創案によるものではなく、「一般語」であると主張して原の独創的表現ではないと強く否定し、読売新聞の一記事のみをその根拠とした。しかし、実際は、大手新聞の記事検索エンジンで調査してみると、読売新聞の「ヨミダス」ではわずかその一例のみで、朝日新聞の「聞蔵Ⅱ」でも毎日新聞の「毎索」でも「共貧圏」の語は皆無であった。原はこの結果を示して、「共貧圏」は「一般語」ではないと反論したのに対し、小林はこれについて再反論できなかった。一般には、「大東亜共栄圏」が「共貧圏」であったという指摘は、創意が込められた表現である。戦後の歴史研究の中でこのような表現を使った最初の例は、原の⑱「実態」論文であるとされる。「共貧圏」は、J-stageなどの検索では、原⑱「実態」論文からの引用として出てくるのみである。小林は、この著の中で実証部分や総括表現において、多くの部分で原論文と内容上重なる記述をしている。こうした頻度の少ない特徴的な用語を使用する場合は、その提唱者か出典を明記すべきである。内容を知悉する共同研究者の研究成果の総括的表現であれば、なおのこと尊重すべきである。

(14) 原以外の研究からの盗用（その1）　松村高夫氏

第3篇第6章第2節「満州、華北での労働力動員政策の展開」（二八三～二九二頁）

第4篇第4章第2節「満州、華北、華中での労働力動員政策の特徴」（四六五～四七三頁）

小林著書について、原以外に、かつて満州史研究会において小林と共同研究をおこなっていた松村高夫氏（以後松村と略す）が、自己の論文を「盗作」されたと厳しく糾弾している。その論文とは、松村「満州国成立以降における移民・労働政策の形成と展開」（満州史研究会編『日本帝国主義下の満州』御茶の水書房　一九七二年　所収、以後松村論文と略す）であり、その盗用の指摘とは松村高夫「意見書　二〇一六年二月九日」（原『創作か盗作か』同時代社　二〇二〇年　所収、一六一～一八六頁）である。

その指摘により検討してみると、小林著の第3篇第6章第2節「満州、華北での労働力動員政策の展開」は、ごく一部を小林自身が書いているだけで、ほとんどが松村の研究成果であり、盗用である。

小林著書の二八三頁後から三行～二八五頁は、満州と中国本土との労働力の依存関係の概説と満洲国の労働統制委員会による労働政策のまとめであり、それは松村論文の「（2）対満中国人移動制限の実施」（二六九～二七八頁）を大幅に圧縮した要約である。小林著書二八四頁「第3―10図　華北出稼労働者の入『満』動向」は、松村論文二四三頁「第3―4表　対満中国人移動の推移」の表をグラフに換えたものである。

小林著書の第3篇第6章第2節中二八五頁九行～二九二頁六行は、松村論文「一　戦時労働統制政策（一）——一九三七—四一年」二七〇頁四行～二七八頁一三行の内容の要約である。「満州五ヵ年計画」実施に対応するための一九三八年一二月の満州労工協会の設立、三八年「暫行労働票発給規則」、三九年一月「十本指指紋登録実施に関する件」、「国家総動員法」と「労働統制法」および「労働統制法」と「労働者雇入れ並に使用に関する全国協定」等労働法規との関連、等の松村の分析成果が、その順序のまま、小林によって自己学習のノートのように要約紹介されている。

小林著書本節の途中の「満州にこうした統制立法を施行させた背後には、満州鉱工業建設の労働力部門の主力を華北出稼労働者に依存したため、労働力統轄が著しく困難なことと、従来の労働力募集が把頭制度に依存しており、ために、国家が直接労働力掌握をなし得ない事情があった。」（二八七頁三～六行）という箇所に、松村論文の引用注をつけて、「二七四頁以下参照。」（二九一頁末尾）と注記している。しかし、この注記は、小林著書の本節二八三頁以降の叙述の中で、松村論文の見解のどこの部分を使っているのかが全く不明であるので、松村論文の研究内容の紹介として不十分である。また、松村の見解と小林の見解との区別が付けられていない。実際は全て松村の見解なのであるが、そのことはこの注ではわからない。さらに、松村論文の引用論文でも、原の場合と同じように、その下限が記されていないので、松村の見解のどこまでを引用したのか不明である。実際は、小林著書の本節では、この注記以降でも松村論文からの要約が延々と続く。これらの点から、小林の本節の途中で、この注記を付けたからといって、一節全体にわたる松村論文からの無断要約が許されるものではない。

小林著書本節中二八七頁九行以後〜二九二頁六行までは、松村論文の前節に続き「二　対満中国人導入政策の展開」（二八六頁八行〜三〇五頁末）からの要約である。松村論文の当該箇所では、満州と華北の経済状態とその間の労働力移動について、多様な領域について分析を行っている。その中で、小林は、華北でのインフレ進行と在満中国労働者の華北送金、それによる日本・満州の国際収支問題等を、自分の節の中に取り込んでいる。この問題は、研究史的には松村による学術的な成果としてよく知られているが、小林は典拠となる松村論文を引用していない。このような松村論文への依存を隠蔽する小林の姿勢をよく示すものとして、ここの論点に関わる重要資料の盗用と改編を取りあげよう。

ここで小林が掲げている「第三―六一表　対満労働者の華北送金にともなう国際収支勘定推定（一九四〇年）」（小林著書二八七頁）と「第三―一二図　入離満華北出稼労働者数推移（一九四〇年度）」（同二八八頁）は、それぞれ松村論文二九六頁の「第三・二二表　対満労働者推移に伴う国際収支上の諸勘定（一九四〇年度）」と二九七頁の「第三・二三表　入満離満中国人月別表（一九四〇年度）」と同じデータである。ところが、わざわざ前者は単位を千円から万円に変更し、後者は表をグラフへと改編している。これは何故であろうか。小林大会報告資料（乙第二七号証の二）一一頁では、この両表を掲載したうえで、出典に次のように明記していた。

前者については、松村高夫「満州国成立以降における移民・労働政策の形成と展開」（満州史研究会編『日本帝国主義下の満州』）二九六頁（傍線は引用者）

後者については、松村高夫「満州国成立以降における移民・労働政策の形成と展開」（満州史研究会編『日本帝国主義下の満州』）二九七頁（傍線は引用者）

ところが、小林著書の二八七～二八八頁では、この図表を松村論文から引用したという記載は削除され、原資料名だけにしてしまっている。このことから、この図表の改変は、図表の真の作成者を隠すための小林の姑息な行為であると判断するほかない。

小林著書の第4篇第4章第2節中四六五～四六八頁八行は、後者は松村論文の三〇六～三一四頁の内容の要約である。「労務新体制要綱」、「労務興国会」、「事業一家的精神」イデオロギー、「労務法改正ノ件」、把頭制度の復活活用、「国民勤労奉公法」、「高度国防国家建設事業」、「華北労工協会」、華北労工協会暫行条例、前田一『特殊労務者の労務管理』等、この節で論じられている事項や法令、資料を見ると、あたかも小林による松村論文の抜き書きノートのようである。これほど小林が依拠している松村論文を全く引用しないというのは、研究者として常軌を逸している。この節については、松村論文の引用注は一切ないので、これは議論の余地のない盗用である。

このように、小林著書の第3篇6章2節および第4篇4章2節には、松村論文からの盗用が極めて多い。

(15) 原以外の研究からの盗用（その2）　石川滋氏

小林著書が、「満州産業開発五ヵ年計画」に関する計画とその実績に関して、重要な石川滋氏（以後、石川と略す）の先行研究を一貫して盗用していることを明らかにする。

例えば、この第3篇第4章第1節で掲げられている「第三―七図『満州産業開発五ヵ年計画（修正計画）』目標及実績」（小林著書　一九八～一九九頁）は、石川滋「終戦に至るまでの満洲経済開発――その目的と成果」（日本外交学会編『太平洋戦争終結論』東京大学出版会　一九五八年所収　以後石川論文と略す）からの盗用である。原⑰「満州第一」論文では、「四一年の五ヵ年計画最終年次において、五ヵ年計画がどの程度最初の意図を実現しえたかという一点についてのみ、最後に簡単にふれておくこととしよう。この点については、すでに石川滋氏による先駆的業績がある」（一一四頁）として、石川論文を引用紹介している。また、先に言及した槇田健介の卒業論文でも、「満州産業開発五ヵ年計画」の変遷に関しては、原⑦「満州第一」論文だけでなくこの石川論文を繰り返し引用している（四八～五〇頁）。ところが小林著書は、これほど広く知られている石川論文をまったく引用していない。小林著書の基本資料は、東北物資調節委員会編『東北経済小叢書　資源及び産業』（上下巻　貿易文化服務社　一九四七年）であり、先行する石川滋の論文（七四〇頁参照）とまったく同じ文献に依拠している。そして、小林は、石川論文の第一図「満州鉄鋼・石炭の拡充計画と実績」（七五四頁）のように、同じ形式の図を複製し、石川論文とまったく同じ内容の叙述を行っている。それにもかかわらず、小林著書はこの石川論文を一度も引用することなく、以下のように頻繁に使っている。これらはすべて盗用とみなさざるをえない。

（例えば、つぎのような箇所がある）。

第2篇第2章第3節「『満州産業開発五ヵ年計画』の内容と第一年度実績」（小林著書　七四～七六頁）の一部については、石川論文七四九～七七二頁による。小林⑤「満洲工業政策」論文には、初年度実績についての研究がなかった。

第3篇第3章第1節「満州国修正五ヵ年計画」の立案とその特徴」（小林著書　一六七～一六八頁）は、石川論文七五一頁、七七二～七七九頁からの盗用である。

第3篇第4章第1節「満州経済再編の進行」（小林著書　一九八～一九九頁）の第3―7図は石川論

文七五四頁　第1図と同じ資料で同じ手法を用いている（石川論文七五四、七七二～七七九頁）。

第4篇第2章第2節「満州経済の軍事的再編」（小林著書　四一三～四一四頁）は石川論文七五三～七七一頁の盗用である。

以上のように、小林著書の満州経済の実績に関しては、原⑦「満州第一」論文と⑰「満州第二」論文以外に、石川論文（一九五八）からの盗用が多い。

第二　総括的な評価

以上、小林著書の内容を順次検討した結果、そこに原をはじめ他の研究者の先行研究から多くの盗用があることを明らかにしてきた。しかし、以上がこの著書の盗用のすべてではない。それらは、いずれも盗用が特にはっきり目立つ項目を、事例として列挙したに過ぎない。

そこで、小林著作全体について、盗用の全貌を確かめる必要がある。小林著書と一九七五年までの小林と原のすべての研究論文を比較照合して分析した堀和生は、次のような事実を明らかにしている（堀和生「意見書　Ⅲ」原著『創作か盗作か』所収　二四七～三〇五頁）。

小林著書の本文は五四一頁であり、篇章節項の項目数は全部で一三六箇である。このうち、標題のみで文章がないものと、数行だけのごく簡単な説明文の部分を除くと、一〇五箇に細分されている。堀の考証によれば、一〇五の本文中で、小林自身の発表論文に依拠していると確認できるのは三三箇所（当初発表時は三二箇所と評価していた。ここに訂正する）、原の研究の盗用（石川からの盗用と一部重複。用語のみの盗用を除く）が二五箇所、松村の研究の盗用が二箇所、引用が不適切な個所が九箇所、其の他が三六箇所であった。つまり、明確な盗用だけで、全体の四分の一を占めている。これは、学術書として盗用の分量の多さでは、例のないものではなかろうか。一項目ないし数項目の盗用でも学術書にとっては致命的であることを考えれば、控えめに見ても原からの二七項目に及ぶ盗用は、大学教授の現職（増補版出版当時に早稲田大学教授）にあるものにとって到底許されるものではない。

くわえて、小林著書の盗用の特徴は、その甚だしく細分化した著書の構成が、これまで述べてきた多くの研究・論文からの盗用と深く結びついていることが重要である。ここに掲げる「小林著書の構成・盗用一覧」は、先述の堀和生「意見書」Ⅲに含まれている（二六六〜二七七頁）。原の著書においては各頁に分割されたために、わかりにくくなったので、ここでは多色刷の一覧表にして再度提示する。この一覧をみれば、小林著書は、自ら「時代別、問題別、地域別」に叙述を工夫したという多数の細項目に、自分の研究成果と原を中心とした他の研究者の盗用部分を、格子状に組み込んで構成されていることが一目瞭然である。小林著書の通読を試みる読者は、同書の篇章節項の主題があまりにも頻繁に変わるので、著者の体系的な主張を読み取ることに苦しむことはあっても、それぞれの領域の叙述が他の研究者からの多彩な盗用によって成り立っていることを看破することは困難であろう。この用意周到な盗用隠蔽の工夫こそが、他に例を見ない小林著書の「独創的な」アイデアではなかったかと思われる。

第三　「小林著書の構成・盗用一覧」　多色刷総括表（出典：堀　和生「意見書Ⅲ」、一部補正）

一覧表の説明

1　表頭の「篇・章・節・項・頁数」は小林著書の構成にそのまま従って記入した。

2　「題目名」のうち長いものは末尾を削除した部分がある。

3　「対象地域」はその項目が取り上げた主たる地域に即して記入した。
4　「堀評価」は本表作成者堀和生による小林著の各篇・章・節・項・目ごとに「原盗用」か「小林論文」か等について、学術的に判定したものである。堀個人の評価であるが、本表の表頭のうち最も重要な欄である。「原盗用」「小林論文」のほか、「原用語盗用」「第三者盗用」「引用不適切」「叙述不適切」などの評価も与えている。
5　「小林論文の使用箇所」は、当該項目において使った小林の既発表論文と頁数を示す。
6　「原朗成果の使用箇所」は、当該項目において盗用された原論文と頁数を示す。
7　小林・原の出典文献は、本文一一二—一一四頁の文献リスト番号で示す。
8　「コメント」は、各項目の参考となる付随的情報を記す。
9　緑色は小林論文に依拠した箇所、赤色は原、松村、石川の盗用箇所、柿色は引用・叙述が不適切な箇所。

さて、この「通報書」は私が執筆したものであるが、第二部の終わりに掲げたカラー刷りの表は、今次法廷でただ一人の被告側証人、堀和生氏の作品である。本事件の深刻さをこの表から体感し、また緻密に観察すればするほどこの表から真実が浮かび上がってくると思う。カラー刷り部分だけではなく、その根拠として両者の論文、著書の頁数まで明示されている点を確認されれば、心ある読者はこの表と小林著の頁数を対照するたびに、驚きに次ぐ愕きを感じられることであろう。ここに及んで、私の受けた地裁と高裁の判決に、あらためて言及する必要を感じる。

本書では、本書それ自体としてもこの訴訟の全貌に近づき理解していただきたいと考えたため、全体の中で比重が相当重くなるが、私自身がこの事件に早稲田大学に同大学の学術研究倫理委員会に提出した「通報書」および付表が、この事件の全貌をほぼ示していると考え、あえてその全文を引用した。

小林論文の使用箇所	原朗成果の使用箇所	コメント
	–	文章なし
	本文参照	
	本文参照	
	–	文章なし
5-33＝小林⑧論文120-121、26-130		
3-37＝小林⑧論文130-140		
8-44＝小林⑧論文141-150		
	–	文章なし
	–	文章なし
9-53の一部＝小林⑤論文20-2	49-52＝原⑦論文44-56	原に言及なし、表2-1は原⑦論文46の表V
3-63＝小林⑧論文168-184、91-207		
	–	文章なし
	66-69＝原⑦論文57-71	
	66-73＝原①論文52-60、原⑦論文57-71	
部 74-76＝小林⑤論文25-7、小林には初年度実績研究無い	73-78＝原⑦論文71-77	石川論文749-773の完全盗用、小林には初年度研究がない
0-84＝小林③論文143-146		
4-85＝小林③論文146-157		
6-91＝小林⑨論文149-169		
	–	5行のみ
2-99＝小林⑫論文6-9		

「小林著書の構成・盗用一覧」

篇	章	節	項	頁数	題目名（長いものは末尾削除）	対象地域	堀評価
はしがき				I	はしがき		
序論				3	課題と方法		–
序論		1		3	課題と方法	総論	原盗用
序論		2		9	時期区分	総論	原盗用
1				17	満州事変への道―経済的侵略過程を中心		–
1	1			19	1920年代の満洲経済の特徴	満洲	
1	1	1		20	日本帝国主義の対満侵略	満洲	
1	1	2		24	奉天軍閥の経済的基礎とその特徴	満洲	小林論文
1	1	3		33	奉天軍閥の経済的基礎の崩壊過程	満洲	小林論文
1	1	4		38	奉天軍閥の経済的基礎の再編工作	満洲	小林論文
1	1	5		42	石原莞爾の対満占領構想	満洲	
2				45	満州事変後の占領政策の展開		–
2	1			47	満洲国樹立と占領政策の展開		–
2	1	1		47	満州占領と満洲国政府の樹立	満洲	
2	1	2		49	特殊、準特殊会社の設立	満洲	原盗用
2	1	3		53	「幣制統一事業」と既存の流通機構改編政策の展開	満洲	小林論文
2	2			66	「満洲産業開発五ヵ年計画」の立案過程	満洲	–
2	2	1		66	立案経緯	満洲	原盗用
2	2	2		69	立案契機	満洲	原盗用
2	2	3		73	「満洲産業開発五ヵ年計画」の内容と第1年度実績	満洲	原・石川盗
2	3			79	「朝鮮北部重工業地帯建設計画」の進展	外・朝鮮	
2	3	1		80	「朝鮮北部重工業地帯建設計画」	外・朝鮮	小林論文
2	3	2		84	「重要産業統制法」の改正	外・朝鮮	小林論文
2	3	3		86	日本窒素肥料株式会社の興南への進出	外・朝鮮	小林論文
2	4			92	華北占領政策の確立	華北	–
2	4	1		92	華北占領政策の形成	華北	小林論文

小林論文の使用箇所	原朗成果の使用箇所	コメント
9-104＝小林⑫論文2-5 ①②③の順序を入れ替え		
–	–	文章なし
–	–	文章なし
	109図と原⑱論文21頁の図との関係	
	111-115＝原①論文52-74、原③論文44-77、原⑦論文74-79、原⑨論文(1)18-48、(2)41-47、原⑤資料・資料解説xxxiii-xxxix	
	115-118＝原①論文60-66、原⑦論文74-83	
–	–	4行のみ
19-126＝小林⑫論文12-15		
	原⑱論文21-26を無視	
	同上	
	同上	
	同上	109頁図と原⑱論文21との関係。模倣と改ざん、本文で言及せず
	とりわけ、446-447＝原⑱論文26頁を無視	
	原⑱論文21-26を無視	
–	–	5行のみ
ごく一部 小林⑤論文25-28	167-169＝原⑦論文71-80	石川論文751、772-779の盗用
–	–	文章なし
	170-174＝原⑰論文211-228	
	175-177＝原⑰論文230-269	
78-179＝小林③論文147-148		
–	–	文章なし
小林⑫論文になし。小林⑫論文15頁に興中公司の名称と概略のみ	180-184＝原⑱論文4-14	原の論文内容の方がはるかに詳細、原学会報告資料から3点盗用

篇	章	節	項	頁数	題目名（長いものは末尾削除）	対象地域	堀評価
2	4	2		99	華北経済の特徴―浙江財閥の華北支配の実情と関連して	華北	小林論文
3				105	日中戦争下の占領政策の展開		–
3	1			107	日中戦争の勃発と戦時動員体制の確立		–
3	1	1		107	日中戦争の展開	華北華中	原盗用
3	1	2		111	日本経済の軍事的再編の方向	日本帝国	原盗用
3	1	3		115	「生産力拡充四ヵ年計画」の内容と特徴	日本帝国	原盗用
3	2			119	「幣制統一事業」の展開		–
3	2	1		119	華北「幣制統一事業」の展開と特徴	華北	小林論文
3	2	2		126	華中通貨政策とその特徴	華中	引用不適切
3	2	2	1	126	(1)軍票流通政策の展開	華中	引用不適切
3	2	2	2	135	(2)華興商業銀行の成立	華中	引用不適切（右に110頁）
3	2	2	3	138	(3)中央儲備銀行の設立	華中	引用不適切
3	2	2	4	142	(4)儲備銀行券による「幣制統一事業」の展開	華中	引用不適切
3	2	2	5	148	(5)日中戦争下華北、華中解放区での通貨金融政策の展開とその特徴	華北華中	引用不適切
3	3			167	植民地軍事工業構築の準備過程		–
3	3	1		167	「満州国修正五ヵ年計画」の立案とその特徴	満洲	原・石川盗用
3	3	2		170	満鉄改組と満州重工業開発株式会社（満業）の創立	満洲	–
3	3	2	1	170	(1)対満投資動向と満鉄改組	満洲	原盗用
3	3	2	2	174	(2)満業の設立とその特徴	満洲	原盗用
3	3	3		178	朝鮮での「時局対策調査会」の開催	外・朝鮮	小林論文
3	3	4		180	北支那開発、中支那振興株式会社の成立	華北華中	–
3	3	4	1	180	(1)興中公司の設立と活動	華北華中	原盗用

小林論文の使用箇所	原朗成果の使用箇所	コメント
184-191＝小林⑫論文16-18 華北と華中が入れ子状態	186-189興中公司＝原⑱論文8-9、14	表3-23は原朗⑱論文からの盗用
-	-	３行のみ
	192-201＝原⑦論文71-80。193の第3-26表＝原⑦論文111-114第 第1.15表。194-195の石炭・東辺道開発の失敗については、原⑰論文252-280。外資導入については原⑰論文269-280	194-199＝石川論文、小林198-199第3-7図は石川論文754第１図 同じ資料で同じ手法。石川論文754、262-263、772-778
202-204、206-212＝小林③論文149-150、151-253。205-209＝小林⑨論文145-149、156-159		
213-214＝小林⑫論文15、20-21。華中は別		
215-219＝小林⑫論文18-23 219-221＝⑫論文24-26		
	原⑱論文8-14	小林に先行研究なし
	231＝原①論文を引用	
一部2 233-234＝小林⑤論文20、234-237＝小林⑧論文207-209	232-237＝原⑦論文4-50、71-80頁。282＝原⑱論文20。満鉄中心⇒満業・満洲興業銀行へ＝原⑰論文291-295	石川論文の資料759-760、774。原・石川が半分 小林が半分
237-242＝小林③論文153-156 表3-47、48（238、239）追加		
243-252＝小林⑩論文29-32		
	252-253＝原⑨論文23-28	
253-257＝小林②論文15-16		
258-265小林②論文16-20		
256-257＝小林②論文20-21		
267-274＝小林②論文21-24		
-	-	１頁のみ
276-283＝小林③論文156-159、277-278、280-281＝小林①論文68-69、75-76		

篇	章	節	項	頁数	題目名（長いものは末尾削除）	対象地域	堀評価
3	3	4	2	184	(2)北支那開発、中支那振興株式会社の設立	華北華中	原盗用
3	4			192	日中戦争期の植民地産業の軍事的再編		－
3	4	1		192	満州経済再編の進行	満洲	原・石川盗用
3	4	2		201	朝鮮経済再編の進行	外・朝鮮	小林論文
3	4	3		213	華北・華中占領政策の展開	華北	小林論文
3	4	3	1	215	(1)北支那開発株式会社の活動	華北	小林論文・一部別
3	4	3	2	221	(2)中支那振興株式会社の活動	華中	
3	5			231	日中戦争期の植民地金融政策の展開とその特徴	日本帝国	
3	5	1		232	満州における資金動員政策の展開	満洲	原盗用
3	5	2		237	朝鮮における資金動員政策の展開	外・朝鮮	小林論文（右に111頁へ）
	5	3		243	台湾における資金動員政策の展開	外・台湾	小林論文
3	5	4		252	植民地での産金奨励政策の展開―金確保と金現送―	日本帝国	
3	5	4	1	253	(1)産金奨励政策の全体的位置づけ	外・朝鮮	小林論文
3	5	4	2	257	(2)朝鮮産金奨励政策の展開過程	外・朝鮮	小林論文
3	5	4	3	266	(3)朝鮮産金奨励政策の終焉	外・朝鮮	小林論文
3	5	4	4	267	(4)産金奨励政策の結果	外・朝鮮	小林論文
3	6			275	日中戦争期の植民地労働力動員政策	日本帝国	－
3	6	1		276	朝鮮での労働力動員政策の展開	外・朝鮮	小林論文

小林論文の使用箇所	原朗成果の使用箇所	コメント
ごく一部 284＝小林⑫論文27第５図のみ		283-292＝松村論文268-292。注記は291頁一回のみ、小林の学会報告資料では村松を明示、小林著書で消す
292-299＝小林⑩論文32-35		
299-302＝小林⑤論文41-42、304-305＝小林⑨論文179-180		
−	−	３行のみ
−	−	文章なし
一部 308-310＝小林⑤論文33-34	307-309＝原⑦論文74-84、原⑰論文253-257	小林は鉄鋼を銑鉄と間違う！
318-320＝小林③論文160-161		
−	−	文章なし
325-328＝小林⑩論文36-37		
−	−	２行のみ
ごく一部 329-330＝小林⑤論文38-40	332-334＝原⑰論文286-291	
34-338＝小林③論文161-164		
38-341＝小林⑩論文39-40		
-	−	２行のみ
-	−	文章なし
	344-345＝第3-78表、第3-18図原の提供資料（小林学会報告５頁3-A.B.C.D、原⑤資料、解説XXXViii	343-347＝石川論文748-757、760-766、767-769。小林にオリジナリティなし
47-352、354-357＝小林⑨論文170-172		
54-357＝小林⑨論文172-73、357-360＝小林⑩論文37-9、硫安、アルミは別	硫安、アルミは原提供資料（小林学会報告レジュメ　７頁第7-1表	
-	−	二行のみ

篇	章	節	項	頁数	題目名（長いものは末尾削除）	対象地域	堀評価
3	6	2		283	満州、華北での労働力動員政策の展開	満洲華北	松村盗用
3	6	3		292	台湾での労働力の動員政策の展開	外・台湾	小林論文
3	6	4		299	植民地労働者の就業構造の特殊性	日本帝国	小林論文
3	7			307	植民地流通機構の再編・強化政策の展開		－
3	7	1		307	満州での物資統制政策	満州	－
3	7	1	1	307	(1)配給機構の整備	満洲	原盗用
3	7	1	2	310	(2)糧桟機構の再編政策の展開と失敗	満洲	
3	7	2		318	朝鮮での物資統制政策	外・朝鮮	小林論文
3	7	3		320	中国占領地区での物資統制政策		－
3	7	3	1	320	(1)配給機構の整備	華北華中	
3	7	3	2	321	(2)既存流通機構の再編政策の失敗	華北華中	
3	7	4		325	台湾での物資統制政策	外・台湾	小林論文
3	8			329	日本資本の植民地進出の実態とその特徴		－
3	8	1		329	日本資本の満州進出の状況と特徴	満洲	原盗用
3	8	2		334	日本資本の朝鮮進出の状況と特徴	外・朝鮮	小林論文
3	8	3		338	日本資本の台湾進出の状況と特徴	外・台湾	小林論文
3	9			342	日中戦争期における日本資本主義の軍事的再編成		－
3	9	1		342	重要奨励対象部門の再編過程	日本帝国	－
3	9	1	1	342	(1)鉄鋼業	日本帝国	
3	9	1	2	347	(2)水力電気事業	日本帝国	小林論文
3	9	1	3	353	(3)電気化学工業―硫安と軽金属―	日本帝国	一部小林
3	9	2		360	「生産力拡充計画」の生産実績分析	日本帝国	－（右に112 へ）

小林論文の使用箇所	原朗成果の使用箇所	コメント
	−	文章なし
	−	文章なし
	373-381＝原⑤資料159-160、172-176、および同「資料解説」	
31-384＝小林⑩論文22-23		
	385-387＝原①論文61-63、385図4-1表は原提供資料と明示	原朗の見解をそのまま解説
	−	二行のみ
	412-414＝原⑰論文260-264、280-284	413-414＝石川論文753-771
		既発表論文なし
26-439＝小林⑩論文23-28		
	−	4行のみ
	441-448＝原⑱論文9-28	446-447 第4-4図 本文参照
	448-453＝一部を除き原⑱論文9-28	
	−	文章なし
54-460＝小林⑪論文70-75		
56-169＝小林⑨論文 179-59 後者の順序入替		
		465-468＝松村論文306-314
73-474、474-477＝小林⑩論34-35、35-36		

（通報書）第二部　小林英夫『「大東亜共栄圏」の形成と崩壊』における盗用箇所

篇	章	節	項	頁数	題目名（長いものは末尾削除）	対象地域	堀評価
3	9	2	1	360	(1)日本資本の植民地進出の諸特徴	日本帝国	
3	9	2	2	362	(2)貿易構造の変化	日本帝国	
3	9	2	3	366	(3)労働力供給状況	日本帝国	
3	9	2	4	369	(4)総括	日本帝国	
4				371	太平洋戦争下の占領政策の展開		−
4	1			373	南方軍政の形成過程	南方	−
4	1	1		373	南方軍政の立案過程	南方	叙述不適切
4	1	2		381	「臨時台湾経済審議会」の開催	外・台湾	小林論文
4	1	3		385	「第二次生産力拡充計画」の立案	日本帝国	叙述不適切
4	2			388	太平洋戦争期の占領政策の展開	日本帝国	
4	2	1		389	南方軍政の展開	南方	
4	2	1	1	389	(1)南方軍政機構の確立	南方	−
4	2	1	2	394	(2)南方軍政の展開	南方	
4	2	2		412	満州経済の軍事的再編	満洲	原・石川盗
4	2	3		417	朝鮮経済の軍事的再編	外・朝鮮	
4	2	4		421	華北占領区の経済再編工作	華北	
4	2	5		426	台湾経済の軍事的再編	外・台湾	小林論文
4	3			441	太平洋戦争期の植民地通貨金融政策	日本帝国	−
4	3	1		441	南方における通貨金融政策の特徴	南方	原盗用
4	3	2		448	「大東亜共栄圏」内の通貨金融政策の展開とその特徴	日本帝国	原盗用
4	4			454	太平洋戦争下の植民地労働力動員政策の展開とその特徴	日本帝国	
4	4	1		454	朝鮮での労働力動員政策の展開	朝鮮	−
4	4	1	1	454	(1)労働力動員政策の展開	外・朝鮮	小林論文
4	4	1	2	461	(2)朝鮮窒素肥料興南工場での労働者状態	外・朝鮮	小林論文
4	4	2		465	満州、華北、華中での労働力動員政策の特徴	満洲華北華中	松村盗用
4	4	3		473	台湾での労働力動員政策の特徴	外・台湾	小林論文

小林論文の使用箇所	原朗成果の使用箇所	コメント
	−	文章なし
	−	3行のみ
	−	文章なし
	385-387＝原①論文61-63。511-515 第4-46表、第4-10図は原の資料提供と示唆（小林学会報告レジュメ13-14 第24表、第6図参照）	
	−	文章なし
		注なし
	−	1行のみ
	519-524＝原①論文63、原③論文45-46、76。原⑨論文 その3 364-366。原⑱論文18-20 第13表	
	524「『共栄圏』ならぬ『共貧圏』」の用語＝原⑱論文28左の盗用	盗用確認は用語のみ。故に節項の盗用からは除く。
	528-530＝原⑱論文18-19	
	−	文章なし
	本文参照	
	本文参照	
	−	研究対象外

（「通報書」　完）

（通報書）第二部　小林英夫『「大東亜共栄圏」の形成と崩壊』における盗用箇所

篇	章	節	項	頁数	題目名（長いものは末尾削除）	対象地域	堀評価
4	4	4		477	東南アジア諸地域での労働力動員状況	南方	−
4	4	4	1	477	(1)全般的状況	南方	
4	4	4	2	480	(2)泰緬鉄道建設工事	南方	
4	5			488	太平洋戦争期の物資蒐集機能の鈍化		−
4	5	1		488	朝鮮、満州での食糧増産運動	朝鮮満洲	
4	5	2		497	華北における物資蒐集状況	華北	
4	5	3		501	華中における物資蒐集状況	華中	
4	6			505	日本資本の植民地進出の状況	日本帝国	
4	7			510	太平洋戦争期の日本資本主義の軍事的再編過程		−
4	7	1		510	重要産業部門の崩壊過程	日本帝国	原盗用（右113頁へ）
4	7	2		515	「第二次生産力拡充計画」の生産実績分析	日本帝国	−
4	7	2	1	515	(1)日本資本の植民地進出の特徴	日本帝国	
4	7	2	2	516	(2)貿易構造の変化	日本帝国	
4	7	2	3	517	(3)労働力供給状況	日本帝国	
4	8			519	「大東亜共栄圏」の崩壊		−
4	8	1		519	船舶輸送能力の減退と陸送転移方針の採用	日本帝国	原盗用
4	8	2		524	「大東亜共栄圏」内での抗日運動の展開	日本帝国	原用語盗用
4	8	3		528	南方軍政方針の転換	南方	引用不適切
4	8	3	1	528	(1)「南方甲地区経済対策要綱」の制定	南方	
4	8	4		530	米・英の反撃と「大東亜共栄圏」の崩壊	日本帝国	
結語				534	結語		−
結語		1		534	「大東亜共栄圏」支配の特徴	総論	原盗用
結語		2		537	「大東亜共栄圏」崩壊の要因	総論	原盗用
あとがき				543	あとがき		−

附　「通報書」提出後の早稲田大学の回答

以上の早稲田大学へ九月六日に送った小林著書「増補版」が盗作の疑いがあるとする「通報書」に対し、早稲田大学としての一〇月一日付正式回答は、以下のごときものであった。

研究活動に係る不正行為に関する予備調査の結果について（通知）

「……本学『研究活動に係る不正防止および不正行為への対応に関する規程』（以下『規定』という。）第一一条に基づき、学術研究倫理委員会において予備調査を行い、二〇二一年九月二八日に開催された早稲田大学学術研究倫理委員会において協議し、決定した結果」として、下記の項目が伝えられた。

「1　調査対象者

2　予備調査の対象　小林英夫『増補版「大東亜共栄圏」の形成と崩壊』（御茶の水書房、二〇〇六年）

3　研究活動に係る不正行為の疑いの内容

盗用（研究者等が、他の研究者のアイディア、分析・解析方法、データ、研究結果、論文または用語を当該研究者の了解または適切な表示なく流用すること）の疑い〈規定二条第二項第四号〉

4　予備調査の実施

学術研究倫理委員会は、通報内容を確認した結果、規程第一一条第三号および第四号に該当する情報であると判断し、規程第一一条第一項に基づき、学術研究倫理委員会委員長の下で予備調査を行った。

5　学術研究倫理委員会における予備調査の結果

6　理由

予備調査では、通報者から提出された通報書および証拠資料を確認し、通報者が盗用と主張する対象が、小林英夫『増補版「大東亜共栄圏」の形成と崩壊』（御茶の水書房、二〇〇六年）の中の本文（一〜五四二頁）と同一であることを確認した。また、初版である小林英夫『「大東亜共栄圏」の形成と崩壊』（御茶の水書房、一九七五年）が、小林英夫氏が本学以外の研究機関在職中に刊行されたものであることをあわせて確認した。

本学では、規程第二三条第一項に規定しているとおり、被通報者が本学をすでに退職しているものであっても本学在職中の研究活動について通報を受けた場合はその事案について調査を行うこととしているが、上記の予備調査で確認された事実に基づき、小林英夫『増補版「大東亜共栄圏」の形成と崩壊』（御茶の水書房、二〇〇六年）の中の本文を本学在職中の研究活動として取り扱うことは適当ではないと判断した。」

つまり、「増補版」は新しい研究成果ではなく、早稲田大学在職中の研究成果とはみなせないので、同大学が審議すべき責任はないというのである。これに対し私は一〇月三日に学術研究倫理委員会委員長赤尾健一氏に対し、一〇月八日に学術研究倫理委員会委員会それ自体に対し二通の反論を送った。早稲田大学は、すでに小林が早稲田大学に在籍するずっと以前の一九六六年の「元山ゼネスト」論文に対し同委員会として正式な手続きに基づき「盗用」と認定しており、今回の回答は同一の委員会の決定として全く異なる基準に立っており、不可解であることを申立てたもので、念のため、これら二つの文書をここに記録しておく。

一〇月三日付　通報者原から早稲田大学学術研究倫理委員会への書簡

早稲田大学学術研究倫理委員会委員長
赤尾　健一先生

先生にはますますご健勝のことと存じます。このたびは諸事ご多端の折にも関らず、本年九月六日付で私が提出いたしました貴委員会に対する通報書に対し、一〇月一日付（研マネ第七三二号）でご「通知」をくださり、ありがとう存じました。まず迅速なご対応に感謝申し上げます。

また、この「通知」第四項で、「規程」第一一条第三号の通報が「科学的」なものであると該当する情報であると判断されたこと、および「規程」第一一条第一項に基づき、学術研究倫理委員会委員長の下で直接に予備調査を行ってくださったことにつきましても同様に深く感謝申し上げます。そのうえで、いくつかの点について「通知」の内容につき赤尾先生にお伺いし、お答えいただきたい点を述べさせていただきます。

1　まず、ご「通知」第五項にある「小林英夫『増補版「大東亜共栄圏」の形成と崩壊』（御茶の水書房、二〇〇六年）の中の本文を本学在職中の研究活動として取り扱うことは適当ではないと判断し、本事案に関する調査委員会を設置しないことを決定した」とのご結論には、私は全く承服いたしかねることをここに申し上げなければなりません。

その理由としては第一に、貴委員会が、今回と同一の被通報者が今から数えてわずか一年半ほど前の二〇二〇年二月二五日のご決定で明確に「盗用」と結論された事案を思い起こしていただけましょうか。

2　当時の被通報者であり今回の被通報者である小林英夫氏が、貴学には非在籍時に発表した『労働運動史研究』四四号（一九六六年七月号）を、貴学に在籍していた時期に、著書（共著）に再録した事案（小林英夫・福井伸一著『論戦「満州国」・満鉄調査部事件――学問的論争の深まりを期して』（彩流社、二〇一一年）、すなわち小林英夫「元山ゼネスト――一九二九年朝鮮人民のたたかい」が、北朝鮮の研究者による論文、尹亨彬《ユンヒョンビン》「一九二九年元山労働者の総罷業とその教訓（歴史科学）一九六四年二月」を文言の四八パーセントにも及ぶ盗用行為を行った事例に対して、通報を受けた貴委員会が、調査委員会を設けて調査し、貴委員会として明確に小林英夫氏による「盗用」と判定しておられることを、まずご確認いただきたいと存じます。

この事案の扱いと、本事案の扱いとは非常に異なっており、同じ委員会のご決定としては整合性を欠くかと感じられます。

3　今回の事案につきまして、「通知」第六項「理由」によれば、通報者が「盗用と主張する対象」が小林氏『増補版』（二〇〇六年）の中の本文（一～五四一頁）であり、その内容が同著書初版（一九七五年）の本文と同一であることを確認され、またこの初版が「本学以外の研究機関在職中に刊行されたもの」であることを予備調査では確認されておられます。この点は通報者である私も明確に認識したうえで通報の内容に組み込んでいるものであり、貴委員会の予備調査の結果は私の通報書の正確さをあらためて確認されたものであります。

4　貴委員会はさらに「本学では、規程第二三第一項に規定しているとおり、被通報者が本学をすでに退職しているものであっても本学在職中の研究活動について通報を受けた場合はその事案について調査を行うこととしている」方針を明確に述べられておられます。そのうえで、増補版「の中の本文を本学在職中の研究活動として取り扱うことは適当ではないと判断した」ことを「調査委員会を設置しないことを決定」(「通知」第五項)した「理由」(同第六項)とされておられますが、ここでは第五項の「調査委員会を設置しないことを決定」された理由であるべき第六項とが全く同義反復となっており、第六項の理由は第五項の結論を導く理由のご説明としては不十分なものとしか考えられません。

5　この説明は、被通報者小林英夫氏は「すでに退職している」者であるが、増補版本文が「本学在職中の研究活動として」取り扱うことは「適当ではない」ので調査委員会を設置しない決定をしたと読み取るように貴委員会は主張されているようにも受け取られますが、このご判断は、大学にとって、また研究者にとって、非常に深刻な問題点をはらんでおります。

この事案の扱いと、本事案の扱いとは非常に異なっており、同じ委員会のご決定としては整合性を欠くかと感じられます。

「再録」ならば調査委員会を設ける必要があり、「増補版」ならば調査委員会の設置は「適当ではない」のでしょうか。申すまでもなく、小林氏が「元山ゼネスト」論文を盗用したのは当然のことながら貴学在籍中のことではありません。再録時の二〇一一年は貴学在籍中でした。増補版発行は「本学在職中の研究活動」とは認められていないのでしょうか。両案件についての貴委員会のご決定の違いについて、この点に関するご回答をぜひとも詳しくお教えいただきたいと存じます。

平たく申せば、「本文」が初版と増補版とで全く同一であれ、早稲田大学の教授が増補版を発行された、と期待をもって購入した読者は少なくないものと思われます。奥付の履歴には早稲田大学教授と明確に印字してあります。

6　増補版の発行それ自体は研究活動の一部です。「本学在職中の研究活動」の一環です。増補版には「まえがき」もあれば「あとがき」もあり、本事案では『大東亜共栄圏』再論」という部分もあります。これらのみが「在職中の研究活動」であって、「本文」のみが「在職中の研究活動」ではない、とおっしゃるのでしょうか。「増補」部分に何を書くか、明確な盗用部分を含む「本文」部分には何を付加すべきか、付加せずに盗用部分を含めてそのまま残すかのその判断それ自体が、貴学在籍中の重要な「研究活動」であるはずです。

「増補版」はあくまで「増補版」であって、「本文」そのものなしには成り立ちません。「増補版」が初版の本文と同一であることは、私からの盗用の部分がそのまま本文に示されているからこそ、そして盗用部分をまったく書き換えないまま無反省にそのまま残すことを、貴学在籍中の二〇〇六年に小林氏が自らの研究活動の一環として判断されたのでありまして、研究者としての良心を全く示していないこのこと自身が、研究倫理上重要なのです。貴委員会が、予備調査のため通報書全部をご覧になったうえで、この点についてご考慮されなかったとは俄かには信じられません。

7　すでに通報書に記しましたように、私はこの案件につき貴学在職中の被通報者により提訴され、初審・控訴審・上告審とも敗訴しましたが、学術的事項につき学術的判断を十分におこなえるとは思われない裁判所に、現役早稲田大学教授が全く学術的討議もせず直接訴状を提出したこと自体、まず貴学の建学精神「学の独立」に著しく反する行為だとの自覚がないと痛切に感じました。

この彼の行為によって、早稲田の一教授が、学問の独立の精神に反して訴訟の道を選び、司法権力の庇護を求めたという事実は、関連学界に広く知れ渡り、彼の名と彼の行為を、貴学の建学精神を見比べて、静かな囁きが学界に広がっているという事実を、ここに改めて申し上げなければならないことは、私にとって誠に遺憾とするところです。ことは個人の盗用行為の問題から発して、大学の組織そのものの問題に突き刺さってきていると私は考えます。建学の精神を真正面から踏みにじったこの行為は、それこそ全学のリスク管理に重大な影響を与えるものでありましょう。

8　以上、頂いた「通知」に関する感想と質問を述べさせていただきました。私が今回の事案を貴学貴委員会に通報させていただきましたのは、第一には被通報者の研究不正を正すことはもとより、学術上のプライオリティを争うに際しては、「裁判所」ではなく、「大学」こそが、学術上正しい判断を示すことができる、という信念に基づいたものであり、第二はたまたま被通報者が現職として在籍し、本文に過去の盗用事項を多数ふくむ「増補版」を発行し、論争書に過去の盗用論文を「再掲」し、さらに私に対し「謝罪広告等請求事件」の原告として「訴状」を提出し（二〇一三年六月）たこと、以上すべてが早稲田大学現役として在職中という縁があり、第三にはかねて親愛の情を持って交流していた早稲田大学の諸兄が誇らしく語った「早稲田大学は学問の独立を本旨となすをもって」にはじまるあの「教旨」のリフレインを想起し、関連する諸大学のうち、際だって整備されたシステムを保持しておられる貴学貴委員会に「通報書」を提出させていただいたのです。

9　従いまして、私の「通報書」は、もとより小林英夫氏個人の研究不正行為の調査を求めたものではありますが、同時に組織としての早稲田大学、とりわけ貴委員会がどのような措置を取られるかについても十分重点を置いて通報書に記したつもりです。今回の「通知」は小林氏の「貴学在籍前」の研究であるか否かの判断についてのみ言及しておられるように見られますので、この「通報書」は小林氏「個人」の「盗用」行為の有無のみでなく、早稲田大学の組織が、同一人が「盗用」行為を繰り返すことが可能なような環境に陥っていないかどうかという、大学（あるいは「箇所」）の組織、大学の「精神」についてのご点検をも視野に入れた通報書であったことを、可能であれば次回委員会で予備調査の結果を調査委員会設置の方向で再検討され、上記のような意味が通報の本意に含まれていたことをご考慮の上、委員会のご意向をお聞かせいただきたいと存じます。

末筆ではありますが赤尾先生はじめ委員各位の今後のご精励とご活躍をこころから祈念いたします。

以上

小林本人のかつての論文における「盗用」を、公然と追認している早稲田大学に対して、以上のように私は問題の経緯を丁寧に説明し、私が盗用されたことが明白だという論点も明示し、さらに同じく盗用された論点を小林著書等の頁数で示し、多色刷により一覧表に整理して、同大学学術研究倫理委員会宛「貴学名誉教授小林英夫氏の著書に係る通報書」（二〇二二年九月六日、通報者原朗）に明示してある。

当然、この通報書は私の立場を主張したものである。すでに私は第一の書の中で、小林本人並びに唯一の原告側証人としての依田憙家氏に対し、二度にわたり要請した学術的反論は、残念ながら今日まで全くなされていない。著作権を有する両氏が反論されない以上、彼らの法廷における彼らの主張をこの文章に取り入れることは不可能である。しかし、本書では学術的に許されている正しい「引用」の作法に従いつつ、その限りで彼らの主張をも斟酌することとした。本書最後の「第六部」がそれであって、私が証拠を示しつつ行った反論に対し、小林氏の主張が転々と変化していった模様を記録しておいた。両氏には三たび、学術界の中で発言をされるよう要請するものである。

小林・依田両氏の主尋問への応答は不明確で長大に過ぎ、反対尋問にはほとんど答えられず、問答になっていなかった。そのため原告側「調書」の公表は私にとってほとんど無意味に等しく、本書には地裁段階の小林氏の主張点の概要を示すにとどめた。

一〇月八日付　通報者原から早稲田大学学術研究倫理委員会への不服申立書

早稲田大学学術研究倫理委員会　御中

通報者　原　朗

予備調査結果の再調査をもとめる不服申立て

本年一〇月一日付けで、私は貴学学術研究倫理委員会委員長　赤尾健一先生から「研究活動に係る不正行為に関する予備調査の結果について」のご通知をいただきました。その内容は、貴学名誉教授小林英夫氏が一九七五年に刊行した多数の「盗用」を含む著書を、貴学在籍中の二〇〇六年に増補版を発行した件につき、初版と増補版の本文がまったく一致しており、初版は貴学在籍中の研究活動ではないので、調査委員会を設置しない、と結論されたものです。

予備調査の結果九月二八日の貴委員会で決定されたこの結論につき、通報者としての私は問題が非常に誤解されたまま決定されたように感じております。すでに委員長の赤尾先生には一〇月三日付で、迅速なご通知へのお礼とともに、調査委員会を設置しない「理由」につき納得しがたい旨を申し上げましたが、本日はあえてもう一度、貴委員会あてに、結論に対する不服の申立てをさせていただきたいと存じます。

具体的には、予備調査のみにとどめて調査委員会を設置しないというご決定を再考され、調査委員会の設置をお願いできないかという一点ですが、そういう申立てにはやはり一〇日以内の申し出が必要かと考え、この中立書を本日貴委員会あてにお送りする次第です。

問題はある意味で単純でございまして、貴委員会は被通報者が一九七五年著書の初版本文を執筆した時期には貴学に在籍していなかったゆえに調査委員会を設置する必要はないとお考えになられたものと拝察しますが、私は被通報者が貴学に在籍中の二〇〇六年に増補版を発行したことそれ自体が、被通報者の貴学在籍中の研究活動の不可分の一環であると考えており、この点が貴委員会の先のご判断と異なるのです。

研究者の著作の刊行はそれ自体が「研究活動」であり、増補版の刊行もそれに含まれます。「盗用」として争われている著作と同一内容の増補版刊行は、それ自体が「研究活動に係る不正」というべきであります。

本件で、二〇〇六年増補版の刊行が、貴学在籍中の研究活動にふくまれることは、増補版に被通報者が「補論『大東亜共栄圏』再論」や「増補版　はしがき」などの増補部分を執筆していたことからも明白でありますし、この場合に重要な注意点は、「増補版」は増補する対象となる「本論」なくしては「増補版」たりえない、ということです。

その「本論」を、それが非常に多数の盗用部分を含んでいることを自ら十分に知りながら、まったく「本文を変更しないという判断・決定」を、被通報者が、貴学在籍中に行ったことは明白であり、それ自身が、彼の増補版発行に伴う研究活動のうち最も重要な決断であったというべきだと考えます。

なぜなら、私は二〇〇一年にすでに彼の著書が私の諸論文を盗用したものであることを公表しております（岡部牧夫・柳沢遊編『展望　日本歴史二〇　帝国主義と植民地』東京堂出版、二〇〇一年、二四八～二四九頁「追記」）。その際、彼は私に謝罪し、以後二〇〇六年増補版を発行するまで私に何ら抗議もしてきませんでした。「本文」の内容に盗用部分があること、真理と異なる部分があることを自ら知りながら、「本文」は変えず「増補部分」のみを補って「増補版」とし、早稲田大学教授の名をもってこれを社会に送り出したのです。

真理を求める学術活動の成果は、研究者にとって一生を通じて責任を負い続けるものであると私は認識しております。過去には見逃されていたとしても、大きな疑惑が明るみに出され通報された時点で、同じく真理を求める学術機関として、研究倫理上の正確な調査がなされるべきではないでしょうか。

実際に、同じ被通報者が貴学在籍中である二〇一一年の共著において再掲載した一九六六年の「論文」が、彼の研究者生涯の「最初の論文」であり、これが北朝鮮の一研究者の論文の約四八パーセント、結論部分は一〇〇パーセントの盗用を行っていた事実（「元山ゼネスト」論文事件）について、貴学貴委員会は、二〇二〇年二月二五日開催の二〇一九年度第一〇回委員会で明確に「盗用」と認定され、通報者に対しては二〇二〇年二月二七日付（研マネ第九七二号）により委員長桐村光太郎先生から丁寧なご報告を頂いております。その「論文」の作成時（一九六六年七月掲載）、被通報者は当然貴学在籍者ではありませんでした。

貴委員会のその時のご判断と、今回のご判断とは、相当に異なると思います。今年度の次回委員会において、その際の調査報告書（「アジア太平洋研究科における研究不正事案（盗用）に関する調査報告書」）を、「別表」「付属資料」を含めて委員全員に配布され、委員の皆さまの叡智を集めてご討論をお願いしたいと存じます。

この「元山ゼネスト」論文が被通告者の「最初の論文」であり、本件で私が通報した増補版の初版は彼の研究者生涯の「最初の著書」です。この著書の初版は、被通報者が貴学に採用された時点までの最も重要な著作であり、当然に採用審査にあたって重視された蓋然性が高かったであろうことは想定しえますが、問題の性質上この点にはこれ以上触れません。

私は貴学の社会的責任・研究の信頼性と公正性・自由な研究の遂行という崇高な精神（「規程」第一条）に全面的に賛成であり、それゆえにこそ今回は調査委員会を設置しないというご判断の結果が、かえってこの崇高な精神とは反対の方向に、具体的には盗用などの研究不正行為を助長してしまう流れに加勢し、貴学の研究に対する社会の信頼性を大きく傷つけることを恐れます。一個の真理追求者としての私から見ますと、被通報者は一般的な不正行為をしたのみではなく、貴学の建学精神を踏みにじるに等しい行為をなしたものであると考えられます。

その理由は、盗用行為という研究不正を繰り返したばかりか、さらに学術界に自治能力なしと称して学界における反論も討論も全くせぬまま、直接「裁判所」という司法権力に縋りつき、盗用の「加害者」が原告となって盗用の「被害者」である私を逆に訴え、「謝罪広告等請求事件」を提訴したのです。

被通報者が私を提訴した時期は、早稲田大学の在籍中、現役教授の時でした。「欠席裁判」の規定があるため私はやむなく応訴し、訴訟に約七年の時間を費やしましたが、裁判所が学術的に専門的な判断をすることはやはりできませんでした。学術的判断が可能なのは、学術界とりわけ組織が整えられている大学であると私は最初から主張してまいりましたので、先の「元山ゼネスト」事件にたいする貴学貴委員会の「盗用」認定は、私を大きく力づけてくれたのです。

今回の貴委員会のご判断により調査委員会が設けられないとすれば、早稲田大学はこれこれの理由でこの事件を調査しないこととしたそうだ、と他の大学や学術機関等々に知れ渡っていき、全国各地でなされている研究不正を防止するための努力が、全体として削がれていく結果を生むことを恐れます。同時に、貴学が本案件の調査をなさらない決定を変更されないのであれば、その調査を回避されたことそれ自体が、貴学が現在有しておられる社会的名声を、遠くない将来に悪化させる恐れがあることを私は憂慮します。

本件に対して「裁判所」は全く問題の性質を誤認したまま恣意的で非学術的な判断基準を持ち出して誤判を重ね、日本の司法制度の基盤たるべき地方裁判所裁判官も、より高い見識を示すべき高等裁判所裁判官も、資質が非常に低下していること、これら下級裁判所を適切に指揮すべき最高裁判所も憲法第六章で与えられた非常に大きな権限を有効に行使できていないことを実感してまいりました。

これは私にとってほぼ予想通りであり、学術的事項にかんする争いはやはり学術界の中で自律的に討論して結論を導くほかはなく、その意味で「学問の独立」が最も重要であることをあらためて確信しました。裁判の場で解決できないものは、学問の場で解決するほかはありません。そして私は早稲田大学に「通報書」を提出する決意をしたのです。

「早稲田大学は学問の独立を本旨となすを以て」という教旨の精神に共鳴してきた私は、貴学貴委員会が「調査委員会を設置しない」と決定されたと伺い、驚愕いたしました。「裁判所」はともかく、「大学」までもが「調査しない」、特に早稲田大学の学術研究倫理を司る委員会の名で「通知」を頂くとは、予想もしない衝撃でした。せめて調査委員会を開いて実質的な審議を行って頂きたい、というのが私の申立てのただ一つの内容です。貴委員会の各位も、通報者である私も、お互いに学問の道を歩むものとして、真実を求めることに真摯でありたいと心から願うものであります。

このような次第で、今日ここに予備調査結果の再調査をお願いする申立書をお送りいたします。日本の学問の向上のために、若者に対して学問の公正を守る姿勢を、早稲田大学が率先して示して下さることを希望してやみません。

以上

早稲田大学から通報者への回答など

これらの私からの要請に対する回答は、まず倫理委員会での予備調査の結果とその理由につき、一〇月一日付の「通知に記載したとおりであり、それ以上についてはご回答いたしかねます。」、一〇月の八日付の申し立てに対しては、「通報者へ調査委員会を設置しないことの決定通知に関しては、同規定上、不服申し立てを受け付けておりませんのでご理解願います」というものであった。

要するに、小林著書増補版の「本文」は一九七五年当時の研究作業であり、当時小林は早稲田大学に在籍していなかったから、本件につき早稲田大学として調査委員会は設置しない」との回答である。

裁判が終結したのちにも、「大学」ではどうかと踏みとどまってきちんとした議論をしようとしたのだが、結果としては、大学も今や自律性をほとんど喪失しかけてきているのではないかと診断せざるを得ないことになった。たいへん悲しいことではあるが、歴史学を学んだものとして、裁判所の「非歴史的」な三つの判決はどれも納得するわけにはいかず、都立大・早稲田大の「報告」ないし「回答」

も、了承できる性質のものではなかった。しかし、これまで綴ってきた事柄の要点を読み込んでくれる方々、とりわけ、次世代を担う若き法曹界・学界の俊英たちに、想いを共有して、本書も貢献したいと願っている。

問題は早稲田大学がここで示した態度が、同大学の建学理念「学問の独立」と真っ向から対立していることである。私が「通報書」に記した「盗用」の具体的な内容、挙例、表示のすべてを検討することもなく、「早稲田大学在任期間中ではないので調査は不要」と断じ、学術機関としての独立した大学の地位を自ら放棄してしまうのは、結果的に司法機関の結論に従うこととなって、先にみた東京都立大学の場合と結果的に同じになる。早稲田大学の建学精神「学問の独立」が、今や大きく立ち揺らぎ、その根元が危うく朽ちはじめ、倒れはじめていると、痛感せざるを得ない。

このことを私はまことに残念に思っている。坪内逍遥の大学であればこそあえて言えば、シェイクスピアがジュリアス・シーザーの最期の言葉になぞらえ、「Et tu, Waseda！　何をいう、早稲田大学、お前までが！」というのが、この二度目の回答を受けた時の私の偽らぬ感覚であった。あの小野梓や大隈重信の学問への情熱はどこへ消えたか、今や研究倫理に対する責任を放擲し、研究不正を逆に保護するかの如く、「学問の独立」の「真髄」が、平然と軽視された。同大学の倫理は、長期的に劣化したのか、退廃の深淵に沈んだのか。私は同大学をいま厳しく批判するが、感情的に非難するのではない。むしろ、早稲田大学が「学問の独立」を再び確認することを願って、「通報書」を綴り、倫理委員会にも再考を訴えたのである。早稲田大学当局が、この問題に正対され、社会的にも学問的にも、この問題を隠蔽することなく、大学の責任者が疑惑を払拭し、社会に対して納得しうる十分に詳細な弁明を公然となされることをあらためて望む。

私はさらに重ねて抗議と改善を望む旨の早稲田大学総長田中愛治氏に対して丁重に書簡を送ったが、今日に至るもそれに対する回答はなく、全く無視されたままである。要するに、この問題に対する早稲田大学の正式な態度は、現在に至るまで厄介な問題に「巻き込まれる」のをただひたすら逃避して「元教員」を庇護するに徹する、「逃げの一手」と評されても仕方ないと思われる。小林氏が逃げ込んだ裁判所で、途方もない判決が、日夜書き続けられ、毎週毎日言い渡し続けられていくとすれば、日本の司法の今後は果たしてどうなるであろうか。大学の状況も、裁判所の状況も、まことに寒心に堪えない。

第五部　本裁判に寄せられた書評・書評論文

（前作『創作か盗作か』をめぐって）

〈1〉 石井寛治

原朗著『創作か盗作か――「大東亜共栄圏」論をめぐって』の提起するもの A Note on *Akira Hara, Not a shred of originality, but a parade of plagiarism* (2020)

一　はじめに

本書は、「前代未聞の『盗作事件』裁判！」という一見大袈裟な文章を記した帯封によって包まれた冤罪事件の告発書である。著者の原朗（一九三九年生れ、以下敬称は全て略）は、東京大学経済学部において現代日本経済史の講義を担当しつつ、経済史研究の水準を飛躍的に高め、多くの若手研究者を育てたことで著名な東京大学名誉教授である。その原朗が、研究仲間であった小林英夫（一九四三年生れ、早稲田大学名誉教授）に対して、小林の処女作『「大東亜共栄圏」の形成と崩壊』（御茶の水書房、一九七五年、以下『形成と崩壊』と略記）はそれまでの原朗による業績の基本構想と個別実証を大幅に盗用したものであると指摘したことが、事実に反する名誉棄損であるとして小林によって二〇一三年に告訴されたのであった。

被告とされた原朗にすれば話が全くあべこべであって、盗作で批判されなければならないのは原告の小林英夫の方であると考えていたから、私を含む多くの研究者も、原告敗訴の判決が出るものと予想していたが、裁判結果は意外なことに、地裁（二〇一九年一月）、高裁（二〇一九年九月）、最高裁（二〇二〇年六月）いずれも小林が勝訴した。本書には、裁判における原朗の主張と友人の意見書、主要な口頭陳述が採録されており、読者はそれらを丹念に読むことによって、裁判官が被告としての原朗の提出した資料をほとんど読まずに原告の小林英夫の言い分だけを丸呑みして判決文を書いた事実を知ることができる。この論壇では、本書で明らかにされた内容を繰り返すのでなく、原告の小林英夫の研究者としての歩みを私なりに跡付けることによって、果たして上記『形成と崩壊』を小林が自力で書きあげることが出来たかどうかを推定し、被告側が論ずるような小林による剽窃がどの程度あり、そのことが現代日本経済史の研究全体に如何に広範な打撃を与えたかを論ずることにしたい。

二　小林英夫の研究業績の追跡から

小林英夫はその『形成と崩壊』を原朗の業績を剽窃することなく、それまでに発表したみずからの論文の蓄積をもとに自力で完成したと裁判所へ提出した書面で主張したが（本書一七五〜一七六頁、松村高夫「意見書」）、それは事実であろうか。小林が同書を刊行するまでに公刊した関連諸論文は、朝鮮史八本、「満州」史二本、台湾史一本、華北史一本の合計一二本であり、一九七四年一〇月の土地制度史学会大会共通論題報告を含めると合計一三本を数える。

第一作「元山ゼネスト」（『労働運動史研究』四四号、一九六六年七月）は、一九二八年から二九年にかけて朝鮮元山の石油会社ロイヤル・ダッチ・シェルの子会社で起こった労働争議がやがて全市的な総罷業にまで発展したことを分析したもので、小林はこの学部時代のゼミ修了論文が全国的な学会誌に掲載されたことを誇りにしていた。ところが、この裁判過程で、堀和生京都大学教授が同論文のほぼ四八％が北朝鮮の学術雑誌『歴史科学』に掲載された尹亨彬論文の剽窃であることを明らかにし（本書四七一〜四八八頁）、小林が同論文を早稲田大学に在職中に再刊したとの訴えを受けた早稲田大学は調査委員会を設け、確かに「盗用」であることを認定した。この事実は、小林が研究者としての出発点から、研究のオリジナリティーを尊重する態度が全く欠けていたことを示すものと言えよう。

第二作は、『歴史学研究』三二一号（一九六七年二月）に掲載された「朝鮮産金奨励政策について」であり、一九三〇年代の日本本国の貿易赤字を補完すべく、朝鮮総督府の強力な統制のもとで、日本系大資本を中心に一時は日本本国を上回る産金量を記録したことを明らかにした。もっとも政府資料が公表されなかったため「断片的資料による推測にとどまった」ことを小林は断らねばならなかった。

第三作は、『朝鮮史研究会論文集』第二号（一九六七年一〇月）に発表された「一九三〇年代朝鮮「工業化」政策の展開過程」であり、一九三八年二月の時局対策調査会の提起する朝鮮産業の重工業中心の軍事的再編成の構想は、植民地教育の強要が朝鮮人を熟練労働者に養成する道を閉ざしてきた経緯に制約されて、機械器具工業が成長せず、自動車・飛行機の製造に至っては全く不可能だったと指摘した。もっとも、植民地教育が如何に熟練労働者の形成を阻害してきたかという肝心の論点に関する分析はほとんどなされていない。

都立大学の修士課程を終えた小林は、一九六八年四月には、博士課程に進んだようであり、博士二年次には、朝鮮史だけでなく「満州」史にも研究分野を広げていくが、一九六九年六月に発表した第四作は、朝鮮史研究の延長上にあった。すなわち、『朝鮮史研究会論文集』第六号（一九六九年六月）に掲載された「一九三〇年代前半期の朝鮮労働運動について――平壌ゴム工場労働者のゼネストを中心にして」がそれである。平壌ではゴム靴を製造する朝鮮人資本家のゴム工場が多かったが、一九三〇年八月に賃下げに反対する一五〇〇名あまりの労働者による争議が起り、最終的には敗北したが、小林は後の「革命的労働組合運動が展開される自生的力量」の存在を示すものであったと高く評価した。

同じ一九六九年七月の『土地制度史学』第四四号に発表した小林の第五作「一九三〇年代「満洲工業化」政策の展開過程」は、研究対象の面でも研究方法の面でも小林にとって新機軸を意味するものであった。本論文は、一九三〇年代の「満洲重工業化」政策とりわけ「満洲産業開発五ヵ年計画」を考察し、その計画が破綻する必至性を究明しようとした。対ソ戦準備を目指した当初計画が日中戦争勃発によって倍額の修正計画に変更され、「満洲」へ移駐した鮎川義介の率いる日産財閥が中心となって外資導入＝技術移転を行い、自動車、飛行機の大量生産を含む重工業建設を目指したが、アメリカ・ドイツからの資本・技術移転の失敗によって挫折したという。小林は、「満洲」における重工業建設を、軍需産業主導の日本資本主義が植民地で必然的に拡大再生産されたものと見ているが、植民地では成立しえなかった軍需産業と、本国経済を現実に主導した軍需産業と同列に論ずることは当をえないであろう。鮎川は本国と植民地の経済ギャップの大きさを知っていたからこそ外資＝技術導入を不可欠の条件と考えたのである。本論文の最後に、小林は「本稿作成にあたり、農業総合研究所浅田喬二氏、東大経済学部原朗氏、大蔵省大森とく子氏、慶應〔義塾〕大学松村高夫氏から数多くの御教示を受けた。記して感謝の意を表したい」と述べている。おそらく一九六九年四月から浅田・原・松村・小林四氏で始めた満州史研究会での議論などを指すのであろう。もっとも、小林の第五作が掲載された『土地制度史学』は同年七月刊行であり、研究会での出会いの時にはほとんど原稿は出来上がっていたであろうから、この時の原の「教示」は資料提供よりも資料の読み方に関するものであった可能性が高い。何れにせよ。満州史に関する先行研究者である原との出会いと研究指導を受けたことは、小林の研究を大きく刺激し発展させたものと思われる。

小林は、一九七一年に第六作「一九二〇年代初頭の朝鮮労働者階級の闘争」（『歴史評論』二四八号、一九七一年三月）と第七作「一九一〇年代後半期の朝鮮社会経済状態」（『日本史研究』一一八号、一九七一年四月）を発表したが、これらは小林の『形成と崩壊』との関係は薄いので、言及を省略し、次の第八作に進もう。第八作は、満州史研究会編『日本帝国主義下の満州』（御茶の水書房、一九七二年）で小林が担当した第二章「満州金融構造の再編成過程――一九三〇年代前半期を中心として」であり、同書の「はしがき」によれば、原朗が収集した「満州」経営政策の総体について政策担当者が作成した未公開史料を二年有余に亘って検討した成果であった。一九七一年四月に都立大学助手になっていた小林は、第八作において、関東軍が満州事変に際して各省の官銀号を奪取し、その資産を利用して満州中央銀行を設立、満州国幣を日本円にリンクすることにより「満州」を日本経済圏に包摂するとともに、官銀号から傘下の糧桟（大豆収買機構）を切り離して三井物産や三菱商事の支配下に位置付けたため、中国人糧桟は中国関内へ引き上げたと論じた。ただし、「日本資本の有力な競争者たる在満糧桟機構の強権力による破壊が政策としてつらぬかれている」という指摘の根拠は示されておらず、官銀号の利用と糧桟の破壊という矛盾を孕んだ指摘がどのように統一的に把握できるかはここでは明らかでない。

一九七三年から七四年にかけて、小林は、朝鮮史関連の論文二本をさらに公刊するとともに、台湾史と華北史の領域にまで分析を広げて一本ずつの論文を公刊した。精力的な仕事ぶりであると言って良い。そして一九七四年一〇月には、原朗に依頼されて土地制度史学会の共通論題として、「一九三〇年代植民地「工業化」の諸特徴」と題する報告を行っており、それに続いて、一九七五年一二月に、突如として問題の『形成と崩壊』を上梓することになる。問題は、この著作の執筆が如何にしてなされたのか、小林の主張のように既発表の研究を基礎に自力で同書を完成できたか否かということである。

一九七三年に小林は、山田秀雄編『植民地経済史の諸問題』(アジア経済研究所、一九七三年三月)に、第九作「一九三〇年代日本窒素肥料株式会社の朝鮮への進出について」を発表した。小林は、野口遵の日本窒素肥料が低廉な電力を求めて朝鮮へ進出し、長津江発電事業を巡る対立を契機に三菱系金融機関への依存から離脱して日本興業銀行・朝鮮銀行に依存しつつ硫安製造から火薬製造へと業務を拡大したこと、高利益の基礎には、人権無視の発電所工事と低賃金での朝鮮人未熟練工の酷使が横たわっていたことを強調した。

第一〇作「一九三〇年代後半期以降の台湾「工業化」政策について」は、『土地制度史学』第六一号(一九七三年一〇月)に掲載され、台湾総督府が一九四一年一〇月に開催した「臨時台湾経済審議会」において、軍需工業の生産拡充の構想をまとめたが、実績は計画の三割前後に止まるというみじめな結果に終わったことを明らかにした。その原因は、アメリカ軍による空爆を除けば、台湾の弱体な金属・機械工業の振興が予定した内地からの物的・人的支援が得られずに挫折し、台湾人技術者の養成も精神主義に堕して効果がなかったためであるとしている。

第一一作「朝鮮総督府の労働力政策について」は都立大学『経済と経済学』第三四号(一九七四年二月)に掲載されたもので、従来の研究が日本への労働力移動に偏っていたのを正すべく、一九三〇~四五年の朝鮮における職業紹介所の活動を紹介した。職業紹介所は、失業者に仕事を紹介しつつ、対日移動を押さえ、恐慌時にはとくに南部農村の失業者を北部重工業に振り向けた。日中戦争による日本人熟練工の不足を朝鮮人熟練工の養成によって補う試みは、ことごとく失敗した。一九三九年一〇月からは国民徴用令が朝鮮にも実施され、とくに日本国内へ強制徴用されたものが急増するが、そこでの主要な実施機関は職業紹介所であった。

一九七四年一〇月の『日本史研究』一四六号に掲載された、小林の第一二作「日本帝国主義の華北占領政策――その展開を中心に」は、華北分離工作が一九三五年一一月のリース・ロスの幣制改革によって挫折し、一九三八年三月設立の中国連合準備銀行の発行紙幣が奥地では全く通用しなかった中で、興中公司を引き継いだ北支那開発株式会社は三井・三菱の参加を得て大量の製鉄用強粘結炭を日本・「満州」へ供給したが、一九四一年一二月の太平洋戦争突入による資材・食糧不足は連銀インフレを招き、対日供給機能を低下させたと論じた。小林にとっては分析対象を一挙に拡大した研究であった。

この論文を発表した翌一九七五年一二月に小林の第一四作となる『形成と崩壊』が公刊されるのであるが、一九七四年一〇月には、原朗が企画した土地制度史学会共通論題「一九三〇年代における日本帝国主義の植民地問題」の一環として小林が「一九三〇年代植民地「工業化」の諸特徴」と題する報告（第一三作としよう）を発表した。この報告は、共通論題の一部として重工業構築を中心とする植民地工業化の全体像を満州事変期・日中戦争期・太平洋戦争期に区分して論じており小林の主張の趣旨が良く窺える。主張の中身は、総力戦のための数度にわたる経済計画の作成と目標達成度の低さである。計画というのは、①対ソ戦に備えた一九三七年初頭からの「満州産業開発五ヵ年計画」と、②日中戦争下の一九三九年一月からの「生産力拡充四ヵ年計画」、③それらに続く一九四二年以降の「第二次生産力拡充計画」であり、何れも達成度は低く、③に至っては生産力の絶対的減退が生じたという。植民地「工業化」の基礎は、「日本からの機械と熟練労働力の間断なき供給と植民地不熟練労働者群の強権的動員、この三者の直接的生産過程での有機的連繫の拡大」（三七頁）であるが、日本帝国主義は三者のすべてにおいて実現に失敗したという。

以上の研究発表を前提として、小林の第一四作『形成と崩壊』が公刊された。同書の研究史上の位置付けについて、ここでは小林自身の記す「序論 課題と方法」(三〜九頁)を手掛かりにして考えよう。小林は、戦前の植民地研究を代表する矢内原忠雄と細川嘉六の研究が各植民地の個別的把握に止まり、植民地支配の総体的把握が欠けていると批判し、井上晴丸・宇佐美誠次郎『危機における日本資本主義の構造』(岩波書店、一九五一年)こそが、次のような総体的把握を試みた点で画期的労作だと評価する。

「同書の分析視角の特徴を一言でいえば、半封建的諸関係に規定された日本資本主義は、その特殊性の故に、植民地農業構造の半封建性を温存せざるを得ず、また、商業、軽工業主体の有機的構成の低い産業構成の故に、植民地商工業と早期に対抗せざるを得ず、さらに、低い産業構成に起因する高利潤率の要求は、日本本国での重工業構築を不可能ならしめるために、反撃力のよわい植民地労働力使用と国家資本主義の癒着をもって、重工業は、本国に先行し植民地に構築されざるを得ないという視点である」

こうした井上・宇佐美の議論は、第一次世界大戦を画期とする総力戦が、戦車と航空機という自動車工業段階の重工業の建設を必要としていたという経済的・技術的条件を軽視した日本軍部の「重工業」認識の誤りを共有しつつ、「労働力の直接的な軍事的統括」さえ可能であれば植民地における高度な重工業建設が実現できると考え、豊富な熟練労働力の存在と広範な機械器具工業の発展の必要性を無視した議論であるが、小林の視点も同様な難点を伴っていた。小林が同書の「結語」において、植民地の産業「開発」政策が失敗に終わった「内部的要因」として、日本本国からの「機械供給」と「熟練労働力供給」の不足を挙げているのは、もともとの視点自体が有する難点を確認するものに他ならない。

小林の説く「課題と方法」は、このように井上・宇佐美説を批判的に評価した上で継承したとは言えなかったが、それ以上に問題となるのは、小林が独自に本書で行ったとする各地域での「幣制統一事業」の分析と、「生産力拡充計画」と「物資動員計画」に示される「総力戦体制」構築計画の分析、および日本資本の植民地進出の実態分析についての研究史への言及がなく、とくに研究史の最先端を切り開きつつあった原朗の研究に全く言及していないことである。これは、研究史整理としては失格であり、このままでは、全てが小林の独創であると主張したことになるが、小林の既発表論文においては、原朗との大会共通論題報告の一部として分担した第一三作（一九七四年）の生産力拡充計画の分析を別とすれば、第八作（一九七二年）の満州幣制統一事業にせよ、第一二作（一九七四年）の日本資本の華北進出にせよ、特定の植民地ないし占領地の分析であって、植民地総体の分析とは到底言うことができない。しかも、第五作（一九六九年）、第八作（一九七二年）と続く満州分析にさいしては満州史研究会での原朗による研究指導があり、第一二作（一九七四年）の華北分析に関しても原朗による教示への謝辞がなされていることを踏まえると、本書の「課題と方法」を述べるときには、原朗の研究と指導への具体的な言及こそが何よりも必要であったと言わねばならない。

このように見てくると、小林が第一四作『形成と崩壊』を書き上げることが出来たのは、決して自力で積み重ねた研究実績によるだけでなく、小林の近くにあって類似したテーマに関する研究を行ってきた原朗の研究成果と小林への研究方法の教示が不可欠な前提としての役割を果したことがうかがえよう。とくに、一九七四年度の土地制度史学会共通論題の中心を占めた原朗「「大東亜共栄圏」

の経済的実態」(『土地制度史学』第七一号、一九七六年四月)は、小林が上記著作を纏めるさいに大きな影響を与えていたことは間違いない。この論文は、「大東亜共栄圏」全体の経済構造を貿易と金融という流通過程の側面から考察し、植民地・占領地の生産過程について分析を行う小林論文に対して、いわば日本帝国主義の側から問題点を考察した。同論文は、まず各時期の投資形態が、国策会社南満洲鉄道から新興財閥日産の満州重工業へと変わりつつも外資導入の失敗で重工業建設が挫折したこと、華北・華中へは満鉄子会社の興中公司経由の投資から本国資本も参加した北支那開発と中支那振興という国策会社に代わったこと、南方占領地では各種鉱山・工場ごとに本国資本が指定されて開発を担当したことを明らかにした。ついで円ブロック貿易の実態について、日中戦争期には重工業製品の対欧米依存が外貨不足問題を生み、太平洋戦争期には各占領地の物資を日本本国に送り込む船舶の不足が最大の制約となり、日本は各地域に生活必需品を十分供給できないのに軍需物資を略奪し尽す略奪資本主義と化したと指摘した。さいごに金融構造が分析され、満州では満州中央銀行券による幣制統一に成功したのに対して、華北では中国聯合準備銀行券が米英の支持する「法幣」に代替できず激しいインフレを招いたことなどが指摘され、南方占領地でも南方開発金庫券の無制限の増発がインフレを進行させたと論じた。これらの指摘はそれまでの原朗の膨大な実証研究に基づき、それらを投資形態の変遷を軸に貿易構造および金融構造の両側面から把握するものであり、小林の第一四作『形成と崩壊』は随所で上記論文に集約される原朗の独創的な実証研究の方法と成果を盗用していた。

このことは、原朗『創作か盗作か』に収録された諸論文とくに日本現代経済史の専門家である堀和生京都大学名誉教授の「意見書」Ⅲ(二四七~三〇五頁)において正確かつ詳細に分析されている。そこでは、外形的に見ると、五四一頁の同書の一〇五箇所に及ぶ篇章節項のうち、原朗の研究からの剽窃が二五箇所、かつての共同研究者松村高夫の研究からの剽窃が二箇所あり、全体の四分の一以上が原と松村の研究からの剽窃で成り立っていることが明らかにされた。小林による盗作の罪深さは、その規模の大きさにあるだけでなく、テーマ全体の分析視角・方法の中にまで及んでいたことにあった。この小論では、同書の「課題と方法」を検討しただけであるが、同書冒頭のこの箇所において小林が大幅な剽窃を行っており、先行研究への言及という研究者の基本的モラルを処女作を出版する時期に至っても小林が如何に欠いていたかが明らかになったと思う。

三　原朗が「研究」の方向転換をしたことの学界への影響

研究仲間として信頼してきた小林英夫の大々的な盗作によって研究者として致命的な打撃を被った原朗は、土地制度史学会の危機的状況と研究者としての小林個人への配慮から、盗作事件を学界において告発することを避け、自らは「研究者」よりも「教育者」に重点をおく生き方へと方向転換した。それに伴い、原朗が当時構想していた『日本戦時経済分析』、『帝国主義下のアジア』、『現代日本経済史序説』の三部作の作成も封印することにしたという（本書四二一〜五二一頁）。こうした原朗の方向転換については、そこまで転換しなくても形を変えて初志を貫徹することも出来たのではないかという意見があることは事実である。原朗の身近にいた私も、もしも相談を受けていれば、同様な意見を述べたかもしれない。しかし、学会状況と小林個人への配慮から原朗は、盗作事件そのものを封印し、その打撃をひとりで背負い込む道を選んだのであった。

原朗の方向転換は、当時、日本経済史研究のメインテーマが、産業革命期から両大戦間期に移行しつつあったさいに、その研究のトップリーダーであった中堅研究者が学会活動の表面から姿を消したことを意味していた。小林の書物が刊行された一九七五年という時期は、近現代の日本経済史の若手の研究者たちの関心が、産業革命期から両大戦間期に移ろうとしはじめた時期であった。一九六〇年代に活発化した日本産業革命の実証研究は、一九七五年に大石嘉一郎編『日本産業革命の研究』上下巻（東京大学出版会）が刊行されたことにより、一応の総括がなされたからである。そのさい、両大戦間期の諸問題に取り組む経済史家の関心には大別して二つの流れがあった。一つは、歴史学全体の関心事である「大正デモクラシーから昭和ファシズム」への「暗転」の秘密を経済史研究者としても明らかにしようという流れであり、いま一つは、戦後日本経済の前提条件が戦前日本経済のなかにどこまで育っていたかを明らかにしようとする流れである。土地制度史学会のように現状分析を行なう経済学者と歴史分析を専門とする経済史家からなる複合的な学会には、当然ながら後者の流れに属するものが多かった。原朗が組織した共通論題を巡る討論の最後に、理事代表の山田盛太郎が、「本日の共通論題報告を契機にして、理論・現状分析の研究者と歴史分析の研究者とが、ともに協力して研究を進めるべきであり、また、それを可能にする条件も存在している」と力説し、共通論題の成果を高く評価したことは、同学会の会員の問題関心のあり方を物語っていた。しかしながら、そうした流れの研究の場合には往々にして戦後の現状分析の視点から過去を振り返り、現状に結びつく要素を過去の全体像から抜き出して強調する傾向に陥り易い。それは、ある程度は意味があることだが、過去の時代の全体史との関係を説明できない難点を伴うことが注意されなければならない。すなわち、経済史研究と政治史・思想史研究の構造連関を問題にし、歴史の全体像に迫る前者の流れもまた重要な意味をもつということである。

原朗が構想していた三部作のうち少なくとも『日本戦時経済分析』と『帝国主義下のアジア』は戦

間期世界のなかでの日本の位置と役割を経済面から究明する研究であったろう。原朗の資料収集と政策分析の実績から見て、彼の経済分析は政治分析と関連付けられるものであった可能性が高く、それを通じて戦間期の全体史の水準が引き上げられたものと想像される。現代日本人の歴史認識とくに満州事変以降の「十五年戦争期」に関する歴史認識がアジアや欧米の人びとのそれに比べてきわめて貧困で歪められている原因の一つが、戦間・戦時期の日本経済の実証研究の不足にあることを思うと、原朗個人による戦間・戦時期の経済史研究が表立って行なわれなかったことは、簡単には取り返しのつかないほどの大きな空白を研究史にもたらしたとしなければなるまい。影響が原朗個人に止まらないことは、彼が東京大学経済学部・大学院経済学研究科の教員として、多くの経済史研究者を教育する立場にあったことひとつを考えても分かるであろう。

私自身は、東京大学経済学部の日本経済史担当教官として主として明治維新以降の「近代経済史」を研究し、第一次世界大戦後の「現代経済史」を専攻する原朗とある程度研究分野を棲み分ける慣例にしたがってきた。最近、必要があって戦間期の紡績業と製糸業の実証研究を少々手掛けたところ、産業革命期に関する研究に較べて意外と進んでおらず、さまざまな重要な論点について実証上の空白が見られるまま、若手の研究者の関心が戦後期の研究に移りつつあることを知って驚いた。

例えば、紡績業は戦間期に上海などへの「在華紡」と呼ばれる工場進出を盛んに行なったため、中国人による「民族紡」との対抗が避けがたく、「民族紡」が日貨ボイコットを政治的に組織したので、日本側としては対抗上、日本軍の出動を余儀なくされたとする紡績業「悪玉論」（西川博史『日本帝国主義と綿業』ミネルヴァ書房、一九八七年）が定説であったが、日貨ボイコットの政治性は業界誌による偏った評価に過ぎず、「民族紡」の被害者扱いについても、久保亨『戦間期中国の綿業と企業経営』

（汲古書院、二〇〇五年）が「民族紡」のなかには「在華紡」から経営手法と生産技術を吸収して発展するものもあることを明らかにした。大阪を中心とする紡績業界は幣原の平和外交を支持するものが多く、満州事変についても平和的解決を希望するものが多数を占めたが、間もなく経営不振の企業を抱えた強硬派が全体の意見を牽引するようになったのである（石井寛治『帝国主義日本の対外戦略』名古屋大学出版会、二〇一二年）。

また、一九二九年の世界大恐慌が日本農村の養蚕地帯を直撃したために養蚕農民の窮境を救うべく満州移民を行なおうとして軍部が満州事変を起こしたという俗説が広まり、蚕糸業「悪玉論」が流布されていたが、これも事実とは異なり、軍部が本当に救済したかったのは養蚕農民ではなく、世界的な軍縮の波及に怯える軍部そのものであったことが明らかになった（石井寛治前掲書および「日本蚕糸業の地域類型」『飯田市歴史研究所年報』一八号、二〇二〇年）。すなわち、満州移民が本格化する一九三〇年代後半には、日本の蚕糸業は多条繰糸機によって製造した靴下用生糸をアメリカ市場に販売することによって恐慌からの回復を実現しており、製糸業と養蚕業の収益は改善し、養蚕農村は人手不足に陥っていたこと、移民は総力戦を戦うための重工業を建設する満州をソ連から守るという政治的・軍事的観点から強行されたことが判明した。

これらは、単なる例示に過ぎないが、戦間期の日本が「大正デモクラシー」の一時期を迎えながら、いつの間にか泥沼化する中国との戦争に向けて「暗転」するのを何故防げなかったのかという基本的な事実解明が未だに十分進んでいないことがうかがえるであろう。さらに言えば、中国その他とのアジア太平洋戦争がどのような帝国日本の経済によって支えられ、如何なる戦争であったかを、経済史的に究明する課題に至っては、まだ資料収集の段階をあまり脱していないことも問題であるように思われる。原朗はアジア太平洋戦争期の経済統制に関する非公開資料の収集と刊行を精力的に行っており、物資動員計画を中心とする各種資料集全五九巻（現代史料出版、一九九六〜二〇〇四年）を編纂した。それらの基本資料を分析した山崎志郎『太平洋戦争期の物資動員計画』（日本経済評論社、二〇一六年）に対しては、高い評価がなされ、日本学士院賞が授与された。同書は、「大東亜共栄圏」の経済的実態を、基礎物資の生産・輸送・配分に即して明らかにしたもので、増大する軍需への対応の結果、国民生活への物資配分が急速に削減され、一九四五年六月の本土決戦計画に至っては食糧塩と穀類の供給途絶による広範な飢餓の発生が予測されたため、政府中枢は遂に敗戦を受け入れたことを明らかにした。小林の『形成と崩壊』が軍需工業を中心とする重工業の拡充政策に焦点を当てていたのに対して、山崎の上記研究は、軍需だけでなく民需をも包括した帝国日本全域の経済分析であり、小林の『形成と崩壊』とは水準を大きく異にする労作であったと言ってよかろう。だが、問題は、原朗がその間に学界の表面から裏方に回ってしまったために、小林と山崎の両著作の間に四一年という長期にわたる空白時間があることである。もちろん、その間にも戦時・戦間期に関する経済史研究は発展したが、その主流は現代日本経済の前史として戦時・戦間期の日本経済を調べるというものであり、戦時日本史の基礎としての経済分析では必ずしもなかったのである。

その結果、日本軍がアジア太平洋戦争において何故、如何に戦ったかを経済のレベルから解明する作業は著しく遅れたように思われる。こうした評価は私の独断ではなく、畏友中村政則（一九三五〜二〇一五）の追悼研究会の席で、石井が、「意外と満州事変にかけての時期の動き、あるいは満州事変そのものについての研究はなかったのです。……国内で有利な資本蓄積の場をしっかりと掴んでいるような有力財閥はそう簡単に外に出て行かない。国内でギリギリまで蓄積して、限界が見えてきたところで結局中国に向けてやろうという動きが出てくるわけで、そういう全体としてのブルジョアジーの動きを、政治過程も含めて研究する動きがほしかったですね。なんで日本は満州事変を防げなかったのかという、子どもがよく言うような簡単な質問にわれわれが答えられているかというと、そうではないと思うんですね」と発言したのに対して、現代経済史を専攻する吉川容は、「それは中村先生や石井先生たちの世代の積み残した課題であって、本当はその後の八〇年代以降の経済史研究者たちが受けとめて取り組むべき問題だったはずですけれども、これは自省もこめた話となるわけですが、八〇年代以降の経済史研究はどうもそういう方向へはいかなかった」と述べ、浅井良夫も「八〇年代になって、中村さんの次の世代から、二〇年代論とか三〇年代論が出てきましたが、それは、石井さんが言われたのと全然違った方向に行っちゃったという感じです」と述べている（浅井良夫ほか編『中村政則の歴史学』日本経済評論社、二〇一八年、八二頁）ことから明らかであろう。

具体例を一つだけ挙げれば、戦場での日本軍の活動を経済的に支える武器・弾薬・食糧などの補給という兵站問題の研究がきわめて遅れたことである。最近になって吉田裕『日本軍兵士――アジア・太平洋戦争の現実』（中公新書、二〇一七年）のように、兵士の目線に立って戦場での兵士の過酷な現実を追跡し、戦死者の中で餓死者の比率が内外の戦史に類を見ない異常な高率であったこと、補給線を欠くまま食糧の現地調達を命じられたことが食糧強奪のための民間人殺害の日常化を招いたことを明らかにした好著も現れた。しかし、日本軍指導部が何故そのような兵站無視の戦闘方式を取ったかを、政治・経済・思想のレベルから総体として分析した研究はまだ現れていない。外国では、第二次大戦に至る戦史研究のなかに、マーチン・ファン・クレフェルト『補給戦――何が勝敗を決定するのか』（原著一九七七年、佐藤佐三郎訳、中公文庫、二〇〇六年）のように補給問題を正面から論じた本格的研究がなされており、同書第五章「自動車時代のヒットラーの失敗」では、ドイツ軍がモスクワ侵入直前で敗退した原因が兵站上の失策にあるとする通説を実証的に批判して、トラックと鉄道を併用した兵站面の限界よりも戦術面の限界が重要だったと論じ、第六章「ロンメルは名将だったか」では、北アフリカでのドイツ戦車隊の敗北は、イタリア経由の補給物資が地中海で沈められたためだとする通説と異なり、ロンメルがヒットラーに逆らって陸上での兵站能力を超えた遠隔地まで進撃したためであることを実証した。このような兵站問題を巡る論争はアジア太平洋戦争の日本軍については全く行われていないが、その背景には戦時経済の研究が兵站問題を介して戦闘の帰趨を説明するまでに至らなかったことがあるといえよう。ここにも、原朗が「研究者」から方向転換したことのマイナスの影響の拡がりを見ることができると思う。

四　歴史学界における未曽有の盗作と司法界がそれを是認した原因と対策

以上のように、小林英夫による原朗の研究構想と研究実績の大々的な盗作事件は、歴史学界全体の研究動向にまで深刻な打撃を与えたが、事件の性格を一層深刻化させたのは、小林が盗作問題を事実無根と強弁し、原朗による名誉棄損として裁判沙汰に持込んだことであり、裁判官がそうした小林の申し立てを一方的に採用したことであった。私は裁判の一部を傍聴はしたけれども裁判記録とりわけ原告たる小林の提出書類をみていないため、裁判の全体について詳しく判断する資格はない。しかし、原朗『創作か盗作か』を読む限りでは、小林の言い分には一片の誠実さも認めることが出来ず、論理的にも倫理的にも破綻した原告の言い分を丸呑みした裁判官たちの判決への姿勢に至っては、全く理解できなかった。判決文にはそもそもこの盗作がいかなる意味を持つかについての最低限の学問的理解すら認められず、裁判官は被告側の提出書類をきちんと評価して反論するという当然の手続きを踏むこともないまま、裁判官は、あろうことか堂々と盗用した原告の勝訴を唱えたのであり、これが現代日本の司法界の現実だと知って暗澹たる気分に陥ったのは私だけではなかろう。

裁判官たちは、小林という研究者志望の若者が、どのような困難を乗り越えながら論文を発表しつつ育っていったかという、二で追跡したような研究過程を内在的に理解することなく、小林がうそぶくように既成の研究史を踏まえて史料を読みさえすれば、簡単に研究論文などは作れるものと誤解したのであろう。最近の大学院生であれば、そのような安易なかたちで仕上げた論文では、学会誌の査読を通らないことは常識であるが、難しい司法試験をパスしたはずの裁判官のなかに、そうした学界での常識を持ち合わせていない者が存在すること、とくに自分はそうした学界での常識をもっていないことを自覚しない者がいるということは恐るべき事態であると思う。一昔前であれば、学界での専門業績をめぐる盗作事件は、専門家の判断抜きでは処理できないとして、学界内部での判断に委ねるというのが司法界の常識であったが、最近の日本ではそうした常識すら消え去ったのであろうか。この異常な判決が、「反知性主義」の風潮が広がる現代日本における司法界の「劣化」の象徴であることを日本国民の一人として憂うるものである。

もっとも問題を学術界の内部へ差し戻せば、万事上手くいくほど事態は楽観できないであろう。もともと今回の盗作事件は、学界内部で起こったことであり、直接的には他人の研究業績を無断で盗んではならないという研究上のモラルを身に付け損なったひとりの若手研究者が育ったことに起因しているからである。盗作を禁止する研究者間のモラルは、自然に身に付くものではない。学界は研究者間の激しい競争の社会であるから盗作は常に起こりうるものであり、だからこそ先行研究を尊重するモラルと規律が求められるのである。私の恥ずかしい経験を言えば、大学院に進学してはじめて参加したある演習で、テキストの分担部分の報告をして丁寧にまとめた積りだったところ、先輩から君の紹介した内容の研究史的位置を明確にせよと厳しく追及されて答えに窮したことが忘れられない。

そう言えば、原朗は盗作を行った小林英夫と、そもそもどのような指導・被指導関係にあったのであろうか。一九六九年に満州史研究会を結成した時は、原朗は東京大学経済学部助手であり、小林は東京都立大学大学院博士課程の院生であるが、制度的には小林とは師弟関係になく単なる共同研究者ということであったかもしれない。大学院での小林の指導は誰かが担当していたはずであるが、小林が原朗との共同研究を行い、実質的に指導も受けたさいに、小林の制度上の指導教官と原朗との関係はどうなっていたのかが気になるところである。研究者としてのモラルの教育は、都立大学の院生指導体制のもとで行われるはずであり、他大学の一教官である原朗が本来担うべき役目ではないはずである。そこに原の油断もあったのかも知れないと思うと、当時の大学紛争のなかで東京大学を先頭に制度的には解体し始めた指導教官制の果たしてきた師弟関係のあり方が改めて問題となるように思う。もしも、小林が、都立大学の指導教官の依頼によって原のもとに来て共同研究に加えてもらったならば、小林の盗作行為についてある程度の歯止めになったかも知れないと思う。何れにせよ、若手の研究者が必要な指導を受けながら一人前の研究者に育っていくさいに、研究者としての最低限のモラルと規律についても教わることが大事であることを強調したい。

諸学会はそれぞれ独特な組織と慣行によって運営されており、時代の変化に対応しつつ常に改革されることが必要である。小林による剽窃事件が起こった時期には、土地制度史学会が従来の権威主義的体制の改革で揺れ動いており、改革後の今日であれば、大会共通論題の報告論文の学会誌への掲載も大会から間もない時期に行われたであろう。仮にそうだったとすれば、原朗の論文「『大東亜共栄圏』の経済的実態」は、小林の問題作『形成と崩壊』刊行の一九七五年一二月に先立って公刊されていたから、小林がそこから大幅な剽窃を行ったことは一目瞭然となり、事態は異なる方向へと展開したはずである。原朗は、学会のそうした古い体質の改革に引き続き力を注ぎ、のちには同学会の理事代表として学会改革に尽力した。盗作を防止するために学会として果たすべき役割は、掲載論文に関する厳正な審査と書評の充実ではないかと思われる。小林の論文第一作は全国的な学会誌に掲載されたが、同論文が先に述べたように外国人研究者の論文からの大幅な盗作だったにもかかわらず審査をパスしたのは、小林の研究者としての将来にとって不幸なことであった。また、小林の『形成と崩壊』が公刊された時の学界による評価がきわめて安易なものだったことも事態を悪化させた。とくに『社会経済史学』（四二巻三号、一九七六年一一月）に掲載された浅田喬二の書評論文「最近における日本植民地研究の問題点――小林英夫著『「大東亜共栄圏」の形成と崩壊』の検討を中心に」は、原朗の業績からの大規模な盗作の事実には全く目を塞いだまま、「本書は、日本植民地研究に一つの画期をつくりだすにふさわしい力作」であると絶賛した上で、「著者の多年にわたる日本植民地研究への若々しいエネルギー投入と謙虚な研究態度に心から敬意を表したい」と持ち上げた。浅田が、何をもって小林を「謙虚な研究態度」の持ち主と見做したかは分からないが、この評価が、小林の業績が少なくとも他人の業績の盗作ではないことを植民地研究の第一人者が保証したような効果を生み、被害者である原朗をいっそう窮地に追い詰めたことは紛れもない事実であった。日本社会全体が「反知性主義」の荒波によって劣化するのを防ぐためにも、研究者の共同体である諸学会の活性化が必要であり、そのためには研究のオリジナリティーの尊重というモラルの涵養が不可欠であることを、この不幸な

「盗作事件」は教えているように思う。

〔付記〕

被告原朗氏の友人として詳細な「意見書」を草した堀和生氏は、最高裁判決以降の状況も踏まえて、中部大学の学術情報誌『アリーナ』二三号（二〇二〇年一一月）に、「学術剽窃と司法裁判――原朗『創作か盗作か』をめぐって」と題する論考を発表された。とくに裁判の過程と判決が如何に異常なものであったかについての指摘（第3章）は堀氏ならではの鋭い指摘であり、一読を勧めたい。

（日本学士院会員・東京大学名誉教授）

＊　東京大学大学院経済学研究科『経済学論集』第八三巻第二・三号より関係者の了解を得て転載。

〈2〉 学術剽窃と司法裁判

堀　和生

はじめに

小林英夫・原朗名誉毀損裁判のことをご存じであろうか。二〇〇九年三月原朗氏（以後、原朗と略す）が東京国際大学を退職するに当たって、同大学院で慣例の最終講義を行った。その講義の終盤において、原朗がこれから研究の道に進む院生達に、研究倫理を厳守することの重要性を訴え、他研究者の成果の盗用・剽窃が被害者の研究活動に如何に大きな打撃を与えるかについて、自らの体験を公表したことが契機となった。

話ははるかに遡り、一九七四年一〇月土地制度史学会秋季学術大会において、「一九三〇年代における日本帝国主義の植民地問題」をテーマにした共通論題が開催された。この場において、当時弱冠三五歳のオーガナイザー原朗（当時東京大学助教授）が、「『大東亜共栄圏』の形成と崩壊の全過程を解明することを課題に掲げ、「『大東亜共栄圏』の経済的実態」という総括的報告をおこない、小林英夫氏（当時駒澤大学講師、以後小林と略す）が各論報告を担当した。この共通論題は、研究史においては、当該分野に関する実証を伴った大きな問題提起であったと受けとめられているが、事件はその一年二ヵ月後に起こった。共通論題の準備のために、原朗の報告構想や資料を受け取っていた小林が、原朗報告の論旨と資料が極めて酷似した単著『「大東亜共栄圏」の形成と崩壊』（御茶の水書房　一九七五年一二月。以後、小林著書と略す）を刊行したのである。

先の最終講義における原朗自身の体験とは、この事件のことを指していた。それに対して、小林は、原朗報告を剽窃したとの指摘は事実無根であり、この最終講義の発言によって自己の名誉が毀損されたと主張し、原朗を告訴した。ここから、日本の学術史に残る学術剽窃をめぐる裁判が始まった。

第1章　事件をめぐる双方の言い分と付随的情報

この事件と裁判の一方の当事者である原朗は、その経緯の説明と裁判記録、本人の心情を綴った『創作か盗作か――「大東亜共栄圏」論をめぐって』（同時代社　二〇二〇年二月。以後、原朗著書と略す）を刊行した。他方の当事者である小林は、事件や裁判について公的に発表したものはない。本稿はもっぱら原朗著書に依拠し、小林の主張は、必要な限り裁判記録から引用する。

この事件のことを知った殆ど皆が抱く疑問は、もしも原朗のいう剽窃が真実だとすれば、小林著書が刊行されたその時点で、何故にそのことを告発しなかったのかということである。それについて、原朗著書は初めて次のような二つの点を明らかにした。

一つは、原朗が幹事をつとめていた土地制度史学会内の事情である。当時、学会理事会で会運営をめぐり鋭い意見対立があり、その焦点の一つがこの共通論題の存否についてであった。そのため、共通論題の総括報告者が各論報告者を剽窃で告発して、論文掲載の取り下げを求めることになれば、学会内で大混乱が起こることが必至であり、久しく同学会の運営を支えてきた原朗には耐えがたいことであった、と述べている。

いま一つは、小林本人に対する気持ちである。実は、この事件が起こるまで二人は非常に親しい関係にあった。一九六九年から小林の働きかけで一緒に研究会を作り（満州史研究会）、共同で研究を続け本も出版し（『日本帝国主義下の満州』）、時には小林が原朗宅に泊まることさえあったという。従って、原朗の告発により真実が明らかになると、著書の絶版や職場から懲戒解雇、学界からの追放などの社会的制裁の打撃に耐えかねて、小林が自殺してしまうのではないか、と恐れたからだと述べている。

この二点について、今直接に確かめる術はない。故に、原朗がその時点で小林の剽窃を告発しなかった真偽について、判断は読者にゆだねられる。また、研究者としての最初の一〇年間の成果をまとめた体系をすっぽり剽窃され失ったことにより、原朗は「信じがたいほど大きな衝撃」を受け、「研究者としての前途はほとんどまったく暗黒の闇に陥れられ」、「その精神的苦痛は極度に大きく、長期にわたる持続的なものだった」（四一〜四二頁）と綴っている。この原朗の苦悩の真相についても、第三者は知るすべがない。ただし、この事件が、原朗の人生を大きく変えたことは、客観的に確かめることができる。それは、原朗が、院生時代から集中的に取り組んで成果を重ねていたテーマ、日本帝国を歴史的構造的に捉えるという研究を全く行わなくなり、小林著書の刊行以後に、その研究を一切止めてしまったことである。これは、後進研究者の誰もが気がつく研究史的な事実であり、皆その理由を訝しんだ。

それに対して、小林は、自分の著書は、「被告（原朗……引用者）以外の研究者による複数の先行研究を土台として原告（小林……同）自身が進めてきた研究にもとづいたものであり、かつ、原告自身が被告論文より以前に発表した多数の研究業績にもとづいて執筆されたものである」、「原告には、そもそも、被告の論文に依拠する必要性すら全くなかった」、そして、小林は「学会上の常識や倫理上批判を受けうる、いかなる行為も行っていない」、と反論している（原告「第二準備書面」二〇一四年一月二二日　二一〜一五頁）。

そして、原朗の発言については、「被告は、自らの研究人生を終えるに当たり博士学位を取得できず、単著を出版できないという研究者として不本意な結果の原因を原告に帰し、いわば原告をその『言い訳』に利用した」と記し、「被告は、原告の研究業績や学会における評価が蓄積されていくに連れ、原告に対し、筋違いな嫉妬や逆恨みを抱くに至った」のだと主張した（原告「第三準備書面」二〇一四年一月二二日　七〜八頁）。

この両者の主張は正面から対立しており、両立は絶対に不可能である。時間の経った二人の当事者の心理については、第三者では確かめる術がないが、学術研究の成果については事情が全く異なる。多くの研究は個別の思考によるものとはいえ、その研究成果は必ず学界に公表して評価を受けなければならない。つまり、学術研究の足跡は学術的媒体による成果の公表を伴うもので、必然的に記録が残される。そのために、如何に昔の研究であっても、関連資料を収集し、比較照合し、考証を突き詰めれば、独創的な研究のプライオリティは、かならず客観的に確定することができる。本件も、例外ではない。

次章以降で、小林著書と裁判判決を検討する前に、別件ではあるが本件を考える上で参考になる事件を紹介しておこう。この裁判の過程で、真相を確かめるために当事者の研究経歴が調査され、多くの事実が発掘されたが、これもその一つである。小林は一九六六年に学部ゼミの修了論文を、自己の最初の論文「元山ゼネスト――一九二九年朝鮮人民のたたかい」（『労働運動史研究』四四号）として発表した。ところが、これはその二年前に北朝鮮の『歴史科学』に掲載された尹亨彬の論文「一九二九年元山労働者の総罷業とその教訓」（朝鮮語）からの剽窃論文であった。これについては、昔から疑惑がささやかれていたが、表だって追及する者はなかった。ところが、本裁判によって小林の剽窃疑惑が注目されることによって、この半世紀も前の疑惑に目が向けられ、ここで小林論文と尹亨彬論文の比較照合が行われた。その結果、小林論文は、文字数にして四八％という著しく大量の部分が尹亨彬論文と重複しており、結論部分の七点は、順序、内容、文章表現まで尹亨彬論文の丸写しであった。つまり、本来ならば教育的懲罰を受けるべき学部生の剽窃論文が、査読をくぐり抜けて、学会誌に掲載されてしまったのである。（原朗著書 四七一～四八八頁。「原朗氏を支援する会」ＨＰの「小林英夫氏盗作行為の起源」参照）。

学界デビューを剽窃作品で飾ったことは、小林の研究人生に少なからぬ影響を与えたように思われる。そして、早稲田大学学術研究倫理委員会は、本件が明らかになった後、外部第三者を入れた調査委員会の調査を経たうえで、二〇二〇年二月一七日小林に盗作があったと認定する「調査報告書」をまとめた（「原朗氏を支援する会」はこれをＨＰに掲示したが、その後早稲田大学当局の要求によって削除せざるを得なかった）。

第2章　二人の研究と小林著書

一九七〇年代半ばまで、久しく共同研究を続けていた原朗と小林の研究は、植民地に関して重複する領域はあるとはいえ、研究の関心が異なっていた。原朗は日本帝国、「大東亜共栄圏」の形成から崩壊までの全過程を、物資と金融の両面から構造的に捉える研究に取り組んできた。それに対して、小林は日本内地を除く植民地経済を研究対象としており、自己の一二本の発表論文中九本までが朝鮮労働問題と植民地工業化に偏っていた。そうであるから、両者が研究をまとめようとすると、主題はおのずから別のものになると思われる。原朗の場合は、おそらく「日本帝国の歴史的構造的分析」が主題になるであろうし、小林の場合は「日本植民地支配（工業化）と民族運動」のようなものになりそうである。原朗側の提出書類では、二人の研究経歴を比較して、「『大東亜共栄圏』の形成と崩壊」という問題に対して、原朗が多くの研究を蓄積しているのに対して、小林には「日本内地の経済実態や対外国関係」「日本帝国の内部的連関」「中国中部や南方経済」等の研究領域が欠落していること、そうであるのに小林著書ではそれら全ての重要領域が一挙に埋められたという異常さを剔出した（原朗著書　一九〇〜二〇二頁、三〇八〜三二四頁）。

その点について、小林は上記の原朗側の比較の基準が、原朗の研究を細分して大きく見せる一方で、他方の小林の植民地研究を圧縮して小さく見せるように操作しており、信頼に値しないと反論している（小林「陳述書」二〇一七年五月二日　一四〜一五頁）。しかし、小林は、「大東亜共栄圏」を対象とした研究の実績がないではないか、という本質的な追及について、小林が自己の研究実績（論文）を示して具体的に反証することはできなかった。

さらに原朗側は、焦点である小林著書の内容を、原朗と小林の既発表論文と悉皆照合した。原朗著書によれば、その結果はつぎのようである。

まず、小林著書において先行研究の整理と自己の方法を論じた「課題と方法」では、多くの研究者の名前と業績を紹介しながら、前年に本書と同じテーマで学会報告をした共同研究者である原朗の名前を一度も出していない。しかし、その「時期区分」で論じられている時期区分の独自性と主要な七つの論点は、実際は殆どすべてが原朗の研究成果に依拠している、と明らかにした（原朗著書　二四〇〜二四二頁)。

つぎに、小林著書の構成について、非常に個性的な特徴が明らかにされた。まず、原朗の学会報告は、「大東亜共栄圏」の全過程を「問題別・時代別・地域別」の順序で論じていたが、小林は「時代別・問題別・地域別」という順序をつくりだした。そして小林は、著書五四一頁の本文を一〇五箇の篇章節項に細分化したうえで、その各箇所に自分の原稿と、原朗および他の研究者の研究成果をはめ込むという手法をとった。これは、研究者が自己の既発表論文をまとめて論文集を編纂する際における、大方のやり方と異なる。小林は自己の八本の論文を利用しているが、多くの論文をそれぞれさらに一〇個以上の部分に細分化して、元の論文の発表時とは全く異なる構成に編成替えして使っている。自己の論文を如何に切り貼りして再構成しようと執筆者の自由であるが、問題は、この特異に細分された小林著書の格子状の構成のなかに、原朗を中心に他の研究者の研究成果を、同じように細分化し挿入していることである。

先の一〇五箇所のうち、小林の既発表論文を貼り付けたものが三二箇所、原朗の研究の剽窃が二五箇所、かつての共同研究者松村高夫の研究の剽窃が二箇所、引用が不適切・ファジーな部分が九箇所、その他が三七箇所である。四分の一をも超える部分が、原朗と他の研究者の業績であり、これはミスとして許容される程度ではなく、この一書全体が意図的な剽窃よって作られていると判断される。本書は同じ問題が時代と地域ごとに切断されており、非常に読みにくい本であるが、それは、多様な研究成果の来源を隠すための工夫であったのではないかと、推測されている(小林著書の篇章節項ごとの照合考証の結果については、原朗著書 二五六〜二七七頁の照合表が詳しい)。

原朗著書は、細分化された小林著書の各部分を分析することによって、その剽窃にはいくつかのパターンがあることを明らかにしている。

その一は、節項の冒頭において一度だけ原朗の論文名をあげ、その後は原朗の挙げた資料を駆使し、あたかも自分の見解のように論じる。例えば、2篇2章1～3節や3篇3章1節が典型的である。

その二は、自分の研究したことのない領域について、原朗の研究成果によって叙述しながら、オリジナルの論文名を表記しない。例えば、3篇1章1～3節、3篇3章2節1～二項、3篇3章4節1～2項、4篇7章1節等であり、いずれも原朗の著名な業績なので、専門家であればすぐに気が付く剽窃である。

その三は、小林が共同研究の過程で原朗から受け取った未公刊論文「満州における経済統制政策の展開」(後に、安藤良雄編『日本経済政策史論』下巻　東京大学出版会一九七六、所収)を頻繁に使いながら、その事実を隠していることである。この例は、3篇4章1節、3篇5章1節、3篇7章1節1項、3篇8章1節、4篇2章2節等、実に多い。裁判の過程で、原朗側からこの事実を資料に基づいて追及されても、小林は著書刊行前に同論文を見ていなかった、「物理的に不可能」だったと、嘘の強弁をくりかえしている(小林「陳述書」二〇一七年五月二日、七頁)が、学会発表当日の小林配布資料に明記されていることを原朗に指摘されても、これには一切答えられていない。

その四は、原朗の大会報告におけるアイディアを使いながら、自分で新たに若干の事実を加えたうえで、自分の研究成果として論じる。この例は、4篇3章1～2節、4篇8章1節等である。とくに、原朗の学会大会報告は小林著書刊行時にはまだ未公刊であったので、それを学術書として出してしまえば、学界へのインパクトは小林著書のほうが格段に大きくなる。

原朗著書には、小林の行動の直接の意図がよくわかる具体的な事例があげられている。

その一　小林著書が原朗の大会報告の資料を改変していることである。小林著書一〇九頁と一五八頁の地図は、原朗大会報告中の日中戦争期における日本占領地と解放区を表示した地図（「経済的実態」論文二一頁）を、二つに切り離している。小林著書四四六・四四七頁は原朗大会報告（同二三頁）の円系通貨発行高のグラフを二つに割っている。これらには多くの問題がある。まず、原作者原朗の制作意図を無視し、図表を恣意的に改変した行為自体が、先行業績尊重の倫理からはずれ、著作権法に全く違反している。つぎに、原資料と原朗の論文名を併記していることで、図の作成者が不明確になっている。さらに、資料出典として原朗論文名をあげているにもかかわらず、本文には全く言及がないので、原朗の分析結果を小林は剽窃している（原朗著書　一三九〜一四六頁）。

その二　原朗の研究成果からの剽窃を隠すために、その根拠となった資料に手を加えている。例えば、華中の占領地開発会社である興中公司について、原朗は大会報告において、自ら発掘した一次資料を駆使して分析した。小林は興中公司について研究実績がないにも拘わらず、小林著書の中で引用注なしに原朗と同じ内容の主張をしている。そして、原朗報告からの剽窃を隠蔽するために、典拠資料をわざと同系統別年度の資料と置き換えたり、また表中事項の記載様式や順番を入れ替えるなど、小手先の隠蔽工作を繰り返している（原朗著書　二九二〜二九五頁）。小林のこのような微細な隠蔽は、一九六六年の学部時代の剽窃論文ですでに見られる。

その三　小林の剽窃は、原朗の研究業績からだけでなく、他の研究者の研究からのものも目立つ。小林著書の満洲労働に関する3篇6章2節と4篇4章2節は、かつての小林との共同研究者であった松村高夫の論文からの剽窃である。大会当日の小林報告原稿では、松村論文に依拠したと明記していたが、それを著書に組み込んだ際には、その注を削除している。さらに、松村の資料の単位を変え、表をグラフに改編するなどは、姑息な隠蔽措置としかみえない（原朗著書　一八二〜一八三頁、二八七〜二八八頁）。

この小林著書は、広範な領域における多くの問題を比較的長期にわたって扱っており、専門家でも通読に苦労する「大著」である。先に、小林は裁判の冒頭で、「学会上の常識や倫理上批判を受けうる、いかなる行為も行っていない」、と公言したことを引用したが、以上のように小林著書を、原朗と小林の既発表の論文・報告と比較考証した結果はどうであったろうか。四〇年あまり学術研究に従事してきた筆者から見ると、一書全般にわたるこれほどの剽窃行為は極めて稀で、小林著書は今後そのような特異な書籍として記憶されるように思われる。

小林が自己の研究に対する学術的評価に納得しないのならば、大学や学会の場において反論するか、原朗を不当だとする審査を求めるべきであった。しかし、小林はこの学術盗作の有無を、学界内で相手と一切争うことなく、いきなり司法的措置をとり、一方的に裁判所に持ち込んだ。

第3章　本裁判審査の特異性と学界基準からの乖離

ここでは、原朗著書の記述と所収記録に依拠して、裁判の推移の紹介と判決批評をおこなう。

この裁判全体趨勢では、後に述べるように地裁における審査と判決が決定的な意味を持った。その地裁審査の特徴は、まず期間が長かったことである。二〇一三年六月小林の提訴から二〇一九年一月の判決（以後、地裁判決と略す）まで、五年八ヵ月かかっている。文科省のガイドラインによれば、学術不正についての審査期間は、おおむね一五〇日で終えることを求めているので、地裁の審査期間はその一〇倍を超えている（文部科学省「研究活動における不正行為への対応等に関するガイドライン」一

五頁 二〇一四年八月二六日)。原告小林の在職する早稲田大学の規程では、不正行為の調査委員会は四ヵ月以内に最終報告を行うことと定めている(早稲田大学「研究活動に係る不正防止および不正行為への対応に関する規程」第一三条)。また本訴訟は、民事訴訟の審査期間のなかでも特異に長くかかった。最高裁判所の「裁判の迅速化に係る検証に関する報告書」(第八回 二〇一九年七月)によれば、二〇一八年民事第一審の平均審査期間は九・〇ヵ月であり、九三・二%は二年以内に終了している。五年を超える審査は、わずか〇・二%にすぎない。争点を整理する期日の回数も、民事第一審平均では五・〇回であるが、本訴訟では二七回に及んだ。その審査期間中に、理由は明らかにされないで裁判長が二度も交代し、都合三人の裁判長が担当することになった。ちなみに、裁判所は地裁判決言い渡し日を当初の予定日から一方的に三度、半年も延期したあげく、判決当日に裁判長が欠席し、代理裁判長が代読するという不誠実な態度をとった(原朗著書 巻末略年表参照)。

なぜ、このように審査が難航したのであろうか。裁判所の期日の内容は公開されていないために、直接見聞していないが、弁護士から伝え聞くところから判断すると、裁判官はどのような資料を集めて、何を基準に判断すべきかが全くわからなかったようである。大学や学会において設けられる学術剽窃の調査委員会の場合では、必ず当該分野の専門家が任じられるために、調査開始時点で既に何を調べる必要があるのかは自明である。両当事者の研究歴を調べ、焦点の研究に直接関係する文献・資料を収集し、また両者の接触有無を調べる。必要があれば、両者に資料やデータの提供を求めるか、直接の聴き取り調査を行うというように審査は進む。ところが、裁判官の場合は、基本的に当該学問分野に関する知見を備えていることはまずありえないし、学術剽窃の判別についての基準やノウハウもなかったであろう。では、実際に裁判官はどのようにして地裁判決を作成したのであろうか。

二〇一三年七月に小林が「訴状」、八月に「第一準備書面」を原朗側に送ったのに対して、原朗は同七月に答弁書で「全て争う」ことを表明し、九月に「第一準備書面」と「小林単著と原論文の争点対照表」（一六枚）「被告による説明の要点」、資料等を裁判所に提出した。裁判官はそれらの量を見て驚き、これでは争点が多すぎるから絞り込むように強く指示した。これが裁判官の最初の訴訟指揮であった。以後、五年間にわたって、双方の準備書面（小林側九回、原朗側一五回）と証拠（小林側五六点、原朗側七六点）の往復が繰り返された。

この準備書面を通じた論戦のなかで、原告小林側の主張はつぎつぎと変わっていったが、それに対して裁判官が問いただしたことはなかった。そもそも、裁判官は双方に論戦させるだけで、その内容を自ら確かめるとか、さらに詳細な説明を求めることもなかった。民事裁判とは、原告被告に論戦させて、裁判官が客観的に判断を下すというシステムなのであろうが、本件の場合には大きく本質的な矛盾がある。原告被告ともに当該分野の専門家であり、裁判官のみが完全に門外漢だという条件である。とりわけ、学術剽窃という専門家が意図的に隠蔽を謀る可能性のある案件を、司法の専門家であるというだけではたして看破できるのか、という次元の問題である。

結果から見て、歴代の担当裁判官が最も判断のよりどころとしたのは、「争点対照表」であった。先述のように、それは最初には争点の項目を列挙したものにすぎなかったが、担当裁判官は争点を簡潔に示すためとして、記述の分量を最小限に圧縮することを重ねて強く求めた。原朗側は裁判官の要請を受け入れ、二〇一六年九月に圧縮した原稿を提出したのに対し、小林側はその原朗側の「争点対照表」原稿に対して、その四倍の分量の原稿を書き加え二〇一七年五月に提出した。この分量的に均衡を失した後出しじゃんけん式の「争点対照表」について、原朗側が再反論の機会を求めたのに対し、裁判官はそれではエンドレスになるとして拒絶した。裁判官は、審査の途中である二〇一七年五月一〇日付けのこの「争点対照表」を最終版とみなし、二〇一九年一月二一日の地裁判決において多用した。実は、この不公平な「争点対照表」という単なる一覧表が、地裁判決の帰趨を大きく左右することになった（原朗著書　一五三〜一五八頁）。

二〇一八年一月東京地裁の判決は、剽窃はなかったとして、基本的に小林の主張を全て認めた。この地裁判決は誤判の塊であるが、学術的剽窃審査とは相容れない重要な問題を三つだけあげよう。

第一は、学界の剽窃審査において全く使われることのない判断基準が多用されている。まず、「主語、述語、叙述の順序、表現形式」という、文章形式に関する文言が四度も使われている。学術剽窃の審査では、このような国語的な基準を用いることはない。また、「参照文献注が引用」されているので、剽窃とはいえないという基準も六回ある。学部生レポートでのコピー・ペーストの摘発ならいざ知らず、プロの研究者が意図的に隠蔽を図った剽窃行為の審査では、引用されていない文献も含め、その関連文献の内容の吟味こそが審査の入り口である。このような素朴で幼稚な外形的基準を裁判官が案出したのは、学界の剽窃審査において、どのような審査しているのかを全く知らないからであろう。しかし、裁判官も地裁判決を書くために、何らかの判断をしなければならない。裁判官は、それをもっぱら原告小林の主張から借用した。

第二は、地裁判決が「争点対照表」中において、小林が繰り返し主張している、「先行研究存在論」とも呼ぶべき論理を多用したことである。それは、原朗が創案したというアイディアや学術的見解は、既に先行研究によって明らかにされているので原朗に独創性はなく、小林が剽窃する対象たりえないとする論である。地裁判決は、主要な争点について、すべてこの論理を援用して原朗の主張を退けている。一つ目は、一九三〇年代日本の貿易構造における帝国内と第三国との非対称的な矛盾が、日中戦争によって激化され、物資不足とインフレの進行の中で、帝国の経済破綻をもたらした、という原朗のオリジナリティの核心についてである。地裁判決は、これについて大蔵省『昭和財政史』一三巻（一九六三年）に、同様な観点による記述があるので、原朗の研究は剽窃の対象となりえないとした。二つ目に、原朗の中国への投資形態の変遷に対する見解については、既に井上晴丸・宇佐美誠次郎（一九五一年）、大蔵省前掲書、小林英夫（一九六九、一九七四年）に投資についての記述が見られるので、小林が剽窃したことにはならないとした。三つ目に、植民地・占領地金融機構の構築と各地のインフレとの関連に対する原朗の研究については、地裁判決は既に桑野仁（一九六五年）に同様の記述があるとし、さらに華北・華中の通貨戦争と南方占領地のインフレに関する原朗の分析については、地裁判決は東亜研究所編『支那占領地経済の発展』（一九四四年）、桑野仁（一九六五年）、小林英夫（一九六九、一九七四年）に、その経緯に関する記述があるので、いずれも剽窃の対象たり得ないと断じている。

これら地裁判決の根拠は、すべて「争点対照表」に記入されている小林の意見であるが、これらを研究評価の基準とすることをは到底容認できない。先行する文献や研究に、当該事件や企業の名称、あるいは関連する数行の記述があるからといって、後続の研究におけるオリジナリティ（独創性）やプライオリティ（先行権）を否定するような判断基準になることなどない。そのような主張は、後進の研究が先行研究に対し新しい成果を付加することを繰り返すことによって、研究全体が発展するという過程を無視しており、学術的な思考ではあり得ない。研究者である小林が、このような虚言を呈したのは、裁判官は見抜けないだろうと高をくくって騙したものと思われるが、裁判官はみごとに騙されたのである。

第三に、「争点対照表」中の小林の主張に依拠した地裁判決の最も致命的な誤りは、肝心の剽窃嫌疑自体について、実質的に何も審査していないことである。

地裁判決は、小林著書と原朗報告について、「記述内容については重なる部分があるものの、当該部分は歴史的事実の記載にすぎないから、これを他者が記述したことをもって剽窃ということはできない」、と全く同じ文章を四度も使い、歴史の記述は剽窃の対象ではないとくりかえす。そして、原朗が自己の学術的な見解の剽窃であるとして具体的に挙げた論点を、ことごとく「誰でも行い得るもの」であるとして、その内容の検討自体を放棄している（原朗著書 三八九〜三九一頁、四一一〜四一五頁）。

研究者間の研究のオリジナリティやそのプライオリティの争いの審査では、地裁判決のやったような、文章が一致しているかとか参照注があるかなど、無意味なことはしない。本来取り組まれるべき学術的な審査とは、研究オリジナリティをつくりあげる基本的な要素、つまり「課題設定、研究の視角・手法の創出、資料の発掘収集、資料の分析と総合」等について、両当事者の研究成果を直接に比較照合することである。原朗の大会報告（「経済的実態」論文）と小林著書を対象にして、これらを照合分析することによってこそ、初めて両者間に剽窃関係があるかないかを判別できるのである。

学術剽窃の審査において最も重要なこの作業に、裁判所が全く取り組まなかった理由について、地裁判決は何も述べていない。ただ、一般的に考えて当該学問分野に関して特別な知見を持っていないであろう裁判官にとって、そのような比較照合や考証分析をおこなうことが困難であったことは容易に想像できる。そもそも、小林の大部の専門書を読み通すこと自体が困難であったであろうし、原朗の大会報告論文と並行して読んでも、両者の共通点も相違点も読み取ることはできなかったであろう。学問研究の専門性を考えれば、それは無理のないことである。

しかし、そうであるならば、裁判官は法廷に提供された文献や証拠資料を虚心坦懐に読み込み、当該分野の専門の意見に謙虚に耳を傾けるべきであった。ところが、地裁判決は原朗側が提出した膨大な証拠について、小林著書以外は何も引用しておらず、原朗側の四通の「意見書」が提示した小林著書の多くの剽窃事例をことごとく無視した。裁判官が「意見書」の指摘する具体的な剽窃の事実を採用しないのであれば、その理由を明らかにしなければならない。裁判官の見解と矛盾する事実をただ無視するだけならば、それは主観的恣意的な見解に過ぎず科学的な検証ではありえない。結局、地裁判決は、学界における剽窃審査の基準や手法と一切無関係に、「争点対照表」中の小林の見解に依拠して、裁判官らの「常識」の次元で判断してしまったのである（地裁判決に対する学術的批判の詳細については、原朗著書　三六〇〜四二八頁参照）。

本訴訟より前に、学術的創意のプライオリティに関する争いが裁判に持ち込まれながら、本件地裁判決とは対照的な判決を下した事例を紹介しよう。東洋史学界において著名な研究者が争った「中国塩政史研究論文事件」がそれで、一九九二年一二月東京地裁において判決が下された。その事件や判決の内容は一切省略し、ここで注目してほしいのは、当該判決において争われている学術的な事案の全てについて、判断を下したのではなかったことである。研究成果の先行性（プライオリティ）を侵害されたという一方の主張に対して、判決は次のように述べている。

「（先行権認定に関わる……引用者）二つ以上の研究の先後の評価ないし判定は、当該対比されるべき研究における時間的な先後の一事のみならず、当該各研究の内容、程度、方法、結果の発表態様、学説若しくは見解の当否若しくは優劣等種々の要素を総合しなければ容易になしえないものであって、このような学問上の評価ないし判定は、その研究の属する分野の学者・研究者等に委ねられるべきものであり、裁判所において審査し、法令を適用して解決することのできる法律上の争訟ではないといわなければならない。」（東京地裁　判決理由。原朗著書　四六二頁）。

このように、裁判所は学術研究の争いすべてについて判断を下すことはできない、と明言している。司法界・裁判所と学界との関係において、模範となる合理的で適切な姿勢であると思われる。

東京高等裁判所は、二〇一九年九月一八日に先の地裁判決を踏襲する判決を下し、さらに最高裁判所は二〇二〇年六月一五日上告を門前払いで棄却したことによって、東京高裁の判決が確定した。原朗の小林に対する名誉毀損が認められ、慰謝料と利子三〇〇万余円と裁判費用の支払いが命じられた。学界における厳格で科学的な剽窃審査とは全く異なって、裁判官が学術的な検討に入ることなく恣意的につくりだした「基準」と「常識」によって剽窃事件を判断したために、司法裁判で学説的通説的な認識がひっくり返された。こうして、学術剽窃の加害者が被害者を訴えるという顚倒した訴訟は、八年間の争いの後に、剽窃者側の勝利として終了した。

展望：事件は消えず

二〇二〇年六月最高裁が上告棄却によって、学界・社会の耳目を集めたこの学術剽窃裁判は、被告原朗の一方的な敗北に終わったようにみえるかも知れない。しかし、この裁判が進行する過程で、法廷の傍聴を通じて、原朗著『創作か盗作か』を通じて、原朗氏を支援する会のHPを通じて、裁判所への要請署名運動を通じて、多くの学界関係者と学術不正に関心を持つ人々に、この剽窃事件の顛末と異様な裁判の有様の一部始終が知れわたった。

そのために、この事件は最高裁による門前払いでは終わりにならなかった。一九七八年小林が『「大東亜共栄圏」の形成と崩壊』によって博士学位を得た東京都立大学では、この裁判によって小林の不正を知った一研究者の通報によって、新しい動きが始まった。通報を受けた東京都立大学は予備調査の結果、本調査が必要との判断を下し、学外者を含めた調査委員会を設置して調査を実施している。この原稿執筆時点では、審査が進行中であるが、大学における不正審査であるので、先の裁判判決のような恣意的な判断とは異なり、事実に基づいた科学的な審査結果が出されることが期待される。今後の関連消息にご注目していただきたい。

この歴史的な学術剽窃事件が契機となって、学界において剽窃不正は許さないという共通認識が改めて高まることを願い、裁判所には甚だしい誤判を下したことを真摯に反省し、学術内容への恣意的な介入を二度と繰り返すことがなくなることを、強く望んでいる。

二〇二〇年八月二九日記

（京都大学名誉教授）

＊　中部大学『アリーナ』第二三号（二〇二〇年一一月一九日）より関係者の許可を得て転載。

〈3〉 疋田康行

擬装盗用の摘発と防止のために

――原朗『創作か盗作か――「大東亜共栄圏」論をめぐって』に寄せて

はじめに

二〇二〇年二月、元東京大学経済学部教授の原朗氏が『創作か盗作か――「大東亜共栄圏」論をめぐって』(同時代社)を出版された。およそ四五年前、原氏は、大学院進学以来発掘してきた膨大な一次資料を読み解いて発表してきた諸論文を元に、単著をまとめようとしていた。その矢先に、直前まで共同研究者として親しく協力してきた小林英夫氏が、原氏の既発表論文・報告・資料解題などを盗用して[1]、単著を刊行した。原氏は、そのためその後の研究計画を大幅に変更せざるを得なかったことを、大学教授としての最終講義で公表したところ、小林氏が名誉毀損で東京地方裁判所に訴え、勝訴した。同書は、この裁判での主張を、資料を添えてまとめた本である。二一年五月現在、五名の方が書評されており、内容をご存知の方も少なくないだろう。両氏とも、研究分野の近い小生の先輩研究者で、長くお付き合いいただいたこともあり、この地裁判決を知って衝撃を受けた。この小論は、隠蔽された研究盗用をどのようにして明らかにするかとともに、研究盗用を起こさせないようにする仕組みの強化を考えてみたものである。まず、この事件の概要を紹介しておきたい。なお、敬称は略させていただく。

1　事件の概要

原朗は、東京大学経済学部助手であった一九六九年四月に、東京都立大学社会科学研究科博士課程に在籍中の小林英夫の勧誘で「満州史研究会」（代表は当時農業総合研究所研究員の浅田喬二、他の会員は原、小林、松村高夫の三名）に参加した。そこで日本の満州経済支配の共同研究を行い、七二年一月に共著『日本帝国主義下の満州』を刊行した。さらに、七四年度の土地制度史学会（現在は政治経済学・経済史学会）の秋季学術大会共通論題のオルガナイザーに指名され、満州史研究会会員の協力を得て「一九三〇年代における日本帝国主義の植民地問題」というテーマで小林、高橋泰隆とともに報告チームを構成、浅田には司会を依頼した。大会当日は、高橋「日本ファシズムと『満州』農業移民」、小林「一九三〇年代植民地『工業化』の諸特徴」、原「『大東亜共栄圏』の経済的実態」の順に報告し、大会を成功させた。その後、この共通論題の報告論文を学会誌に一括掲載することを求めたが、前例がないとのことで難航し、ようやく七六年四月号への掲載が決まった。ところが、七五年一二月二〇日、小林は原の大会報告や諸論文と類似点が多い著書『「大東亜共栄圏」の形成と崩壊』（御茶の水書房）（以下「小林著書」または「七五年の著書」と略す）を刊行した。原は、盗用と判断したが、運営方針をめぐって意見が対立していた学会の状況や小林が関わる歴史系諸学会への影響、さらに小林の将来にも配慮し、公然と告発することを断念した。ただ、学会誌に掲載する報告論文の冒頭に、一九七四年度の秋季学術大会共通論題の報告原稿であり「論旨内容には変更を加えていない」と記し、小林著書が「本稿の主題と関連するところ少なくないので、ついて参照されたい」との付記を加え、小林の盗用に気付く研究者があることを期待した。

しかし、小林は、その著書の「はじめに」の謝辞の中で「本書の草稿について特に有益な御助言と御示唆をいただいた」[2]（傍点は筆者が付した）六名の最初に浅田、二番目に原の名を挙げ、「おわりに」でも「秋期《ママ》学術大会報告……の準備のため、満州史研究会の原朗氏とおこなった数度の打ち合わせの討議が、本書作成に大いに役立った」[3]とも記しているので、専攻分野の近い研究者の多くは原がこの著書の刊行を了解していると感じたと思われ、小林の盗用を疑う研究者はすぐには現れなかった。他方、小林は、七八年三月、この著書により東京都立大学で博士号を取得した。ただ、社会科学系学位ではなく「文学」である。しかし、近代朝鮮経済史を専攻する堀和生は、専攻分野を広げる中で原と小林の研究精度の差と原の付記に気づき、九〇年五月、大東亜共栄圏に関する原論文と小林著書の関係は原に理論的オリジナリティーがある旨を公に主張した。[4]

　その後、歴史系大学院生向けのリーディングスである柳沢遊・岡部牧夫編『展望　日本歴史第二〇巻　帝国主義と植民地』（東京堂出版、二〇〇一年二月）に大会報告論文が採録されるのに際し、原は追記を付し、小林著書の編別構成が七四年度秋季学術大会共通論題の原報告の論理構成とあまりに酷似しているのに驚いて上記のような対応をとったことを述べ、堀の言及と小林のそれへの反論も紹介した。小林は、その年の学会会場で原を追い抜きざまに小声で「先生、ごめんなさい」と言って走り去ったとのことで、東京地裁への提訴までこの追記に異議を挟まなかった。

　しかし、小林は、二〇〇五年末には『「大東亜共栄圏」の形成と崩壊』の増補版の刊行に取りかかり、同年一二月一四日に堀にこれを書評しないよう要請した。増補版は翌年三月一一日に刊行された。増補の内容は、一六頁ほどの「補論『大東亜共栄圏』再論」（七五年の著書への書評の紹介と、その後の「共栄圏」関係著作と第二次大戦後アジア関係著作の紹介、堀等の論評への反論など）に英文サマリー等を加えたものである。さらに、〇八年六月に刊行された日本植民地研究会編『日本植民地研究の成果と課題』（アテネ社）の序文で、七五年の著書に言及し「資金、資材、労働力の三点から植民地・占領地の戦時「工業化」政策に関して論じた際、その共通項でこれらの地域を括ることに苦労した」などと記した。一一年からは、堀の研究を批判し始め、同時に松村等との間で満鉄調査部弾圧事件をめぐる論争を開始した。

原は、東大を定年退職した後に就任した東京国際大学も定年となる二〇〇九年三月に、大学教授としての最終講義で、小林による剽窃行為を受けて研究者としての将来設計を変更せざるを得なかったことを述べ、盗用・剽窃を厳に慎むことを訴えた。この最終講義は、一年後の研究科の紀要に掲載された。また、一三年三月に『日本戦時経済研究』・『満州経済統制研究』の二著を刊行し、『日本戦時経済研究』には七四年の「『大東亜共栄圏』の経済的実態」を付記・追記を付して収録し、『満州経済統制研究』（非売品）の「あとがき」では小林の剽窃によって生涯の研究計画を変更したことを詳しく説明した上で、「ここで幕を引かせていただく」と述べ、今後は言及しないことを宣言した。[5]

しかし、小林は、松村が「満鉄調査部弾圧事件（一九四二・四三年）再論」（『三田学会雑誌』一〇五巻四号、二〇一三年一月、一九七～二三二頁）の注1（二〇二頁）に原の最終講義を引用していることを知人から知らされ、二〇一三年六月に、最終講義とそれを掲載した紀要、そして『日本戦時経済研究』・『満州経済統制研究』における名誉毀損の「訴状」を東京地裁に提出した。その「請求の趣旨」[6]は、次の1～5の通りである。

1、被告は、原告に対し、金三三〇万円及びこれに対する平成二五年三月一五日から支払い済みまで年五分の割合による金員を支払え。

2、被告は、原告に対し、別紙1記載の謝罪広告を、朝日新聞、及び、東京国際大学大学院経済学研究科『経済研究』に、同記載の条件でそれぞれ一回掲載せよ。
3、被告は、『満州経済統制研究』を引き渡した相手方から、同書を回収せよ。
4、被告は、別紙送付文書「付箋添付のお願い」及び同目録記載の付箋「注意書き」を、同目録記載の使用活字を用いて、『満州経済統制研究』を引き渡した相手方に対し送付せよ。
5、訴訟費用は被告の負担とする。

地裁での裁判は、裁判長が二回も交代した上で二〇一八年五月に結審、判決言渡しは三回も延期され、訴状提出から約五年半後の一九年一月にようやく執行されるという、長期・異例のものとなった。判決主文は、

1、被告は、原告に対し、二二〇万円及びこれに対する平成二五年三月一五日から支払済みまで年五分の割合による金員を支払え。
2、原告のその余の請求をいずれも棄却する。
3、訴訟費用は、これを一〇分し、その三を被告の、その余を原告の負担とする。
4、この判決は、第1項に限り、仮に執行することができる。

というものであり、1で原告の小林の勝訴とした上、2で原告の謝罪広告や『満州経済統制研究』の回収等の請求を棄却し、3で裁判費用の七割を原告負担とした。つまり、小林の「完全勝訴」ではな

い。

小林側は、「謝罪広告・名誉を毀損する文言を含む書籍の回収」が却下されたので、問題の社会化・拡散を防げないにもかかわらず、控訴しなかった。さらに、最高裁への上告中に『創作か盗作か――「大東亜共栄圏論」をめぐって』が出版され、問題はさらに多くの人に知られていったが、これを「名誉毀損」と訴えていない。

しかし、次に説明するが、簡単に言えば「小林の行為は剽窃・盗用とまではいえず、原の言動は小林に対する名誉毀損に当たる」という判決の根拠が、非常に問題である。地裁判決は、学術論文で最も重要な論述の内容を問わず、盗用を実質的に逐語的な引き写しに限定したのである。このため、原は同月中に東京高裁に控訴したが、同年五月下旬に一回審議しただけで即日結審とされ、九月に第一審判決維持の判決が出された。判決理由は若干変更されたが、盗用者の研究遂行過程における盗用の証明を被盗用者に要求するなど、盗用被害の証明をいっそう困難にするものであった。原は同月中に最高裁に上告したが、翌二〇二〇年六月一五日付で上告の要件を満たさないとして棄却され、高裁判決が確定した。このことは、日本で研究活動上の不正を防止する障碍になると思われる。

2　裁判所の盗用の定義と判定基準

確定判決となった東京高裁の判決理由、とくに盗用・剽窃の定義及び判定基準を確認しよう。まず、高裁が修正を加えた地裁判決は、「第3当裁判所の判断」＞「2争点2（本件発言等の違法性阻却事由及び故意過失の有無）について」＞「（3）本件発言等の真実性について」＞「ア剽窃の定義について」で、次のア〜ウのように述べている（傍線部は高裁による追記・修正）。

（ア） 剽窃という語句について、確定的な定義は存在しないところ（なお、広辞苑（第七版）には「他人の詩歌・文章などの文句または説をぬすみ取って、自分のものとして発表すること」と定義されている。）、証拠（乙一四、一五）によれば、学問の世界においては、出典を明示することや適切な引用方法によらず、他人の著作物を無断で借用したり、自己の著作物であるかのように発表したりすることのみならず、著作物になっていない他人のアイデアや理論等を自己のものとして発表することも剽窃として非難されることがあることが認められる。そして、このような剽窃という語句の使われ方及び一般人が想起する剽窃という語句の理解に鑑みると、本件摘示事実の真実性の検討に当たっては、他人の著作物又はアイデアに依拠して、これを自己の著作物又はアイデアとして表現する行為があった場合に、剽窃の事実が真実であったことの証明があったものと認めるのが相当である。また、上記の「他人のアイデア」については、もともとアイデアには新規性や独創性のあるものからありふれたものまで様々なものが想定されるところであるが、ここで剽窃の対象となるアイデアには、既出のアイデアや、ありふれたアイデアは含まれないと解するのが相当である。

裁判所は、原側が学術上の盗用・剽窃の定義について、早稲田大学経済学研究科や神戸大学国際協力研究科、日本学術会議、文科省の研究不正防止関係ルール[7]を提示したにもかかわらず、その間に表現等の相違があることから「確定的な定義は存在しない」とし、判決では二〇〇三年の日本学術会議の報告や一四年八月の文科大臣決定「研究活動における不正行為への対応等に関するガイドライン」[8]をも無視して広辞苑だけを引用している。研究論文・書を扱う姿勢とは言えない。

文章・語句、データ等の盗用だけでなく、「著作物になっていない他人のアイデアや理論等」の盗用があることも認めてはいるが、「既出のアイデア」を（無断使用すれば）剽窃（として非難される）対象から外している。「著作物になったアイデア」[9]は先行業績であり、適切な引用なしに（自分の発案のように）そのアイデアを述べれば盗用にあたる。では、「著作物になっていない」かつ「既出」の「アイデア」とは何だろうか。学会等での報告・発表は著作権法による保護の対象になるので、報告の討論等での発言、懇談会・懇親会等での会話に含まれるアイデアが、それかと思われる。すると、「既出」でないアイデアとは、それこそ頭の中にだけある未発表のアイデアになってしまうので、通常、盗用することは不可能である。つまり、この判決はアイデアを一度公表すれば誰であれ無断利用可能なものとしたのである。懇話の場は研究を促進するアイデア「交換」の機会として重要であるが、この判決はそれを萎縮させかねない。「既出のアイデア」も原則として公表者の了解を得て、あるいは公表者や公表の場を明らかにして使用することを明確にすべきであろう。

（イ）　被告は、経済史学界においては、特定の歴史的事実について当該事実を論じている先行研究を引用せずに記述した場合にも、剽窃を行ったと評価されると主張する。しかしながら、先行研究に依拠しながら先行研究を引用せずに先行研究の特定の歴史的事実についての創見性・独創性のある記述と同旨の記述を自らの発案に係るものであるかのように表現する場合が剽窃に当たることはもちろんであるが、そのような場合ではなく、先行研究に依拠せずに単に同一の項目について記述したことを剽窃と表現する用法が一般的であるとはいえず、そのように解すべき理由もないし、歴史的事実についてであったとしても、同一の項目について記述したことから当然に先行研究に依拠したと推認されるものでもないから、この点に関する被告の主張は採用できない。

(ウ) そこで、右記(ア)にいう、他人の著作物又はアイデアに依拠して、これを自己の著作物又はアイデアとして表現する行為が行われたか否かを、以下検討する(なお、本件発言等で使用される盗用という語句も、剽窃と同一の意味で用いられていることから、以下の検討では両者を区別せずに扱う[10])。

(イ) で、経済史研究の場合、「①先行研究に依拠しながら②先行研究を引用せずに③先行研究の特定の歴史的事実についての創見性・独創性のある記述と④同旨の記述を⑤自らの発案に係るものであるかのように表現する場合が⑥剽窃に当たることはもちろんである」と述べている。①は、直接証明するのは執筆時に現行犯逮捕するしかないので不可能であり、③+④があれば極めて可能性が高いと判断される。②は、当該記述が地の文に埋まるので、⑤と同等と判断される。そもそも研究論文・書においては、引用などで先行業績との関係を明確にすることは、学界等への自分の貢献を明示するために不可欠であり、先行研究を引用しないことは貢献を示せないためと言える。よって、研究一般について言えば、「②先行研究を引用せずに、③先行研究の創見性・独創性のある記述と④同旨の記述」があれば、⑥剽窃に当たると判断することになる。そのためには、判定者が「創見性・独創性のある記述」かどうかを判断しなければならず、「一般人」ではなく「当該分野の研究者」による客観的判断が必要である。

しかし、東京高裁は、「第3当裁判所の判断」の冒頭で一審判決の維持を宣言し、その根拠は「2当審における控訴人の主張に対する判断」で述べるとした。その(1)の後半で、「先行研究に依拠しているか否かの判断に当たっては、当該研究と先行研究を比較することが必要であるということはできるものの、それ以外の事情を考慮して判断されることもあり得ないものではないし、他者の先行研究と内容が同旨であるときに、先行研究の存在を指摘していなければ、他人の先行研究に依拠したものと考えることが一般的であるとまで認めることはできない[11]」と述べ、世間「一般」ではない研究規範に関する問題であることを敢えて無視している。さらに、「原判決は、控訴人が剽窃であると主張する各点についてそれに関する第三者や被控訴人の先行研究の有無等を検討した上、同様の（重複した）叙述が存在するとしても、その部分は歴史的事実の記載であって、そのことから直ちに剽窃であるということはできず、被控訴人が控訴人学会報告に依拠して本件控訴人著書の記述を行ったとは判断できない旨判示しているものであって、何らの検証もなしに剽窃とはいえないと判断しているものではないから、控訴人の批判は当たらない[12]」と続けている。「歴史的事実の記載」という表現によって、長い時間をかけた未公開資料の発掘と解読、新事実の発見に裏付けられた「特定の歴史的事実についての創見性・独創性のある記述」は存在しないと述べているに等しく、歴史的事実自体の新たな発掘・発見の意義を無視している。加えて、地裁判決の三一頁で、「別紙争点対照表『第4投資形態』七から一〇並びに一三及び一四」について、「主語、述語、記載順序等の表現形式に同一性が認められず、原告が被告学会報告に依拠して本件原告著書を記述したことをうかがわせる証拠はない」とも述べている。要するに、どんな内容でも「単なる記述」として盗用の有無の検討から除き、事実上、盗用をほぼ段落以上の文章の丸ごとコピーに限定している[13]。

このような判決が「確定」したことは、次のような問題を引き起こす。一つは、原が非常に危惧してきたように、司法が「記述・記載」の学術的内容に踏み込まず形式的な不一致のみを理由にして小林が行ったような擬装を施した盗用を積極的に見逃したことから、被害者等が意図的・計画的に擬装した盗用を盗用と判断して公にすると、直ちに名誉毀損として裁判所に訴えられる可能性が高まることである。

もっとも、この裁判開始後の二〇一四年八月に、前述の如く文科省は「研究活動における不正行為への対応等に関するガイドライン」とこれに基づく「不正事案の公開について」を決定・発表し、一七年度には適用対象研究機関（文部科学省及び所管独立行政法人の予算の配分・措置を受けて研究を行う研究機関）の研究不正対応体制が整備されたことにより[14]、研究活動に関わる「特定不正行為」（捏造・改竄・盗用）等の告発を受けて半年程度で審決する機構が一応は出来上がった。よって、不正行為を発見した研究者あるいは関係者が、不正行為者が関わると思われる研究機関あるいは研究予算の配分機関（以下、「研究・配分機関」と略す）に合理的な根拠と証拠を添えて告発する、あるいは相談する制度が標準化した。ただし、配分機関は関係研究機関に告発を通知するだけである。研究機関が不正と判断した場合、その研究機関から不正事案として文科省に報告され、「不正行為の態様を学ぶことによる不正行為の抑止や不正行為が発覚した場合の対応にいかすことを目的として」公開される。しかし、制裁が目的ではないので、不正行為者や関与者の氏名は公開されない。

これは後知恵となったが、今回のように盗用者側が「名誉毀損」の訴えを起こした場合でも、それを受けて立つと同時に、この告発を行って研究機関での判断の場を設けることができる。この場合、司法側も、研究機関の判断が先に出されれば、それを尊重せざるを得ないだろう。ただし、この制度を運用する主体（研究機関・要員）に研究不正を諌め防止しようという意思が弱いと疑われる事件[15]も報じられており、まだ万全とは言い難い。

この裁判においても、小林が二〇一一年八月に出版した『論戦「満洲国」・満鉄調査部事件――学問的論争の深まりを期して』に掲載した「抄録「元山ゼネスト」（『労働運動史研究』第四四号、一九六六年七月掲載）」が、尹亨彬「一九二九年元山労働者のゼネストとその教訓」（『歴史科学』一九六四年第二号掲載）を翻訳して逐語的に盗用していることを、一九年五月に高裁に資料を添えて提出するとともに、同年七月に早稲田大学に告発し、早稲田大学からは高裁判決後の二〇年二月二五日付で盗用を認定した旨回答があった。なお、早稲田大学の「研究活動に係る不正防止および不正行為への対応に関する規程」（二〇〇七年四月六日規約第〇七―一号）は、文科省『ガイドライン』の雛形よりは丁寧に設計されており、制定後も組織的に改善が進められ、現在は一八年四月一日版が用いられている。しかし、不正があったと認定した場合でも、第一七条第八項で「本学は、必要に応じて調査の結果および前項の規定により総長が倫理委員会に報告した内容を配分機関等に報告し、または公表する」（傍点は筆者）となっており、この件の調査結果は公表していない。

もう一つの問題は、今後、本件についての研究機関等による盗用認定が現在の地位の維持を危うくする可能性がある場合、小林は、確定判決を盾に直ちに名誉毀損・判定取消しの訴えを再度東京地裁に起して勝訴し、多額の慰謝料も得る、という可能性が格段に高まったことである。現に、東京都立大学は告発を受けて調査したが、これを危惧したためか、「小林氏の博士学位請求論文には、七か所において、『先行研究に関する言及や典拠・引用箇所を示していない等、研究倫理上、不適切な点があった』ことを認定した上で、『研究倫理上、不適切な点もあるが、原朗氏の研究業績から数行にわたってそのまま引用していた箇所はないことから、重大な不正があったとは言えない』という結論」を出し、通報者の「再審査とその公表のお願い」には「それ以上申し上げることはございません」と

「回答」したことを、「研究学術倫理に背を向けた」態度だと批判されている。[16]

3. 研究盗用の問題性と防止政策

3―1 アメリカの研究不正（盗用）防止政策

以上のように、小林が東京地裁に起こした訴訟は、その完全勝利には至らなかったが、大きな問題を残した。とくに、その盗用の判定基準は、擬装ないし隠蔽した盗用を積極的に見逃すものになっている。他方、一九八〇年代以降の新自由主義の蔓延で研究環境も過剰に競争化して研究不正行為も増えてきたため、科学研究をリードしてきた欧米諸国は、これを防止する取り組みを強めてきた。

先覚的な研究者の取組[17]にも促され、前述のように日本学術会議や文科省も今世紀初頭からその検討を進め、二〇一四年には一応の研究不正防止制度が全国的に設けられた。だが、注8で紹介した白楽氏の批判や注14で挙げた事件、またこの判決が確定されたように、その効果や枠組みはまだ十分ではない。そこで、研究不正、とくに盗用の防止政策の国際的な現状を見ておきたい。

まず、国際基準と目されている米国研究公正局（Office of Research Integrity, ORI[18]）の対盗用政策（ORI Policy on Plagiarism[19]）をみよう（太字・下線は筆者）。

Although there is widespread agreement in the scientific community on including plagiarism as a major element of the PHS definition of scientific misconduct, there is some uncertainty about how the definition of plagiarism itself is applied in ORI cases.

As a general working definition, **ORI considers plagiarism to include both the theft or**

misappropriation of intellectual property and the substantial unattributed textual copying of another's work. It does not include authorship or credit disputes.

The theft or misappropriation of intellectual property includes the unauthorized use of ideas or unique methods obtained by a privileged communication, such as a grant or manuscript review.

Substantial unattributed textual copying of another's work means the unattributed verbatim or nearly verbatim copying of sentences and paragraphs which materially mislead the ordinary reader regarding the contributions of the author. ORI generally does not pursue the limited use of identical or nearly-identical phrases which describe a commonly-used methodology or previous research because ORI does not consider such use as substantially misleading to the reader or of great significance.

Many allegations of plagiarism involve disputes among former collaborators who participated jointly in the development or conduct of a research project, but who subsequently went their separate ways and made independent use of the jointly developed concepts, methods, descriptive language, or other product of the joint effort. The ownership of the intellectual property in many such situations is seldom clear, and the collaborative history among the scientists often supports a presumption of implied consent to use the products of the collaboration by any of the former collaborators.

For this reason, ORI considers many such disputes to be authorship or credit disputes rather than plagiarism. Such disputes are referred to PHS agencies and extramural institutions for resolution.

From ORI Newsletter, Vol.3, No.1, December 1994

第二段落で「盗用とは知的財産の窃盗・不正流用であり他者の研究成果を実質的に出所不明にして逐語的に複製すること」と定義し、第三段落で「知的財産の窃盗・不正流用には、論文査読や助成金の審査などの特別な立場で得たアイデアやユニークな分析方法などの承諾なしの使用も含む」と補足し、第四段落で「他者の研究成果を実質的に出所不明にして逐語的に複製するとは、文や段落を逐語的にあるいはほぼ逐語的に出所不明にして複製して普通の読者をして書き手の貢献であると誤解させること」とも補足している。これらは、盗用の本質的説明といえるが、「逐語的に複製すること」では、逐語的盗用のみに限定し過ぎているように思える。健康福祉省の傘下組織であるので、専門用語が非常に多い生命科学関係の研究にやや偏した定義、判断基準、運用になっているのかもしれない。また、第四段落の後半で、「よく使用される方法や先行研究を記述するのに同一のあるいはほぼ同一の表現を用いることを盗用とは考えない」と、学界標準の表現・用語・研究方法を盗用認定の対象から外しているのは適切であろう。

3―2　文部科学省の研究不正行為認定事案一覧に見られる盗用認定

文部科学省は、二〇一四年八月二六日に「研究活動における不正行為への対応等に関するガイドライン」を決定し、一五年度以降「研究機関又は配分機関から特定不正行為が行われたとの報告を受けたとき」は原則として「文部科学省ホームページ上で公開」[20]している。そこで、この公表資料から、機関名がわかる一七～二〇年度の「盗用」にかかわる二六の案件（自己盗用に当たる二重投稿を二件含む）の「不正事案の概要（告発の概要、本調査の体制、調査方法、調査結果、特定不正行為と認定した理由、不服申立ての概要及び再調査結果、特定不正行為に関連する経費の支出等）」から、「調査方法」と「特定不正行為と認定した理由」を調べてみた。

「調査方法」は、当然ながら、すべての案件で「盗用元との類似性調査」を主とする書面調査と関係者からの聞取調査が行われている。「類似性調査」では、剽窃検出ソフト使用が五件、対照表作成が六件、それぞれ記載があった。

「認定理由」では、「盗用」に該当する要件を明記したのは事案番号２０１７―０９の一件のみである。「調査結果」の「判断理由」に、「不正の判断に当たり、告発者から指摘のあった個所について、盗用に該当する、盗用の可能性が高いが確定できない及び盗用とはいえない、の三つに区分し、比較・検討した。盗用に該当するのは、文章が同一であるもの、文章の論理構成が同一であるもの（キーワード・順次性が一致するもの）及び引用が不適切なもの、とした上で、以下の理由により不正と判断した」と述べている。この件では盗用元が学術書か否かも争点となり、前記「以下の理由」では主に学術書と判定した根拠が述べられている。

また、事案番号２０２０―０７では、「当該論文一編は、論理展開の類似性にとどまらず、記述された文言まで酷似している個所が多いにもかかわらず引用出典の明記のみでなく、文献リストに載せていないことから……調査比較対象論文の文章・アイデアを盗用したものであると認定した」と述べ、「論理展開の類似性」と「文献リストに載せていないこと」を「アイデアの盗用」の判断根拠に入れている（右記二段落の傍線は筆者が付した）。

その他のほとんどは、盗用の判断理由として、引用要件を欠いた「流用」・「転載」、あるいは「ほぼ同一の」・「酷似した」・「同様の」文章・記述・文言・表現、「不正な引用」などをあげている。つまり、盗用元とほとんどあるいはまったく同一の文・データを適切な引用を付さずに使用していることが根拠とされており、ほぼ逐語盗用だけを根拠に認定している。

同一ないし類似部分の量については、論考内の盗用個所数・行数、それらの相対比（%、ただし文字数か単語数かは不明）を記している報告が一二件ほどあり、「多数」・「大部分」という表現に留めているものが少なくない。

なお、審査日数（文科省「報告受理日」－最初の研究機関「告発受理日」）の平均は四六八日（一・三年）、最長は二三九五日（六・六年）、最短は一一四日であり、一年以内は一四件、一五〇日以内は一件であった。このように、文科省のガイドラインが研究不正の「判定基準」を示していないので、告発を受理した研究機関は告発者の指摘も参考にしつつ工夫しながら慎重に認定を行っていることがわかる。そのためか、「審査日数」も一五〇日に収まったものが例外で一年ほどはかかっている。多くは逐語的盗用、剽窃だけで認定しているようであるが、少数ながら、「論理展開・論理構成の類似性・同一性」と「文献リストへの不掲載」も要件に加えられている。

米国研究公正局の対盗用政策は、盗用の本質をついているが逐語的盗用に限定しすぎていると思われる。本質から見ていけば、研究不正としての盗用とは、他者の研究成果を出所不明にして自分の成果であるように見せることで、研究成果という知的財産を盗み取る行為である。よって、盗用元を隠蔽することは、その最も基本的な手法といえる。それには、適正な引用をしないだけでなく、参考文献リストや先行研究サーベイから排除することも含まれる。また、「複製」の方法も、単純な逐語盗用や全文盗用に限らず、言い換え、要約、複数の盗用の組合せ、外国語文献からの翻訳盗用、叙述順の変更、さらには研究方法や論文構成などを借用するアイデア盗用など、多様である。そして、引用元は示すが引用範囲は示さずに地の文に組み込むという不適切引用によって、読者に自己の叙述と思わせる「曖昧盗用」など、グレーゾーンを「活用」する手法もある。[21] これらの隠蔽・擬装によって個々の盗用個所だけでは判定が難しくとも、「疑わしい」個所が論旨や実証の要所にあり、またその数が多ければ、盗用と判定せざるを得ない。さらに、学位申請や学術誌投稿などに用いる研究成果物では必要かつ十分な先行研究サーベイが不可欠であるが、盗用元研究をこれに含めないことは審査要件を欠く危険を敢えて冒す行為であるので、その発覚を回避する工夫もするだろう。逐語盗用だけを追うのではなく、盗用の対象をデータ、イラスト・図、論理（構成を含む）等にも広げ、その本文中の割合や、様々な手法の盗用や盗用元の隠蔽とも組み合わせて調査すれば、時間と手間はかかるが、意図的・計画的な盗用も判定可能であろう。研究分野により研究の対象も、方法も、成果の発表方法も異なるが、この程度の一般化は可能であろう。しかし、より効率的に擬装盗用を見つけ出すには、研究分野の特徴に合わせて調査・判定方法を開発することが必要である。

以下、この盗用理解に立って、小林著書における問題点・盗用個所をいくつか例示しよう。

4　小林英夫『「大東亜共栄圏」の形成と崩壊』における研究盗用事例

以下の叙述では、論文名を簡略化して用いる。小林の「一九三〇年代『満洲工業化』政策の展開過程――満洲産業開発五ヵ年計画実施過程を中心に」(『土地制度史学』第四四号、一九六九年七月、一九～四四頁)を小林「満洲工業化」論文とし、原の「一九三〇年代の満州経済統制政策」(左記4―1の(1))を原「満州第一論文」とする。

4―1 原朗への言及

小林著書の中で「原朗」の名は一一回記されているが、うち五回は「はじめに」と「あとがき」での謝辞等であり、本文中では研究業績に関する六つの注である。満州史研究会メンバーでは、浅田が四回で、二回は謝辞、他の一回は序論での先行研究紹介、最後は第一篇第一章での参照注である。松村は三回で、一回は謝辞、二回は第三篇第六章での参照注である。謝辞のなかでは、1でも紹介したが、「本書の草稿について、特に有益な御助言と御示唆をいただいた」六名の最初に浅田、二番目に原の名を上げており、原への謝辞は質・量ともに大きい。謝辞以外は、「あとがき」の「残された課題」で挙げられている。すなわち、課題の「第一は、日本帝国主義本国の経済的動向と植民地におけるそれを有機的連繫のなかで全体として把握することができなかったことである。この時期の日本本国でのそれについては、原朗「日中戦争期の外貨決済」(掲載誌名は略す。左記の(3)に同じ)とそれに関連する論文およびこれらをふくむ「物資動員計画」、「生産力拡充計画」研究がある。ために、この点に関しては、これらの研究成果をふまえ、今後再検討することとしたい[22]」というものである。

本文中の研究業績に関連して原の名をあげた六つの注のうち、三つが日本・植民地・占領地にわたる鉱工業中心の諸開発計画に関わる節の中にある参照注で、一つが臨時資金調整法に関する参照注、他の一つが資料集解題からの引用注、残り一つが第四篇第一章第三節の第四―一表「第二次生産力拡充計画」の資料提供を受けた旨の出典注。合計四つが参照注で、一つが資料出典注、原の名を記した引用注が一つである。挙げられた業績は以下の通りで、参照範囲の指定は厳密ではないし、引用注は引用範囲が明示されていない不適切引用である。

（1）原朗「一九三〇年代の満州経済統制政策」（満州史研究会『日本帝国主義下の満州』御茶の水書房、一九七二年一月）。参照注が二回。

（2）中村隆英・原朗『日満財政経済研究会資料――泉山三六氏旧蔵』第一巻（一九七〇年）、一頁（解題）の引用注。他に「前掲」の形で二回（使用資料の出典注と二頁（解題）の引用注）、「同右」の形で二回（使用資料の出典注）ある。解題を引用した本文の付注個所には引用範囲が示されていない。典型的な「曖昧盗用」である。

（3）原朗「日中戦争期の外貨決済」（1）、（2）、（3）（東京大学経済学会『経済学論集』第三八巻一、二、三号、一九七二年四、七、一〇月所収）。日中戦争期の戦時経済統制構築に関して参照一回。他に「前掲」の形で、産金奨励政策に関する節の中で、金現送・正貨準備率に関して（1）のみを一回「二二三頁以下参照」としている。

（4）原朗「資金統制と産業金融」（『土地制度史学』第三四号、一九六七年一月所収）。第三編第五章の序文に「日本国内」に関して付された参照注一つ。他に「前掲」の形で、「台湾での資金動員政策の展開」の節中の日本での臨時資金調整法の運用に関する一文に「七〇頁」と指定した引用注が一つある。

序論は、著者の観点から先行研究を整理し、それに基づく研究課題や研究方法の設定を説明し、自己の研究成果の学界への貢献と創見を証明する土台になるもので、研究書・研究論文では重要な部分である。しかし、「はしがき」や「あとがき」と異なり、ここに原朗の名はない。すなわち、小林は、その著書に最も近い研究業績を持つ研究者の一人であって小林に「助言」や「示唆」を与え、残された課題を達成するためにも踏まえねばならないその業績を、先行研究サーベイから排除したのである。このことは、「名を記した引用注に引用部分の明示なし」と合わせて、小林が原の業績を盗用したと判断する基盤的証左となるとともに、先行研究サーベイ自体を極めて不十分なものとした。

4―2 第二篇 満州事変後の占領政策の展開／第一章満州国樹立と占領政策の展開／第二節 特殊、準特殊会社の設立（四九頁一七行～五三頁一行）

「あとがき」では自身の「満洲工業化」論文を土台としたと表明しているにもかかわらず、この節には同論文の引用も参照もなく、叙述の根拠は二つの表と一冊の戦時中の研究書からの引用二つだけである。全体として、特殊会社の制度的な説明から始め、満洲国第一期経済建設期での設立状況、設立会社の業務と経済建設綱要との類似・重複、出資内容の特徴――満洲国政府の現物出資と満鉄の資金出資を確認するという叙述構成は、原「満州第一論文」に酷似しており、「要約盗用」の疑いが濃い。しかし、満洲国初期の特殊会社に関する総括的な説明の仕方にはあまり多様性がないので断定はしない。ただ、初歩的な誤りや考察の甘さが目立っており、実証の詰めでも原「満州第一」論文との落差が大きすぎる。

4―3　第二篇　満州事変後の占領政策の展開／第二章　「満州産業開発五ヵ年計画」の立案過程／第一節　立案経緯（六六頁七行～七三頁一一行）

この節の書き出しの段落（左記）に注目する。コメントを付す箇所に番号を付しておく。

先の「幣制統一事業」に若干遅れる形で満州総合「開発」計画樹立が具体化し始めるのは一九三五年後半以降だった。①この総合「開発」計画立案の契機については後にふれるとして、②ここでは立案経緯につき述べることとしよう。「満州産業開発五ヵ年計画」立案構想は、一九三五年以降「石原構想」なる形で陸軍参謀本部内に存在していたが、③満州国内で具体的な形をとって現われるのは、一九三六年八月の「満州国第二期経済建設要綱」以降のことであった。④満州に強大な軍事工業を構築するこの計画は、これ以降、各種会議を経て、「満州産業開発五ヵ年計画」に結実していくのである。本節では、以下の叙述に必要な限りでその立案経緯を検討しよう(1)⑤

（1）　この点の詳細な経緯については、原朗「一九三〇年代の満州経済統制政策」（前掲『日本帝国主義下の満州』所収）参照（同節末の注）。

①これは、原「満州第一」論文（三―(一)―1―(1)の冒頭、五七頁一六行）の「満州第二期経済建設への動きは、三五年秋からはじまる」の言換えにすぎない。石原莞爾は、関東軍参謀として満洲事変を主導したのち、一九三五年八月に陸軍参謀本部作戦課長に就任した。そこで、長大な国境を接することになったソ連の軍拡に対抗するため、軍備と軍需産業とを増強し日満に国家総力戦体制を構築

する活動を開始した。そのためのシンクタンクの立ち上げを簡潔に説明したのが、石原莞爾「日満財政経済調査会」（極東国際軍事裁判提出文書、表題の「調査会」は「研究会」の誤り）である。原は、満鉄経済調査会や日満財政経済研究会による日・満政府に先行ないし並行した産業開発計画等の立案に関係する諸資料を発掘・分析し、この戦時統制経済の理解を飛躍的に向上させたのである。

②「契機」と「経緯」の説明順序が「満洲工業化」論文とは逆である。この逆転の根拠は説明されていない。「満洲工業化」論文での記述（2の（1）の最初の段落全部）を引用しておこう。

「当初計画立案契機は，一九三五年以降，『石原構想』なる形で，陸軍参謀部内に存していたが[1]，『満洲国』内での具体化は，一九三六年八月の『満洲国第二期経済建設要綱』をもって開始せられた．だが，当初計画立案前に，その立案契機を検討する必要がある．」（二五頁左第二段落）

③右記のように「立案経緯」の冒頭に置かれた「石原構想」は、「満洲工業化」論文で「立案契機」として扱われ、「（1）『石原構想』の『5《ママ》五ケ年計画』への結実過程については、原朗『資金統制と産業金融』（本誌第三四号所収）参照。」という注が付されている。原は、そこで①に記した石原文書により日満財政経済研究会の設立を説明している。小林は、著書の第二節「立案契機」の説明でも、この石原文書を原とは別の資料集から引用しており、上記説明の順序逆転の根拠が薄弱なことを表している。

④満洲国内での立案の動きは、次の六七頁で「関東軍の依頼をうけた満鉄経済調査会も三六年四月以降、満州の総合経済『開発』計画作成に着手し、八月には『満州産業開発永年計画』を立案した」

と述べ、矛盾がある。三六年春以来の作業成果があるから陸軍参謀本部「方策綱要」の三六年八月五日付受理から僅か五日で「満州国第二期経済建設要綱」を提出し得たと考えられる。さらに原「満州第一」論文によれば、三五年秋に陸軍省軍務局が関東軍参謀副長に満州国第二期経済建設の企画等を要請し、三六年初頭以来満鉄経済調査会は「関東軍からふたたび満州産業開発永年計画案の樹立を要望」されて「三月から七月にかけて」委員会を設け、八月初頭にその計画の立案を終了したことが実証されている。よってこの記述は誤り。

⑤この節（章）全体　注（1）の「この点の詳細な経緯」とは、「満州産業開発五ヵ年計画」の詳細な「立案経緯」のことであろう。この注は、その理解を原「満州第一」論文に委ねている。すなわち、少なくともこの節（実際はこの章）は、原論文の小林による要約であることを表している。ただし、既発表の「満州工業化」論文に引きずられたためか、事態の展開を正確に説明できていない。原は、生産力拡充計画が生産拡充計画に変質した一九四二年からの「第二次五ヵ年計画」にも言及しており、小林著書の満州産業開発計画に関する部分は、これを含めて概ね重複している。引用注ではないが、参照範囲が曖昧なので、当時最先端の「満州産業開発計画」研究のオリジナリティーを不明にする「曖昧盗用」といえる。

以上のように僅か三例であるが、⑴盗用元の隠蔽（先行研究サーベイからの除外など）、⑵要約盗用、⑶曖昧盗用、⑷叙述順序の入れ換えなど、擬装盗用の主要な手法が駆使されている。第二章の第一・第二節は、「大東亜共栄圏」の重要地である「満洲国」での戦時工業化を分析した部分で、小林著書の要所である。盗用の密度も、要約盗用と曖昧盗用によって高くなっている。これに、不適切引用と先行研究サーベイからの除外が加われば、原の研究成果を盗用したことは確実だといえる。「あとがき」で原の研究に言及したのは、その研究内容を具体的に説明・評価せずに、サーベイからの除外による奇異感を薄める効果もあろう。また、初歩的な誤りも多く、盗用を隠蔽する操作によって不自然な構成や叙述も生じ、盗用を別にしても学術著書としての出来栄えがよくない。

おわりに——研究盗用を減らすために

4—3の⑤で紹介したように、「……参照。」という参照注は、便利ではあるが「曖昧盗用」の温床にもなる。しかも「参照した」のか「参照せよ」なのか、あるいは両方なのかもはっきりしない。引用に近い性格もあるので、参照対象個所を明確にすべきであろう。ところで、4—3の③で記したように、小林は「満洲工業化」論文ですでにこの形式の参照注を使っていた。つまり、同論文を掲載した『土地制度史学』誌は、これを問題にしなかったということである。当時の他の研究論文でも、引用注を付しながら引用部分を明示しないことも少なくない。やはり、一九七〇年代の研究組織は、研究不正に敏感だったとは言えないだろう。

現在はどうだろうか。3—2で利用した文科省による「研究不正事案の公開」には二〇一五～二〇年度の六一件が挙げられており、そのうち経済史に隣接する研究分野の事案は、経済学系では開発経済学分野（2020—04）のみで、経営学系が六件、社会学系が四件、政治学系が三件である。不正行為者の職は「教授」が一番多く、「准教授」がこれに次いでいる[23]。研究不正の小さな「成功」の積み重ねが、その常習化を生んでいるのかもしれない。研究不正には早期に、研究者として自立したとされる課程博士号取得前までに、対処して立ち直らせ、必ずしも十分ではない研究能力の高い人材を出来るだけ減らさぬようにすることも重要だと思う。

ところで、学会誌での論文掲載は、博士学位や研究教育職を獲得するためにほぼ不可欠の条件であり、学会の研究規範遵守の制度化は重要だと思われる。2の終わりの方で、また注7で述べたように、今世紀初頭から日本学術会議や日本政府・文科省は研究公正を推進し始めたが、白楽氏によれば、学会での研究公正の取り組みはまちまちである。[24] 経済史系主要三学会で倫理憲章を定めたのは二〇二一年五月現在「政治経済学・経済史学会」だけであり、他学会は執筆要領や投稿規程、あるいは会則などでも研究規範の遵守を明記していない。学会がその研究規範遵守の宣言などを掲げることは大切であるが、研究大会報告や掲載論文の質保証の向上はより重要であろう。中核的学会ないし学会連合等で、その研究分野の特徴に応じた研究規範を明確化し、研究不正・盗用の防止方法を具体化していくことが望ましい。

投稿論文等のレフェリーは、主に学界への新たな貢献の有無を調べるが、様々な研究上の工夫や過誤も洗い出して編集会議に報告する。その一環として盗用の有無等の最低限のチェックも行った方が良いだろう。とくに、先行研究の正確なサーベイや参考文献リストの完備のチェックなどは、学界への新たな貢献を確認する上で不可欠の作業であるし、研究規範遵守状況の判断にも資する。レフェリーの負担を軽減するため、剽窃検出ソフトによるチェック結果を査読の参考資料として提供すること、さらにはレフェリーが研究不正の可能性ありと判断した場合には別途調査組織で精査することなどは、十分考えられる。

最後に、すでに定年で大学を退職した小林氏には、「『大東亜共栄圏』の形成と崩壊」の出版時に「原氏の業績をどのように理解し評価していたのか」とともに、「研究者・大学人として本当に充実した人生であったか」を問いたい。もし、後者が肯定出来ないのなら、その経験と実感を若い世代に伝えて頂きたい（この段落だけ敬称を付す）。

以上

注

1 後述するように、司法レベルでは、小林氏の行為は剽窃とまでは言えないとしている。しかし、筆者は、芸術や芸能をも含んで対象は広いがアイデアや研究を十分に保護しない著作権法ではなく、研究規範から見て研究盗用だと判断している。

2 小林英夫『「大東亜共栄圏」の形成と崩壊』御茶の水書房、一九七五年一二月二〇日、Ⅲ頁

3 同前書、五四三頁。

4 堀が小林の盗用を確信した経緯は、原朗『創作か盗作か――「大東亜共栄圏」論をめぐって』（同時代社、二〇二〇年二月二〇日）所収の堀の三つの「意見書」のうち、最初の二〇一五年一〇月一日付の「第二部　原朗氏・小林英夫氏の研究と私」（二一一～二二二頁）で説明されている。

5 ここまでの経緯の説明は、おもに原前掲書「一　回想――三十代前半までの私の研究」（二四～六〇頁）による。

6 原前掲書、六二～六三頁。なお、同書は、地裁と高裁の判決も掲載しているが、その主文と「当裁判所の判断」以外は、紙幅の抑制のためか省略されている。「『原朗氏を支援する会』ウェブサイト」（https://sites.google.com/view/aharashien/ホーム）には全文が掲載されている。両判決の「当裁判所の判断」に対しては、同書Ⅴ・Ⅵ章で、原と堀が丁寧に批判している。

7 原前掲書、六九～七二頁。なお、学術会議は、国内外での科学研究上の不正行為が増加している事態を受け

て、二〇〇二年一一月以降「学術と社会常置委員会」において「捏造、改ざん、盗用等、不正と見なすべき行為（scientific misconduct）とその防止・対応策に限って問題を提起し、今後の検討の材料」にすることとした（学術と社会常置委員会報告『科学における不正行為とその防止について』日本学術会議、二〇〇三年六月二四日、一頁）。そこでは、盗用は「plagiarism：他人のアイデアやデータや研究成果を適切な引用なしで使用」（同文書、五頁）としている。原は、この定義を採用している。

8　この文科大臣決定でもその元となる二〇〇六年八月の同省科学技術・学術審議会研究活動の不正行為に関する特別委員会報告でも、盗用の定義は「他の研究者のアイデア、分析・解析方法、データ、研究結果、論文又は用語を、当該研究者の了解もしくは適切な表示なく流用すること」である。これに対して、『科学研究者の事件と倫理』（二〇一一年、講談社）の著者であり、研究公正に関する著述が引用されることの多い生化学研究者の白楽ロックビル氏は、氏のウェブサイト（https://haklak.com/page_plagiarism.html）で「『アイディア、分析・解析方法、データ、研究成果、論文』の範囲がわからない、『用語』は何を指すのか、『適切な表示』とは具体的に何をどのようになのか、『流用』とはどの程度なのか、わからない／現場の研究者は困惑する。大学・研究機関がネカト調査をする場合、判断の振れ幅が大きく、ネカト調査委員の胸先三寸で決まる部分が大きい。これでは、定義もルールも価値が低い。威厳がない」と批判している（氏のウェブサイト＞2―2盗用のすべて＞●2．【盗用ルール】）。

9　研究補助金などの申請書類に記された着眼点や研究方法、研究結果の予測などのアイデアは、採択されない場合はもちろん採択された研究でも、そのアイデアの内容が正式に公表されるまで、「既出」とされないと思われる。審査員は公表前にも自分の研究に利用することが可能だろうが、そのアイデアを用いた自己の研究成果を公表する時には、当然、発案者の権利を尊重して適切に引用すべきだろう。なお、この点は後述する米国研究公正局がすでに指摘している（前掲、白楽ロックビル氏のウェブサイト＞●2．【盗用ルール】＞《1》盗用の基本ルール＞★

米国の盗用ルールと日米比較）。

10　研究「盗用」の対象はアイデアやデータ、画像、研究成果物等も含まれるが、「剽窃」のそれはほぼ文章に限られ、「盗用」のごく一部でしかない。それを区別しないのは、問題の文章表現への矮小化である。

11　東京高等裁判所判決（平成三一年m第七一五号謝罪広告等請求事件）二〇一九年九月一八日言渡し、一七頁。

12　同前。

13　個々の論点に関する裁判所の判断に対しても、すでに、原前掲書の「東京地方裁判所判決批判」（同書、三八一～四七〇頁）及び「東京高等裁判所判決批判」（同書、五〇五～五二一頁）において批判が示されている。

14　丸山智（文科省研究公正推進室長）「公正な研究の推進に向けて」（学術振興会・公正研究推進協会主催「文部科学省研究推進事業第3回研究公正シンポジウム」二〇一九年九月九日）での来賓挨拶資料、三頁。しかし、「特定研究不正」ですら、定義に問題を残しており、判定基準は何も示していないという重大な弱点がある。

15　例えば、白楽氏のウェブサイトには、長崎大学河合孝尚准教授を代表者とする「医療分野における研究不正行為に関する意識調査及び心理的要因分析」において白楽氏のブログが盗用された件（https://haklak.com/page_kawai_plagiarism.html）、さらに名古屋大学が二〇二〇年二月二八日に授与した博士（教育学）の申請論文における盗用疑惑の件（https://haklak.com/page_2020_nagoya_plagiarism.html）もある。

16　前掲「『原朗氏を支援する会』ウェブサイト（https://sites.google.com/view/aharashien/ホーム）、二〇二一年六月一日二〇時アクセス。

17　白楽ロックビル氏はその一人といえ、同氏の研究規範に関する著述や講演については、氏のウェブサイト内の「0-1. 白楽の「研究規範」関連文章・講演」（https://haklak.com/page_Bunshou_kouen.html）を参照されたい。その「学会発表」に挙げられている「松尾未亜、白楽ロックビル（二〇〇二）「バイオ研究者の事件にみる研究費の問題と改善」研究・技術計画学会、第一七回年次学術大会、講演要旨集四八七〜四九〇頁、東京」は、注7で紹介した日本学術会議常設委員会報告にも引用されている。

18　一九八九年三月に米国の健康福祉省国民健康局に設けられた科学公正局（Office of Scientific Integrity）の発展的後身組織。健康福祉省の研究補助金を得た研究の不正を取り締まっている。（白楽ロックビル「海外の新事例から学ぶ『ねつ造・改ざん・盗用』の動向と防止策」『情報の科学と技術』六六巻三号、一〇九頁（二〇一六））

19　https://ori.hhs.gov/ori-policy-plagiarism, 二〇二一年四月一二日一三時アクセス。

20　文部科学省ホームページトップ＞科学技術・学術＞科学技術関係人材の育成・確保＞研究活動における不正行為への対応等＞研究活動における不正事案について＞不正事案の公開について（https://www.mext.go.jp/a_menu/jinzai/fusei/1360482.htm）（二〇二一年二月一五日九時半アクセス）。

21　白楽氏のウェブサイトの「2―2　盗用のすべて（https://haklak.com/page_plagiarism.html）」の最初に「●1.【盗用の種類】」が置かれ、処罰される九種に自己盗用と過誤三種を加えて説明されており、この段落はこれを参考にしている。

22　小林前掲書、五四四頁。

23　すでに研究不正事件の定量分析があり、白楽氏のウェブサイトにも「ネカト・クログレイ事件集計（二〇一九年日本編」（https://haklak.com/page_ffp_statistics_jp.html）がある。

24　白楽氏のウェブサイト（https://haklak.com/page_plagiarism.html）の「2．盗用ルール」《4》学会の盗用ルールと解説」。好事例として、日本化学会の「会員行動規範」の関連条項も紹介されている。

（立教大学名誉教授）

＊『立教経済学研究』（第七五巻第二号、二〇二一年一〇月）より関係者の了解を得て転載。

〈4〉 柳沢 遊

本棚 原朗『創作か盗作か――「大東亜共栄圏」論をめぐって』

本書は一九七〇年代から今日にいたる日本の社会科学と知的な世界の変貌、司法界の劣化を二人の「学者」の対照的な学問遍歴を通じて問うた問題提起の書である。情報社会の過度な発達により、「論争的なもの」が多くの市民に忌避されるようになった日本社会において、政治システムの劣化だけでなく、「司法の劣化」までも進展し、市民生活を支える「学問の独立」の根底が危機に立たされている可能性を、本書は示唆している。

本書は、Ⅰ部からⅥ部まで、「回想――三十代前半までの私の研究」「裁判に明け暮れた七十代後半「四つの『意見書』」「法廷に立たされて」「驚くべき東京地裁判決」「さらに驚くべき東京高裁判決」の六部構成でなりたっている。

「はしがき」は、著者が、本書を著すきっかけとなった事件のことを手がかりにして、一九七五年から二〇二〇年まで著者の研究者として受けた苦難の歴史が描かれる。かつて、論文剽窃事件にあった著者が、二五年後にその被害のことを書籍で明らかにし、さらに退職記念講義でそのことの重要性を指摘したところ、論文剽窃を行った本人が、著者を「名誉毀損」のかどで訴えるという事件の経緯が、著者の苦悩を交えて述べられる。

第Ⅰ部の「一 学問への旅立ち」は、著者の研究者としての研鑽過程がテーマである。満州史研究会という共同研究、著者が研究者の初発に行った資料収集への旺盛な努力、査読付きの学会誌に掲載しうる研究論文作成の道のりが詳述される。「二、一九七四年度土地制度史学会大会共通論題報告」では、著者が属していた経済史系学会の運営体制が不安定ななか、一九七三年度大会から「共通論題」の廃止問題が台頭しつつあり、理事会の対立構図のなかで、若手研究者であった著者が、異例にも大会の共通論題の組織者にならざるを得なかった経緯が述べられる。小林英夫氏が、共通論題の報告者の一人に選ばれたが、学会誌への一括掲載には、理事会内部で強い異論があり、ようやく一九七六年四月号に掲載されることになった経緯が述べられ、以後二五年間の著者の沈黙の理由の一端が明らかにされる。

「三　小林英夫『「大東亜共栄圏」の形成と崩壊』の出現」では、七四年度大会の共通論題報告者である小林英夫が、著者が共通論題準備過程で配布した資料、先行研究など史料的基礎の面でも論理構成の面でも、著者が重要視し強調していた内容を剽窃した書物が、一九七五年一二月に公刊された時の当惑、苦悩が述べられる。著者は自らの研究書の刊行を断念し、「一人の人命と学問全体との軽重の判断」についての懊悩・熟慮のすえ、盗用行為の告発を断念した。著者は、「匿名の思想」にたつ共同研究への参加と、次世代研究者の育成・指導に務める方向に転換した。二〇〇一年に若手研究者育成のための書籍として、リーディングス『展望　日本歴史』二〇巻「帝国主義と植民地」に著者の「大東亜共栄圏の経済的実態」が掲載されたとき、その「追記」で、著者は小林氏の盗作の事実を記述したが、小林氏は学会会場での著者に謝罪し、その後も抗議は全くなかった。著者は、これを受けて二〇一二年の最終講義で、以上の経緯をふまえて、論文盗用の事実、その経緯につき解明した。

「II　裁判に明け暮れた七十代後半」は、「一　原告小林英夫「訴状」の内容と争点」「二　被告原朗「陳述書」の内容」「三、「争点対照表」作成とその問題点」から構成される。「一」では、小林英夫氏の「訴状」の内容が紹介され、それへの反駁をしている。二〇〇一年の「追記」に関して、著者に対して「先生ごめんなさい」と明言した事実を隠し、二〇一三年時点で翻して「原告の社会的評価を低下させる名誉毀損だ」としていることの不当性を述べている。

「二 被告原朗「陳述書」の内容」では、長文の陳述書が、五点に絞って要約される。とくに、「第2 原告著書が被告の見解を盗用・剽窃した事実」では、かなり詳しく盗用の内容、手口、「争点対照表」の問題点が詳述されている。ここで注目されるのは、原告が作成した「争点対照表」が、被告である著者の四倍に達していたこと、それにもかかわらず「被告の再反論」は、地裁裁判長の判断で認められなかったことである。「原告の反論」が記入されたのは「二〇一七年五月一〇日」であるのに、「被告の主張」の記入時点は、「二〇一五年一二月二日」「二〇一六年九月一三日」になっていることの不平等性である。

「Ⅲ 四つの「意見書」」には、松村高夫慶応義塾大学名誉教授および堀和生京都大学名誉教授の「意見書」が掲載されており、この裁判の背景にある学界事情や、盗作事件の背景を知るうえで、有益である。松村意見書では、盗作事件の背景となった「満州史研究会」のリアルな様子がうかがわれ、堀意見書からは、小林氏と原朗氏の研究内容と問題意識の相違がそれぞれのほかの研究論文からも明らかにされて、一九七五年に『「大東亜共栄圏」の形成と崩壊』が、刊行されることの不自然性が立証されている。

「Ⅳ 法廷に立たされて」では、「証人堀和生証言 主尋問」と、「被告本人原朗供述 主尋問」の二つが収録されている。前者では、堀氏が、「原さんの研究は、日本の貿易、投資、対外決済という国際関係や、日本帝国内部の構造、物資動員や交通、日本内地の経済統制、金融統制等、広範な領域、まさに日本帝国の膨張と解体の全領域にわたって、開拓者の仕事として位置づけられています」という研究史上の位置を述べて、原朗学説の独自性と先駆性を説明している。

後者では、原朗氏が、共通論題報告を行って、第一報告者（原）が、第二報告者（小林）を告発した時に、学会の理事会メンバーが辞任する事態に陥った可能性を述べている。

「V　驚くべき東京地裁判決」では、二〇一九年一月二一日に、東京地裁が出した判決の内容紹介とそれへの批判が行われている。判決では、被告（著者）の主張を退けて、「先行研究に依拠せずに単に同一の項目について記述したことを剽窃と表現する用法が一般的であるといえず、そのように解すべき理由もない」と判決文で主張している（三六六頁）。地裁判決では、「大東亜共栄圏の始期から終期までの期間、同圏内での投資、貿易、金融の各分野の問題について論じる点」は、小林、原に共通するが、「大東亜共栄圏の同期間における上記各分野を問題とした論述を行うこと自体は、何人でも行いうるものであって」剽窃といえないと断じる。これに対する批判は堀「意見書Ⅳ」と原「陳述書Ⅲ」で行われ、「控訴理由書」の概要が示されている。「誰でも行いうる」という判決の決めつけが有する問題点を詳述する。「被告原朗の全体構想、課題設定、研究方法等の学術的見解は、氏の一〇年におよぶ研究研鑽の結果として到達・構築したものである」ことを堀「意見書Ⅳ」は詳細に明らかにし、地裁判決は、学術研究における課題の設定から結論に至るまでの研究蓄積の意味について全く理解していないと批判している。民事裁判と学界とでは、判断基準が異なるといえ、そのギャップは、予想を超えたものであったとし、以下、「学界における剽窃審査のあり方」と「司法における剽窃審査」のそれぞれについて論述し、地裁判決は、「争点対照表」以外に提出された原告側五二件、被告側七六件の証拠について、吟味すること無く、「学界では通用しない基準と方法を独自につくりあげ、学界では想像もできないような判決を下した」とする。研究不正は、これまで学界内における基準と手続きによって行われてきたが、もし地裁による原判決が確定すると、裁判官が独自の基準に基づいて判断を下すことになり、研究機関や学会で研究不正を行ったものが、それを裁判で覆す途が開かれることになるという危惧がのべられている。「Ⅴ」の「三 原告剽窃行為新証拠の提出（二〇一九年五月一七日）」では、堀和生氏の未発表論文「小林英夫氏盗作行為の起源」が冒頭に掲載される。それによれば、原告である小林英夫氏が一九六六年七月に公刊した「元山ゼネスト――一九二九年朝鮮人民のたたかい」という論文が、北朝鮮の学術雑誌に発表された尹亨彬（ユンヒョンビン）「一九二九年元山労働者の総罷業とその教訓」（『歴史科学』一九六四年二号）の剽窃であることを明らかにしている。その剽窃箇所は、本論そのものの叙述にかかわる部分であり、尹論文と重複する比率は、文字換算で四八パーセントに達しているという。本論そのものの叙述にかかわり、出典を本文中に明記しないというこの論文と同様の手法で、執筆されたのが、『「大東亜共栄圏」の形成と崩壊』であると、堀氏は述べている。

「Ⅳ さらに驚くべき東京高裁判決」では、二〇一九年九月一八日に言い渡された東京高等裁判所の判決内容とそれへの批判が述べられている。本判決は、判決主文は、地裁判決と同一であるが、「地裁より著しく高い立証責任を控訴人（私）の側に負わせるもの」であった。たとえば、判決はいう。「歴史研究において、歴史的事実として確立されるための手順や歴史研究者の一般的な研究の在り方が、控訴人の主張するとおりであり、先行研究の指摘とその明示が論文の叙述において基本的事項であることが認められるとしても、先行研究の指摘と明示が遵守されない場合には、直ちに剽窃・盗用と判断されることが一般的であるとまではいうことができない」（四九四頁）。このように、争われている論点の一つ一つについて、剽窃「とまではいえない」ことを繰り返し、剽窃した側の研究形成過程の証明責任を、控訴人（著者）に要求するという、独特の論法が用いられて、これまで学術界で行われてきた「剽窃」「盗用」の定義を無視した判決が出されてしまったのである。判決は、小林側の研究開始時点を、一九七五年八月と認定した。刊行されたのが一二月二〇日であるから、わずか四ヵ月足らずの間に、五四五頁の「大著」が、構想・執筆・校正・印刷・製本のすべての過程を経て、刊行されたことになるが、常識的にみて、四ヵ月の間にこのような研究書を公刊するのが不可能であることは、研究者のみならず、出版社の大半が理解することである。このように、高裁判決自体が法的常識はおろか、一般的常識を欠如したものになったと著者は主張する。

「むすび　学問と裁判――「学問の自由」と「学問の独立」」では、早稲田大学が創立三〇年の一九一三年に大隈重信が声明した「早稲田大学教旨」で、「早稲田大学は学問の独立を全うし学問の活用を効し模範国民を造就するを以て本旨と為す」と述べていたことを引き、小林氏の裁判所への「訴状」提出行為は、学問世界の中で、学術的討論を経ずに司法にその判断を委ねたという意味で、「学問の自立」「学問の自律」に反する行為であったと主張する。

以上のように、本書は、「「大東亜共栄圏」の経済的実態」（一九七四年大会報告）と『「大東亜共栄圏」の形成と崩壊』（一九七五年）との関係について、後者が、前者の構想、図表、叙述を剽窃したがどうかをめぐる、「名誉毀損」裁判の推移を中心に置きながらも、個人対個人の次元を超えて、二〇一三年から二〇二〇年にいたる「学問世界」と「司法世界」の齟齬の事例を通して、現代日本における「学問の独立」の存立基盤の動揺を学界に問うた書である。そこには、学会における権威主義的な人間関係の作用、「共通論題」の緊急代理を実行して一学会の存続をはかった一研究者の捨て身の行動、共同研究の場を巧妙に利用した「業績」作成、「学問」と「生命存続」の二者択一の苦悩、論文執筆の作法を身につけないまま大学教員になった人間の末路など、今日の私たち自身に戻ってくる論点が多数ちりばめられており、日本社会における学問と学者の現在を再考させられる。

（慶應義塾大学名誉教授）

＊　東京自治問題研究所『月刊東京』四一三号（二〇二〇年五月）「本棚」から転載。

〈5〉 西川純子

論文の作法

論文を書くには作法というものがあるが、それを私に最初に教えてくれたのはチャペル先生だった。先生は、「論文にはオリジナリティが必要です」と言われた。ついで「オリジナリティを証明するために註をつけるのです」と言われた。チャペル先生は津田塾大学の英語の先生だった。博士とか教授とか肩書きの人ではない。先生がどんな論文を書いておられたのかも私は知らない。しかし、先生の教えはどんなマニュアルよりもわかりやすく、要点を突いていた。

私は津田塾を卒業してから出版社勤めを経て東大経済学部に学士入学したのだが、ここには論文の書き方など教えてくれる人は誰もいなかった。大学院に進んでからも同様であったから、他人の書いた論文を見よう見まねで修士論文を書くほかなかった。この過程で気がついたことがある。それはオリジナリティのある論文を書くことの難しさと、その難しさをすり抜けるために註を上手に用いる技があるということであった。オリジナリティがなくても、註の書き方によってあたかもそれがあるかのような印象を与えることが可能になるのである。例その（1）、先行研究があるにもかかわらず、そのことを故意に註記しない。例その（2）、あまりに多くを先行研究に依存していることを隠すために註記の数を最小限にとどめる。例その（3）、先行研究が使っている一次資料を自分も見たかのようにファイルの分類番号まで註記する。いずれもチャペル先生が聞いたら、「いけません」と顔をしかめて、手が背後にまわる仕草をしそうな手口である。

私が大学院にいたのは一九六〇年代のことだから、今日とは事情が違うかもしれない。今は海外にある一次資料でも簡単に手に入る時代だから無断孫引きは減っているであろう。学術誌もレフェリーの審査を条件とするのが当たり前になっている。しかし、それでも論文や著書の盗作・剽窃が後を絶たないのは、論文の作法を知らない人、知っていて知らないふりをする人がいるからだろう。

この問題を改めて考えさせてくれるのは、目下係争中の学術研究盗作裁判である。盗作裁判とあれば、盗作された方が盗作した方を訴えるものと相場が決まっているが、この場合には盗作したと疑われる人物が原告となり、盗作されたと疑われる人物が被告として訴えられるというアベコベ現象が話題となった。しかも、裁判の結果は東京地裁の一審、東京高裁の二審ともに被告の敗訴であったから、話題は一層沸騰したのである。被告は現在、最高裁に上告中である。

ことの起こりは、二〇〇九年、原朗氏が東大定年の後に勤務した東京国際大学を退職するに際して行った最終講義であった。私もその記録を読ませてもらったが、「開港百五十年史――小江戸・大江戸・そして横浜」と題した最終講義は発想、構成、語り口すべて申し分なく結構なものであった。しかし、最後にハテと思ったのは、原氏が一息おいて講義の内容とは関係のない話に切り替えたからである。「さて最後にここでもうひとつ申し上げておきたいことがございます」と切り出した原氏は次のように述べた。「私が十分に研究に専念することができなかったひとつの理由として、一九七五年のことですが、私の作品の一つが他の研究者によって剽窃された際、その研究者が学会において果たしていた役割に配慮して、盗用を公然と指摘することをためらったことがあげられます。まだ公刊されていない自分の論文の構成を、ほとんどそのまま他人の著作の編別構成に利用されてしまったのですが、その結果、私は自分の最初の著作を著書として公表することも学位を申請することも断念することになり、以後私は学会における倫理の欠如と売名行為の横行に暗澹たる気分をいだいたまま、一切単著を出版せず、ただ共同研究の編集や資料集の出版のみに終始する態度を維持して今日に至ったのです。」そして思い切ったように、原氏はその研究者の名前を明かした。早稲田大学の小林英夫がその人である。

それから四年後の二〇一三年六月、小林英夫は名誉毀損のかどで原朗を告訴した（以下敬称略）。小林の訴状理由は以下のごとくであった。「他人の研究業績の『剽窃』『盗用』という行為は、アカデミズムの本質から、学界においてもっとも嫌悪される行為とされ、『剽窃』『盗用』したとの評価を受けた研究者は、過去の研究業績を否定され、その後、他の研究者との共同研究を行えなくなるなど、研究者生命に致命的な悪影響を受けることとなる。したがって、本件摘示事実の摘示は、およそ原告の築いてきた社会的、経済的地位を根こそぎに減殺するに等しい、著しい損害をもたらす深刻な名誉毀損行為といえる。」本件摘示事実とは、もとより原の最終講義での発言のことである。

名誉毀損とあるからには、剽窃の有無についてまずは真実が明かされなければならない。東京地裁による裁判が始まったのは二〇一八年二月、原告から被告に告発状が送られてから五年が経過していた。この間に原被告が準備した証拠書類は膨大な量に及んでいた。書物なら優に一冊の分量を超えていたであろう。しかし、これを読む者がもっと驚いたのはその中味である。小林の「剽窃」は無断引用と無断借用もさることながら、原が独自に練り上げてきた「大東亜共栄圏」研究の構想をそっくり頂戴するという世にも稀な行為だったのである。これは裁判があって初めて知り得た小林の犯罪的行為の全容であった。小林は裁判を起こすことによって自分の犯した罪を天下に晒したことになる。

一九七五年十二月に小林が出版したばかりの『「大東亜共栄圏」の形成と崩壊』と題する書物を原に手渡した時、原は信じがたいほどの衝撃を受けたという。原が前年の土地制度史学会の共通論題で行った報告「『大東亜共栄圏』の経済的実態」とこの本は生き写しだったからである。原にとってこの報告は、当時並行してすすめていた「日本戦時経済」分析と「帝国主義下のアジア」分析に並んで日本帝国主義研究の三部作の一つに位置づけられるものであったから、これが小林によってすっぽり切り取られることは、原がそれまで積み上げてきた周到な研究計画の崩壊を意味したのである。共通論題では、小林も報告チームの一員として植民地の「工業化」問題に関する報告を行っていた。

原はなぜこの時、小林の剽窃行為を告発しなかったのだろうか。証拠は十分すぎるほどあったはずである。彼自身の説明によれば、理由の一つは土地制度史学会の内紛にあった。共通論題の報告が剽窃されたとあっては理事会の面目が立たず、ひいては学会の崩壊につながりかねないことを彼は恐れたのである。もう一つの理由は小林への慮りである。小林も訴状で述べている通り剽窃の罪は重いから、若くして学会を追放され、野たれ死にする小林を原は見たくなかったのだろう。そう考えれば、学会の問題が収束しても原が告発に踏み切ろうとしなかった理由もうなずける。ではなぜ原は四〇年も経ってから小林の剽窃を公にしたのだろうか。彼はこれを学問を志す後進にたいして、剽窃がいかに犯罪的で学問の倫理に反するかを実例をもって示すためと説明している。

東京地裁が判決を言い渡したのは六年後の二〇一九年一月であった。この間に原の側には強力な助っ人が現れた。原と小林を学問的によく知っている堀和生氏と松村高夫氏が、一九七五年以前にさかのぼって原と小林の全業績を比較検討した上で、小林が原の報告に接するまで「大東亜共栄圏」という問題意識すら持っていなかったことを証言したのである。私を含めて法廷の傍聴席に集まった人間は、原被告の勝訴を疑わなかった。それだけに裁判長の代理が「被告は、原告に対し、二百二十万円及びこれに対する平成二五年三月一五日から支払済みまで年五分の割合による金員を支払え」と読み上げた時は、一瞬何のことかわからなかったのを覚えている。

裁判官はものの見事に小林の巧妙な手口に騙されていた。裁判官は被告側が挙げた剽窃の例証を原告の言い分に従って一つ一つ潰しているのである。参考人の意見書などは読んでもいないのであろう。極め付きは、被告が先行研究で示した構想のオリジナリティを否定していることであった。何人も構想する自由を持ち合わせているというのがその理由である。裁判官は学問研究におけるオリジナリティを空想や思いつきの類と心得ているのだろうか。被告のオリジナリティは一〇年間にわたる一次資料の渉猟と、克明なノート作りと、精緻な解析力あっての産物なのである。

原のまわりでは控訴を望む声が強かった。こんな裁判はもう止めたほうがよいと言ったのは私ぐらいなものである。論文を書いたこともないような裁判官に盗作問題の判定を委ねることが土台間違いなのだと私は思った。しかし、これはいささか思慮を欠いた発言だったかもしれない。そんなことは誰よりも原氏自身が承知していたであろうからである。本来は学界の審査に委ねるべき「剽窃問題」を「名誉毀損問題」に置き換えて司法に訴えたのは小林英夫であった。売られた喧嘩は買わねばならないのである。

高裁の控訴審判決が出たのは八ヵ月後の二〇一九年九月であった。判決主文は「本件控訴を棄却する」である。高裁の裁判官は少なくとも堀証人の陳述書は読んだらしい。しかし結論において一審となんら変わらなかったのは、堀の証言の信憑性を疑ったからである。堀は公平で客観的であるべき第三者たりえないというのである。判決文はその理由を述べていないが、裁判官が言及していない松村の陳述書の方を読めば、裁判官が堀証言を疑うにいたった事情が納得できる。裁判では公判が開かれるまでの準備期間に原告と被告の間で準備書面の遣り取りがあるが、松村によれば、この過程で追い詰められた小林が、原に近い立場にある松村と堀が結束して政治的・イデオロギー的な個人攻撃を仕掛けているのだと、裁判官に訴えたのだという。裁判官がなぜ証人の実証よりも小林の戯言を信じたのかはわからない。しかし、この判断は裁判官として著しく公正を欠くばかりか、学問に対する冒涜だと私は思った。

二審判決はこれまで裁判に懐疑的だった私の立場を一転させた。こうなったら最高裁まで行って日本の司法が学問とどう対峙するのかを見届けなければならないと思ったのである。最高裁での「盗作裁判」は、売られた喧嘩を買うためではなく、日本の司法が学問にどのように対峙するかを憲法に照らして確かめるための裁判のはずである。

過去には家永教科書裁判の例がある。最高裁が審議差し戻しを宣告しないとは限らないのである。しかし、結果はどうあろうとも、最高裁の判決で盗作問題が解消するわけではない。問題の決着はあくまで学界において、専門家による第三者審議会を構成することによって果たされなければならないと思われる。

そのために、このほど原氏がまとめられた裁判の記録がまたとない資料となるであろうことは疑いない。記録の題名は『創作か盗作か――「大東亜共栄圏」論をめぐって』（二〇二〇年二月）、出版したのは同時代社、出版に尽力したのは栗原哲也氏である。私もこの小文で参照させてもらったが、事件の発端から高裁の判決までがこの本を読むと実によく分かる。残念なのは著作権の関係で小林氏の陳述の記録が載っていないことだが、それは小林氏が自分の文章で公にすべきものであろう。小林氏には裁判所の判決によって身の潔白が証明されたなどと思ってもらっては困るのである。

（獨協大学名誉教授）

＊　東京大学経友会『経友』二〇七号、二〇二〇年六月号より関係者の同意を得て転載。

〈6〉 萩原 充

五〇年前にさかのぼる事件——原朗著『創作か盗作か 「大東亜共栄圏」論をめぐって』

——研究のモラルを教示するとともに、多くの問題を投げかける

「事件」は五〇年前にさかのぼる。当時、東京大学助手であった著者は、A氏（大学院生）の来訪を受ける。専門分野の近い二人はすぐに意気投合し、共同で研究会を組織し、学会での共通論題の報告を準備する。その準備をリードしたのは年長の著者であり、A氏に対し準備原稿だけでなく、研究上のアイデアも披瀝している。

ところが、学会報告を経てその内容が論文として掲載される前に、A氏は五〇〇頁を超える著書を出版するが、それは著者によれば、自らの研究の多くを盗用したものであった。驚いた著者ではあったが、混乱を恐れてその事実を公表せず、今までの研究分野から手を引く。

それから三〇数年を経た後、著者は学生に盗用禁止を訴えるため、本件を勤務校の最終講義で明らかにする。これに対し、A氏は名誉を著しく毀損されたとして、著者を東京地裁に訴える。こうして、両氏のあいだで法廷闘争が開始された。

本書はこの七年に及ぶ裁判を著者の側から描いた記録である。ちなみに、一審および控訴審の判決では、いずれも原告（A氏）の勝訴となっており、被告（著者）は現在、最高裁に上告中である。

著者の原朗（東京大学名誉教授）は、戦時日本の大東亜共栄圏に関する優れた研究を示してきた。一方のA氏すなわち小林英夫（早稲田大学名誉教授）は、盗用が疑われている『大東亜共栄圏の形成

と崩壊』（御茶の水書房、一九七五年、増補版、二〇〇六年）をはじめ、日本の植民地に関する多くの著作を有する。

この著名な二人の争いであるが、学界の注目を集めた理由はそれに止まらない。盗用が単なる字句の剽窃にとどまらず、研究のアイデア全般に及ぶものであり、それだけに過去に類をみない、特異な裁判だからである。

本書のページの大半は裁判所提出文書（被告陳述書、証人意見書、控訴理由書など）からなる。そのうち堀和生（京都大学名誉教授）の「意見書Ⅲ」は原告著書の一〇五の論点ごとに盗作か否かを考証しており、その緻密さはあたかも学術論文を読む思いである。

とはいえ、本書は単なる裁判記録にとどまらない。研究を志す者には、論文作成に際しての作法や研究モラルを教示しており、一般の読者に対しては、成果を巡って熾烈な競争が展開される学界の状況を垣間見せてくれる。また、学術研究に関する事案に対し、司法機関がはたして適格な判断を下し得るのかという問題も投げかけている。

しかし、本書を法廷推理ものと期待する読者には不満が残るかもしれない。と言うのは、本書に原告（小林側）のオリジナルの文書が含まれないため、双方の主張をもとに読者自ら判決を下す醍醐味を味わえないからである。そもそも小林が原に無断で著書を刊行したのは何故か？　いったんは謝罪したとされる彼がなぜ後に名誉毀損で原を訴えたのか？　本書になお残る疑問を明らかにするには、小林からの反論を待つしかない。

（釧路公立大学名誉教授）

＊　Ｗｅｂ版「週刊読書人」二〇二〇年六月五日号より関係者の同意を得て転載。

〈7〉 老川慶喜

研究倫理と研究不正

「創作か　盗作か」というやや刺激的な表題をもつ本書（原朗著、同時代社、二〇二〇年）は、原朗氏と小林英夫氏との二〇一三年七月以来七年にもわたった裁判の記録である。改めて紹介するまでもなく、お二人とも著名な経済史家で、多くの業績を残されている。

ことの発端は、今から四五年も前の一九七五年にさかのぼる。この年の一二月、小林氏は『「大東亜共栄圏」の形成と崩壊』（御茶の水書房）という大著を出版し、原氏の研究室に届けた。当時学界で高い評価を受け、小林氏の出世作ともなった同書が、実は同氏の「創作」ではなく前年の一九七四年一〇月に開催された土地制度史学会（現在の政治経済学・経済史学会）秋季学術大会における原氏の共通論題報告「『大東亜共栄圏』の経済的実態」の内容を「盗作」したものであったというのである。土地制度史学会の共通論題報告では、小林氏も報告者の一人として登壇し、「一九三〇年代植民地『工業化』の諸問題」という報告を行っている。なお、共通論題全体のテーマは「一九三〇年代における日本帝国主義の植民地問題」で、原、小林両氏の報告と、当時早稲田大学の大学院生であった高橋泰隆氏の「日本ファシズムと『満州』農業移民」という三本の報告からなっている。

土地制度史学会は、この三本の共通論題報告を一九七六年四月に刊行された学会誌『土地制度史学』（第七一号）に一括掲載した。原氏が学会報告をしたのは一九七四年一〇月、その報告が雑誌に掲載されたのが一九七六年四月であったから、「盗作」をしたとされる小林氏の著書は「盗作」された原氏の共通論題報告よりも四か月ほど早く活字となって出版されたことになる。また、原氏と小林氏は、一九六九年四月以来「満州史研究会」で切磋琢磨してきた「研究仲間」でもあったので、小林氏が著書を出版するさいに、原氏がどのような研究をしていたかを十分に知り得る立場にあった。

原氏は、当時の土地制度史学会の状況、小林氏の研究者としての将来などを慮って、小林氏による「盗作」をとくに告発することもなく、ながらく沈黙を守ってきた。しかし、二〇〇一年二月に出版された柳沢遊・岡部牧夫編『展望　日本歴史二〇　帝国と植民地』（東京堂出版）に前述の大会報告論文が掲載されたさいに、先の事実関係を「追記」という形で明らかにした。原氏が述べているように、正しい研究史を後世に伝えるためには必要な追記であったと思う。同時に、還暦を迎え自らの研究者としての人生を振り返ったとき、原氏としてはこの事実に触れざるを得なかったのではないかとも推察する。

原氏は、東京大学退官後の勤務先であった東京国際大学の最終講義、さらには二〇一三年三月に出版された私家版『満州経済統制研究』（東京大学出版会）の「あとがき」でもそのことを述べた。この原氏の一連の行動に対し、小林氏は二〇一三年七月に「名誉毀損」であるとして訴訟を起こした。原氏は大会報告の研究内容を「盗作」された被害者、小林氏は原氏の研究報告を「盗作」した加害者である。つまり、この裁判では、被害者が加害者に訴えられたのである。

本書は、原氏がまとめたこの裁判の記録であるが、同時に、あるいはそれ以上に経済史研究の碩学である原氏の研究者としての歩みの記録として読むことができる。山田盛太郎・矢内原忠雄・大塚久雄氏らの先学に学びながら、自らの研究課題を「日本戦時経済分析」「帝国主義下のアジア」「現代日本経済史序説」という三部作の執筆に設定し、当面は「満州支配の経済的実態」というテーマを掲げて、若き日の原氏が泉山三六、十河信二、鮎川義介などの新資料を発掘し、満鉄経済調査会の『立案調査書類』を神田の古書店で探し出す姿は感動的でさえある。課題が明確であれば、資料はあとからついてくると言われた方がおられるが、それを実証しているかのようである。

しかし、小林氏の著書が現れて事態は一変する。小林氏に研究を盗まれた原氏は、自ら育んできた研究課題の追究を断念して研究のスタイルを変え、個人研究よりも共同研究を重視し、次世代の研究者の育成に力を注ぎ、一次資料の発掘と刊行に取り組むようになったという。また、学界活動や学内行政もおろそかにはせず、研究の自由を守り後進の研究者育成に努めてきた。原氏は、このように小林氏の著書の出現によって研究姿勢を変えざるを得なかったと述べているが、正直言って私にはこの点がよく理解できなかった。原氏は、小林氏の著書が出版される以前から共同研究に積極的に取り組んでいたし、小林氏の著書が出版されてからも『日本戦時経済研究』（東京大学出版会、二〇一一年）に収録された諸研究にみられるように、日本経済史研究の牽引者の一人として多くの業績を挙げておられるからである。また、原氏の真の気持ちを推し測ることはできないが、小林氏が単著を出版したとはいえ、みずからの研究をまとめることはできたのではないかとも思う。

本書は原氏と小林氏の「創作か　盗作か」をめぐる裁判の記録であるが、そこに一貫して流れているのは、原氏の研究者としての真摯な姿勢である。小林氏への批判も、被害者である原氏自身の問題としてだけではなく、研究者の倫理の問題、正しい学問のあり方の問題として提起されている。原氏は法廷で、「この裁判での御判断が、日本の人文社会科学界の研究倫理のために有意義なものになっていただくことが、ただ一つの願い」（本書三四七〜三四八頁）であると述べている。本書の読後に感じたある種のすがすがしさは、こうした原氏の裁判に臨む一貫した姿勢の故と思われる。若い研究者には本書をぜひ一読し、原氏の研究者としての姿勢を直に学んでほしい。

しかしながら、裁判は原氏の願いに沿うものとはならなかった。第一審、第二審とも小林氏の勝訴に終わり、それは二〇二〇年六月に言い渡された最高裁の判決でも覆らなかった。判決文は、小林氏の著書の記述が原氏の共通論題報告の内容と重なっていることは認めるものの、「盗作」「剽窃」といえるほどのものではないという、いささか歯切れの悪いものであった。この判決は、近年の研究者倫理の厳格化を求める文部科学省や学術会議などの考え方とも齟齬をきたしていると思われる。

私は、この司法の判断が妥当か否かを論ずるつもりはないが、小林氏が自著の「あとがき」で「満州史研究会の原朗氏とおこなった数度の打ち合わせの討議が、本書作成に大いに役立った」と述べているにもかかわらず、原氏の研究のどこがどのように役立ったのかについてはほとんど触れていないことが気になる。小林氏は裁判には勝ったが、むしろそれだからこそ自著と原氏の研究との関係について、司法の場ではなく学界で、真摯に説明しなければならないのではないだろうか。それは、小林氏が原氏の研究を盗んだのかどうかという問題を超えて、研究上のある種の「作法」であるとともに、研究史を後世に正しく伝えるためにも必要なことだと思うからである。

（立教大学名誉教授）

＊日本経済評論社『評論』二二〇号（二〇二一年一月）、〈五十周年記念特集　学術出版の「これから」――研究と著作③〉より関係者の許可を得て転載。

〈8〉 高橋泰隆

土地制度史学会の頃

ちょうどこの頃、土地制度史学会の秋季共通論題を探していた。原朗東大助教授と浅田駒澤大学教授がオルガナイザーになり、報告を担当することになった。なんとこれに高橋が加えられた。

第1報告　満州移民　早稲田大学博士課程　高橋泰隆
第2報告　植民地工業化　駒澤大学講師　小林英夫
第3報告　大東亜共栄圏　東京大学助教授　原朗

この三報告は翌年に共通論題としてまとめられ、誰もが読むことができる。これと並行して大事件が進行中だった。小林氏が原氏のアイデアを盗んだ（原朗『創作か盗作か』）という。原氏は「大東亜共栄圏」で本を書き、学位を請求しようと考えていた。ところが、この学会発表が終わって数か月、小林氏が『大東亜共栄圏の形成と崩壊』を刊行した。何かの研究会の時か。浅田、原、小林と高橋がいた。原氏は小林氏の本を手に「送ってくれてありがとう」、「書評を頼まれてね」言外にやりたくない、というニュアンスが聞こえた。この会は書評会だった。原氏は開口一番「本全体のこの部分が大東亜共栄圏だ」「大部分だ」といい、お株を奪われたことを示唆した。それがこの会の一番印象的なことだ。今でも鮮明だ。

共通論題に向けての研究会において、小林氏は原氏に執拗に何度も、この資料あの資料について聞いていた。そのたびに原氏はなんと親切なことか、資料を提供した。資料は研究者にとり論文の論理と同様大事なものだ。とくに歴史研究にとり資料は論文の血であり肉だ。資料を誰が発見し、最初に使用したかだ。

小林氏は原氏の資料を只で入手し、原氏の論理を使用して、誰も書かなかった「大東亜共栄圏」を発表した。学会で初の研究成果は年配研究者だけでなく、若手にも大きな羨望とショックを与えた。彼の学会での評価はうなぎのぼりだ。

二〇二〇年二月これは令和二年に、原氏は『創作か盗作か』を公表した。土地制度史学会における共通論題の準備、大会特集号として三論文を一括掲載することに努力した。原氏の今までの研究とその展開上にある将来構想は小林氏によりお株を奪われたと書いてある。原氏は小林氏「大東亜共栄圏」を自分の研究の「盗作」であるといくつかの文章で主張した。小林氏は原氏が名誉を棄損した、と裁判で訴えた。原氏の気前の良さ、すなわち資料の独占はしない、という研究者としての高い品性に対し、小林氏は貰えるものは何でも論理も資料も頂いてしまえという貪欲さが対照的だ。私は原氏から「稿本三井物産沿革史」を提供してもらった。これは当時貴重で公開されていなかった。原氏は常にオープンだった。それをいいことに小林氏はこの分野で先陣を切り、デビューしたのであり、原氏は一挙にライフワークを失った。

次の研究会は日本による中国の占領地研究である。浅田氏は「日本帝国主義の植民地経済支配の三本柱」論を主張し、土地、鉄道、金融支配研究の重要性を示した。その浅田氏は土地支配という一本柱をものにしており、私は鉄道支配の分析により博士論文を書こうとした。この研究会において私は「華北と華中の鉄道会社支配」を分担した。日本が国内鉄道に加えて、植民地、占領地で鉄道網を拡張したのであり、鉄道の人材、資材、資金は日本から供給された。鉄道は中国占領地支配の「点と線」の有力な手段であったことを明らかにした。

＊　高橋泰隆『守護するのか破壊するのか――行田市須加熊野神社』（アルム、令和三年）七六～七八頁より関係者の許可を得て転載。著書は『日本植民地鉄道史論』『中島飛行機の研究』など、早稲田大学商学博士、一九七四年度土地制度史学会秋季学術論題報告者の一名、他の二名は小林英夫・原朗。

〈9〉岩田昌征

原朗著『創作か盗作か』の一読後感
――小林版も読みたい

私の手元に東京国際大学大学院の学術誌『経済研究』第一二号（二〇一〇年・平成二二年）がある。原朗教授の最終講義「開港百五十年史――小江戸・大江戸・そして横浜」（一～三二頁）と私＝岩田昌征の最終講義「党社会主義の思想と実践」（三三～五三頁）をそこに読むことが出来る。

私の最終講義は、幸か不幸か何の物議をかもし出すことがなかったが、原氏のそれは、氏自身のその後の人生行路をかなり不幸な方向へ変えてしまった。その原因は、彼が結論部分で述べた次の一節に在る。引用する。――私が十分に研究することができなかった一つの理由として、一九七五年のことですが、私の作品の一つが他の研究者によって剽窃された際、その研究者が学会において果していた役割に配慮し、盗用を公然と指摘することをためらったことがあげられます。まだ公刊されていない自分の論文の構成を、ほとんどそのまま他人の著作の編別構成に利用されてしまったのですが、その結果、私は自分の最初の著作を著書として公表することも学位を申請することも断念することになり、以後私は学会における倫理の欠如と売名行為の横行に暗澹たる気分を抱いたまま、一切単著を出版せず、ただ共同研究の編集や資料集の出版のみに終始する態度を維持して現在に至ったのです。――……私のその作品が二六年後にあたるリーディングス（『展望　日本歴史二〇　帝国主義と植民地』東京堂出版、二〇〇一年、二一〇～二四九頁）に収録された際、……その経過について実名を挙げてしるしてあります。現在は早稲田大学教授の小林英夫という人ですが、私がこの追記を公表してから八年、私はご本人から何の抗議も受けておらず、口頭で謝罪の意を軽く告げられただけであり、現在もその人は次々に著作を公表し、大活躍中です。盗用、剽窃をすることが学問の正常な発展にとっていかに大きな打撃を与えるか、その被害を蒙った当事者として、研究者の道を歩む皆さんにはお伝えしておく義務があろうかと思い、恥ずかしさを忍んで今日皆様に申し上げる次第です。――（二九頁）

去年、令和二年の二月か三月初めに原朗著『創作か盗作か――「大東亜共栄圏」論をめぐって』を著者から贈られた。五〇〇頁余の大著である。本書で退職後の原氏人生に激変が起こっていたことをはじめて知った。早稲田大学教授小林英夫氏は、上記の原発言等を「名誉毀損」であるとして、「損害賠償金」と「謝罪広告」を要求して、裁判に訴えた。二〇一三年・平成二五年六月末のことである。結果は、東京地方裁判所も東京高等裁判所もともに原告の主張を認めた。そして原氏は最高裁に上告した。

今年二〇二一年・令和三年四月初めに知った。最高裁は、昨年二〇二〇年・令和二年六月一五日に原氏の上告を棄却していたことを。かくて、原氏自身も原氏を支援する研究者有志達も原氏の敗訴だと考えている。たしかに原氏は賠償金を支払い、小林氏は賠償金を獲得したのであるから、原氏敗訴かつ小林氏勝訴のようにみえる。肝心の第一審の判決を私が素人の眼で読むと、必ずしも小林氏の勝訴であるように見えない。

判決は、原氏に賠償金の支払いを命じている。しかしながら毀損された「名誉」が真に回復されるためには、原氏が謝罪することが必要条件のはずだ。小林氏自身、原氏が『東京朝日新聞』紙上に謝罪広告を出し、東京国際大学大学院経済学研究科『経済研究』誌に謝罪文を要求していたし、更に関連する原氏著作『満州経済統制研究』の回収さえ強請していた。判決は、これら一切を認めていない。また、訴訟費用の三割を被告原氏に負担させ、七割を原告小林氏が負担せよとしている。

通常の経済的利害を争う裁判であったならば、小林氏勝利で原氏敗訴であると見て良い。しかしながら、これは学術作品の真理価値をめぐる争いである。小林氏が受けたと主張する負価値の主原因である原氏の発言・文章・著作がそのまま無傷で日本国の常民社会・市民社会・国民社会で流通することが裁判所によって許されたのである。この点、上級審でも不変である。従って、私のような素人の目には、小林氏は、金銭面で勝利したとしても、精神面・倫理面・道徳面の「名誉」を裁判闘争で回復したようには見えない。実質的は原氏の勝訴とも言えよう。

仮に判決が被告原氏に原告小林氏への全面的謝罪広告と著作の回収を命じ、かつ金銭的補償はするまでもないと言う形であったとすれば、この場合は、明らかに原告小林氏の勝訴であり、被告原氏の敗訴であろう。

ここで、私＝岩田は、社会的紛争に関して時効なる法制度を想起する。所有権の取得時効は、非善意の場合でも二〇年間である。本件にかかわる著作権の場合、著作権法に違反する行為があった時点から二〇年。出所明示義務違反は三年時効。

仮にだが、原氏が小林氏を法的に訴える意思があったとしても、小林氏を著作権法で罪に問えない。最終講義に言う如く、原氏は、二六年後になって本事件について公言したのである。原氏は、『創作か盗作か』表紙直後のページでイェーリング『権利のための闘争』（ウィーン、一八七二年）を引用している。すなわち、「敏感さ、すなわち権利侵害の苦痛を感じ取る能力と、実行力、すなわち攻撃を斥ける勇気と決意が、健全な権利感覚の存在を示す二つの標識だと思われる。」この文章はRecht、すなわち権利＝法の世界に直接妥当する。しかしながら、原氏は、『創作か盗作か』の本文で、「原告が批判論文や書評の執筆など学術界で保証されている公正な意見の交換の手続きを踏まぬまま、これを回避してただちに法曹界の判断を求めたことは、学術上の手続きとしては正しくないと私は考える。原告は、自己の学術的正当性を主張するのであれば、学術的議論によって応戦すべきであり、法的手段に訴えたことは遺憾である。学術上の争いはあくまで学術界においてなされるべきものであり、本来的に法的判断になじむものではない性格を持つ」（九六〜九七）と主張している。

原氏が小林氏に対していだく不信感や怒りは、欧米流の所有権・著作権の侵犯にかかわるというよりも、東洋流に表現すれば、共同研究の仁義の崩壊への絶望の表現であるように思われる。その意味でイェーリングからの引用が本書冒頭に大書されているのは、原氏の基本的思想にそぐわない感じがする。イェーリングの言う「敏感さ」と「実行力」は、学術の本道を踏む以前に法曹界に逃げ込んだ小林氏の側にある。法曹の世界では法律的に権利を時効損失したものと権利を時効取得したものとが「権利のための闘争」を行うと言う裁判官の心証にならざるを得ないが、約半世紀前、原氏は「権利を犠牲にして平和を選ぶか、それとも、平和を犠牲にして権利を選ぶか」（『権利のための闘争』岩波文庫、四五頁）の選択に直面して、平和を選び、結果として平和が得られなかったのである。

ここまでは、もっぱら原朗著『創作か盗作か』に頼って考えて来た。当然それでは私＝岩田の判断に偏向性が残るにちがいない。小林氏が学術上の名誉回復を切実に希求するのであれば、獲得した賠償金二二〇万円＋α円を使って、小林版『創作か　盗作か――「大東亜共栄圏」論をめぐって』を出版してほしい。原版では氏を支持する松村高夫慶應義塾大学名誉教授と堀和生京都大学名誉教授による意見書が読める。小林版では小林氏の詳しい主張と並んで、氏を支持する依田憙家早稲田大学名誉教授の意見が知的公衆に公開されることを望む。学術上の争いを形而下の法世界に封じ込めるのではなく、学道再生への試みへ昇華させ得るか否かは、今や小林英夫教授の胸三寸にかかっている。

それにしても、正規の研究教育職にない、在野の研究者が最終手段を最初から採らざるを得なかったのならば、それは良くわかる。大学の紀要等のルートを有する者が最初からかかる問題を司法に、すなわち非専門家に委ねたのは、不可解だ。

（千葉大学名誉教授、セルビア共和国アカデミー外国人会員）

＊　ブログ「ちきゅう座」令和三年四月一〇日掲載。関係者の許可を得て転載。

第六部　裁判記録に見る小林英夫氏の主張

堀　和生／編

この裁判が始まってからすでに九年の時間がたち、その間に、原朗氏自身の著書『創作か盗作か』をはじめ原朗氏の支援者によって裁判文書、意見書や論考、声明文等、数多くの関係資料が公表された。ところが、他方の当事者である小林氏の側は、裁判外に対して説明や関係書類の公開を一切行っていない。原告としてこの裁判を起こし、毀損された自らの名誉回復のため、原朗氏に全国紙に謝罪広告を掲載せよと要求したにも拘わらず、小林氏は自らの主張を社会に向けて公開することはなかった。地裁判決日の法廷にさえ出席することなく、東京高裁にも一度も顔をみせることがなかった。

原朗氏とその支援者の運動によってこの裁判のことを知った方々から、ぜひ小林氏の主張を聞きたいという声が多数寄せられた。また、本書に収録されている書評執筆者の幾人かも、同趣旨の希望を書かれておられる。もとより、本論考の編者（以後、編者と略す）は本裁判に関する小林氏の本意など知るよしはなく、氏に代わってその主張を整理説明することもできない。そこで、ここでは編者や本書の読者が関心をもっている幾つかのトピックについて、裁判所に提出された裁判文書のなかから、編者が適宜選択して引用して解説する。材料とする裁判文書は、二〇一三年七月～二〇一七年五月に東京地裁本件法廷に提出された小林氏の「訴状」と「第一～九回準備書面」であり、すべて小林氏側弁護士が署名捺印をしている。「原朗」・「判決」のように特記しない裁判文書は、すべて小林氏側裁判文書である。裁判文書であるので、原告とは小林英夫氏、被告とは原朗氏のことである。

この論考に引用した裁判文書の読みどころは、一般人でも研究者でも度肝を抜かれる小林氏の認識・常識と、自身の嘘を取り繕うためにつぎつぎと嘘を繰り出していく中で、小林氏自身の主張がどんどん変わっていく点である。もちろん、これらは、小林氏側が裁判所に提出した文書から抽出したものとはいえ、編者のような反対者による主観的な引用によるものなので、小林氏がその紹介に満足できない事は容易に予想される。小林氏におかれては、ぜひともご自分で小林英夫氏版の『創作か盗作か』を執筆され、自らの主張を社会に存分に公開されることを期待したい。

I　なぜ提訴したのか、小林氏は語る

1　発端　サンフランシスコでの「衝撃」

小林氏は本件訴訟の初期に原告被告双方で交換した小林側の「陳述書案」の中で、この盗作事件について初めて知った時の情景を、次のように述べている。

二〇一三年三月末に、私小林は、自動車産業調査でアメリカのサンフランシスコに滞在していた時に、知人から連絡があった。それによれば、松村高夫氏が自分の論文の中で、原朗氏の東京国際大学での最終講義の一部を抜粋して、小林が「剽窃」「盗用」したので、だから原氏はそれ以降単著を書くことなく定年を迎えざるを得なかった、といった趣旨の文章を記載していると、伝え聞いたとのことであった。

小林氏は、なにぶん、海外出張中なので、全貌がわからない。気にはなるが、当座は我慢せざるを得なかったとしている。そして、むろん調査どころではないわけで、その後の三日間の調査は、上の空で、今もって何を調査したかはシカと覚えていない、という惨憺たる結果であった、と述懐している（「陳述書案」二〇一三年秋、確定版は 20170502、一頁）

海外での調査中に、突然自身への盗作暴露の情報に接して、茫然自失した本人のありさまとして、なかなか真実みのありそうな回想のように受け取れる。小林氏は自分の気に入ったフレーズを、口頭でも書き物でも何度も繰り返す癖がある。客地での調査旅行中に、思いもかけなかった自らへの盗作疑惑の消息に衝撃を受けたというこの回想は、裁判官に自分の精神的打撃を強く印象づけようと、裁判のなかで何度も使い回された。ところが、裁判の過程で、このサンフランシスコでの衝撃とはそぐわない事態が、やがて小林氏自身の口から述べられることになる。

その契機は、原朗氏が小林氏の剽窃行為を社会的に明示したのは、二〇〇九年三月の最終講義が最初ではなかったことを、法廷で明らかにしたからである。二〇〇一年二月に刊行された歴史系大学院生向けのリーディングスである柳沢遊・岡部牧夫編『展望　日本歴史　第二〇巻　帝国主義と植民地』（東京堂出版）に、争点となっている学会報告論文が採録されることになった。その際、原朗氏はその論文に追記を付し、小林氏の名前を挙げて学会報告の剽窃の事実を公開した。そして合わせて、そのことに慌てた小林氏がかつての研究仲間である松村高夫（慶應義塾大学教授）に善後策を相談したこと、その後ある学会で小林氏が原朗氏に、「先生ごめんなさい」と口頭で謝罪したことなどを、裁判文書の中で明らかにした（原朗「第一回準備書面一」（20130925、二五頁）。

こうなると、二〇一三年三月に突然盗作疑惑の冷や水を浴びせられたという先のストーリーでは対応できなくなり、小林氏は大胆な転進をはかることになる。まず、原朗氏へ口頭謝罪したという指摘について、小林氏は政治家や高級官僚のように「記憶はない」（小林「陳述書」20170502、一九頁）とかわす。そして、原朗氏との関係では、新しい物語を作り出した。

2　原朗氏による攻撃開始

小林氏によれば、原朗氏が批判を始めたのは、二〇〇一年のことだとしている。「二〇〇一年には、『展望　日本歴史二〇　帝国主義と植民地』（東京堂出版）の「追記」において、原告への批判を行い、それと呼応するかのように、この時期から、学会懇親会等の公的な場や私的な集まりの席で、公然と、原告に対する感情的なバッシングや『盗作』『剽窃』批判を展開し始め」（「第三回準備書面」20140121、八頁）、「原告が植民地研究会の代表委員をしていた二〇〇六年から二〇〇八年頃、原告への批判を行った」（「第九回準備書面」20180508、一五頁）。

小林氏によれば、その被害は甚大だったそうで、原朗氏の弟子にあたる研究者が小林氏の著作を引用しなくなったとか、本件著書の韓国語版の出版計画が挫折したとか、留学先に小林氏の研究室を選択した韓国人研究者が理由も告げず去って行った、等の事例を挙げている（「陳述書」一八〜一九頁）。ところが、小林氏による事態の描写には、更に一段と新しい要素が加えられる。それは、政治的・イデオロギー的な目的を持った集団的バッシングを受けていたという新たな話である。

3　政治的イデオロギー的なバッシング

「両者の関係の次なる転機となったのは、一九九〇年代のことであった。原告は、一九九六年に早稲田大学に移籍し、また、同じ頃、『満鉄「知の集団」の誕生と死』（吉川弘文館、一九九六年九月、甲四八）（以下、『満鉄』という。）を出版した。その頃から、被告は、特定の政治的立場を固持する形で、研究者間の人間関係の中での批判を含め、原告を公私両面において、攻撃するようになっていった。このように、被告は、原告の学問的立場が、被告の政治的な見解を前提とした立場と『乖離』したと認識し、自己の歴史観、イデオロギーを背景に、原告を集団的に批判し始めるようになった。つまり、被告は、原告の学問・研究の発展と蓄積を政治的『変節』とみなし、それに対し強い怒りと敵意を高めていったのである。

その証左に、二〇〇〇年代に入ってから、原告は、植民地研究会の懇親会の席上等で、被告が、『今までは味方と思っていたが』『もう容赦はしない』などと、原告に対する『攻撃』の意図を口に出していたことを、伝え聞いている。そして、その発言のとおり、二〇一〇年前後から、被告は、公式、非公式の場で、原告に対し、明白な誹謗中傷を行うようになった。

また、松村高夫氏、堀和生氏といった被告と立場が近い研究者たちは、これに与するかたちで、学問論争を通じて、原告への根拠なき誹謗中傷を強めていった。例えば、被告の盟友で、慶應義塾大学名誉教授である松村高夫氏は、被告の文章の該当箇所を引用し、原告を『原朗の史料や著作の構想を「剽窃」・「盗用」して刊行』した人物と誹謗し、さらに『研究者としての倫理観が欠如している人間』と侮辱するなど、原告への人格攻撃を行った（甲四）。また、京都大学教授の堀和生氏も同様に前掲原論文を引用し、ほぼ同様の趣旨で書評を展開している（乙三四）。以上のように、本件の背景には、被告の、原告に対する個人的な嫉妬心や怨嗟のみならず、植民地研究という歴史研究特有の激しいイデオロギー対立と、それにもとづく研究者『グループ』間の激烈な葛藤があり、とりわけ後者は、被告にとどまらず複数の研究者が関与する形で、原告に対する継続的、組織的バッシングへと発展していった。

被告の本件各名誉毀損は、こうした文脈のもとで捉えられるべきものであり、その本質は、被告の研究人生に関する不合理な言い訳であると同時に、原告に対する嫉妬、怨嗟にもとづく「意趣返し」

であり、被告を含む研究者グループによる『制裁』とも言いうる、原告への壮絶な『個人攻撃』であった。」（「第六回準備書面」20150302、一四〜一五頁）

この経緯に関連する興味ある情報がある。原朗氏側が最高裁へ提出した「上告受理申立理由補充書」（本書二三〜二五頁）において紹介した匿名A氏の資料によれば、小林氏は二〇一二年七月に原朗・小林双方の一九七六年以前の公刊論文を集め、比較調査を始めていた。それが剽窃の事実を指摘した原朗氏の主張を覆すための準備作業であったことは、容易に推察できる。それは提訴の約一年前、サンフランシスコ旅行の八ヵ月も前のことであった。

予想もしていなかった盗作疑惑という突然の消息に、茫然自失したという当初のドラマ仕立ての回想描写と、集団的バッシングによる壮絶な攻撃にさらされていたという後の説明は、同じ人物の主張として整合性がとれていない。後者の政治的集団的バッシングという主張は、裁判において小林氏の虚言を覆す「意見書」を提出した、松村高夫氏と堀和生の証拠価値をおとしめるための、小林氏による荒唐無稽な作り話である。小林氏側は、法廷においても剽窃の有無とは無関係な、この政治的グループという作り話の捏造に注力した。はたして、地裁の裁判官は小林氏の主張を真に受けて、松村氏と堀の意見書を一切採用しなかった。高裁判決にいたっては、堀についてわざわざ「第三者として公平で客観的なものであるとまでいえるかどうかには疑問がある」（高裁判決、一八頁）と特記して、何らの根拠を示すことなくその考証結果と評価をすべて却下した。研究者が提示する学術的根拠に対して、当該研究者個人の属性（国籍性別、所属組織、学問系譜等）を理由として、学術審査機関がその見解を無視、否定するようなことは許されない。この裁判官は、自らが如何に科学に反する異常な判断をしているのか理解していない。裁判官の恣意的で不公平な扱いには心底憤るが、小林氏の法廷戦術はみごとに奏功したわけである。

Ⅱ　一九七〇年代半ば当該領域の研究状況

この裁判の争点に関心を持つ研究者のなかで、一九七〇年代半ばでの原朗氏の研究について、小林氏がどのように受けとめていたのかを知りたい、との意見があった。当時の二人の研究業績について、小林氏は次のように饒舌にかたっている。

「被告が自らの独創と主張する内容のほとんどが、他の多くの学者の先行研究に係るものである。いずれも、歴史学会内では良く知られた内容であり、原告には、そもそも、被告の論文に依拠する必要性すら全くなかったのである。また、被告の主張を被告に当て嵌めるなら、被告の論文自体が、他の先行研究を剽窃・盗用したことになりかねない。

さらに、一九七四年一〇月二七日の被告の学会発表以前に、原告は、その著作の主要部分を既に学会誌等への一二本の論文を通じて発表し（甲五）、本件学会発表の前に、原告著書の主要な章節は既に完成していた。原告著書の内容・編別構成は、被告の学会発表前に、上記一二本の論文の中でほとんど発表している内容であり、当然の帰結として、被告の学会発表に依拠したものはない。」（「第二回準備書面」20140121、二頁）

「……原告著書は、被告以外の研究者による複数の先行研究を土台として原告自身が進めてきた研究にもとづいたものであり、かつ、原告自身が被告論文より以前に発表した多数の研究業績にもとづいて執筆されたものでもある。

したがって、原告が、『剽窃・盗用行為』を行ったことはもちろん、いかなる意味においても、『被告が独創した』『論理』を『流用』した事実はない。」（「第二回準備書面」20140121、一五頁）

小林氏が自分の既発表論文一二本によって、著書の殆どを書き上げていたと言うことは自由であるが、それが学術評価としてそのまま通用するわけではない。学術界における業績評価とは、かかる自己申告とは別に、客観的な検証が必要である。小林氏と同じように、植民地期朝鮮の工業化の分析から日本帝国論へと研究の道を進んだ編者はまったく異なる評価をしている。編者は、小林氏が著書を刊行するまでの小林氏と原朗氏のすべての研究論文を比較考証したうえで、次のように結論づけている。大枠の評価として、著書刊行以前の小林氏の研究は、圧倒的に朝鮮の労働運動と植民地工業化の領域に集中しており、それから外れるものは二本だけであった。そして、小林氏が著書を形づくったというその一二本の論文のうち、四本は実際には全く使われていない。更に具体的にみると、小林氏の著書を構成する一〇五箇所のうち、小林氏の過去の八論文に基づいているのは、三三箇所（一箇所は後に堀が評価を変更）にすぎなかった。原氏の研究からの盗用が二五箇所、松村氏からの研究の盗用が二箇所、引用が不適切な箇所が九箇所、其の他が三六箇所であった。明確な盗用だけで、全体の四分の一を占めていた。このように、小林氏の著書は原朗氏からの盗作が多くの部分を占めていた（堀和生「意見書Ⅲ」原朗『創作か盗作か』二四七～三〇五頁、および本書一〇五―一九一頁参照）。また、一九七〇年代半ばに、原朗氏は日本帝国主義の構造を国際関係の中で解明する領域において、画期的な成果を上げていたトップランナーであったことは、すでに証明されている。それに対して、小林氏には「大東亜共栄圏」を研究するうえで不可欠な、日本の国際収支・決済、貿易ブロック、日本の金融統制や生産力拡充計画、総動員体制等について、まったく研究実績がなかったにも拘わらず、小林氏の著書では突然にすべて具備するというあり得ないことが起きていた（堀和生「意見書Ⅰ・Ⅱ」原朗前掲書一八七〜二四六頁）。裁判の過程で、原朗氏側から提起されたこのような研究史面からの指摘について、小林氏は何も答えられなかった。しかし、裁判官は何も確かめようともしなかった。

二人の研究成果の前後関係に関する興味深い事例を一つ紹介しよう。それは、小林氏が一九六九年に発表した「一九三〇年代『満州工業化』政策の展開過程」（『土地制度史学』第一一巻四号、「満州工業化」論文と略す）と原朗氏が、一九七二年に発表した「一九三〇年代の満州経済統制政策」（満州史研究会編『日本帝国主義下の満州』所収、御茶の水書房、一九七二年刊行。以後「満州第一」論文と略す）の関係である。この二つの論文については、堀和生（「意見書Ⅲ」）と疋田康行（本書所収論考二四七—二七六頁）氏が、その内容を比較研究している。それらの考証によれば、小林氏の「満州工業化」論文は発表当時にはそれなりの価値が認められたものの、その三年後に原朗が自ら発掘した一次資料を駆使した重厚な実証研究（「満州第一」論文）を公表したことにより、その小林氏の「満州工業化」論文の学術的な意味は殆ど喪失してしまった。つまり、小林論文の主張に多くの誤りがあることが明らかになり、一次資料に基づく確かな史実が確定されたからであった。小林氏もそのことは認めざるを得ず、著書『「大東亜共栄圏」の形成と崩壊』の当該箇所において、自分の「満州工業化」論文を根拠とできずに、原朗「満州第一」論文の見解を注釈なしに使っている（つまり、剽窃している）。そうであるにも拘わらず、小林氏は裁判文書では次のように述べている。

「被告は、原告著書と被告論文の、日本の対満投資ルートに関する記述の類似性を述べるが、原告は、被告が被告論文を発表する五年以上前の一九六九年七月に、「一九三〇年代『満州工業化』政策の展開過程」（『土地制度史学』第四四号、一九六九年七月）（甲一二、以下『原告満州工業化論文』という。）の二二頁右側下から九行目より二三頁左側五行目までにおいて満鉄ルートに関して、同二三頁左側六行目より同一六行目までにおいて『財閥資本の排除』に関して論じており、原告著書の内容は、この原告満州工業化論文に基づいたものに他ならない。

被告論文発表の五年以上前に、原告が原告満州工業化論文を発表していることを考えれば、原告著書が被告の論文を『剽窃』『盗用』することはもちろん、被告の『創造的論旨・構想・アイディア』に依拠することすら到底あり得ないことになり、むしろ、被告の言をそのまま返すならば、被告が原告満州工業化論文を『剽窃・盗用』したことにすらなりかねない。」（『第二回準備書面』一〇～一一頁）

これは、あまりにも荒唐無稽な主張である。小林「満州工業化」論文と原朗「満州第一」論文の二つを読み比べれば、初学の大学院生であってもその学術的な密度と研究水準の懸隔を容易に判別することができる。編者は、この小林氏の文書を読んだ時に、このような見え透いた嘘を綴った「準備書面」を裁判所に提出するとは、裁判官の読解、判断能力を著しく過小評価している、と憤ったものであった。ところが結果的に、地裁判決は、小林氏の「満州工業化」論文を原朗氏の一九七二年「満州第一」論文に先行する業績と認め、原朗氏の「満州第一」論文が剽窃されたという主張は認めなかった。

Ⅲ　裁判における論争の具体的な事例

地裁における五年八ヵ月かかった長い本件審査の中で、原告被告双方で争われた事項は多岐にわたり、その具体的な争点は実に数多い。そこで、ここでは小林氏の主張の特徴とその変遷、裁判所の判断がよくわかる事例を四つほど紹介しよう。

1　一九七四年学会（土地制度史学会秋季大会）発表の扱い

小林氏が原朗氏を名誉毀損だとして提訴した学会報告の剽窃告発について、小林氏はまず次のように主張した。

「『出所』『出典』『引用文献』として明記することが叶わない状態のもの、たとえば、他人の頭の中にあるもの、研究者同士の討論や意見交換の中で出てきたもの、あるいは、その他の理由により『誰の』『アイディア』であるかが判然としない状態のものまでが、『剽窃』『盗用』の対象たりえないことの証左と言うべきである。

従って、当然のことながら、被告が本件名誉殿損において摘示した、『まだ公刊されていない』『論文』もまた、同様の理由で、そもそも『剽窃』『盗用』の対象とはなりえない。」（「第四回準備書面」20140820、五～六頁）

「『剽窃』を主張する被告は、その対象となったと主張する被告学会報告の内容を、特定、立証する必要がある。また、口頭報告は、その場で録音等をして固定化しない限りは、『剽窃』『盗用』を行うことは困難であるから、そのことを踏まえて、原告が、どのようにして、被告学会報告を『剽窃』『盗用』できたのか、についても具体的な主張、立証を要することは明らかである。しかしながら、被告は、この点、学会報告時に配布したとする資料（乙二二）と被告論文（乙一二）を書証として提出するのみで、それ以上の証拠に基づくことなく、被告学会報告を被告論文と『同文』とする。」（「第四回準備書面」、七頁）

「『盗用』の対象となるのは、あくまで表現され発表された（先行）研究、著作物であって、かように被告の頭の中にあったに過ぎないものは、『剽窃』『盗用』の対象となり得ない。」（「第四回準備書面」、一三頁）

つまり、小林氏によれば、形のない口頭発表は「剽窃」の対象ではないので、本件は争点たり得ないということである。ところが、原朗氏は一九七四年学会報告の関係書類をまとめて保存していた。一九七四年一〇月一二日準備研究会における原・小林双方のレジュメ、同年一〇月二七日大会当日の双方のレジュメ、原朗氏直筆の読み上げ原稿と清書論文原稿、小林氏直筆の清書論文原稿を、二〇一四年一〇月裁判所に証拠として提出した（乙第二二号証〜乙第二七号証）。「頭の中」（「第四回準備書面」20140820　九、一四頁）のものは剽窃できないと高を括っていた小林氏は、四〇年前の学会発表資料が一括して提出されたことに、さぞ当惑したことであろう。こうなると、小林氏は当時の手書きの一次資料にけちを付けることしか手段がなくなった。

「原告著書にとっての先行研究は、被告の主張では、依然として、せいぜいが口頭での被告学会報告、ということになる。そして、その内容は、たとえ乙二三原稿と類似のものであったとしても、既に述べたように、相当部分を削除、改変して報告していることがうかがえる以上、被告学会報告が、学会当日果たしてどのような内容でなされたか、については、なお被告に主張、立証責任があると言うべきである。

また、学会報告当時、報告内容を固定化した原稿を入手していない以上は、原告が、被告学会報告の内容を『剽窃』『盗用』することは、極めて非現実的であった、と言うべきである。」（「第五回準備書面」20141226、一四頁）

「また、仮に一〇月一二日の研究会に乙二三号証を持参したとしても、同原稿は、約一四〇頁にわたる大部な原稿である上、読みにくい走り書きで、大幅に加除訂正も入った草稿であり、一見して判読できるものではない。

この点、被告自身、本件学会報告に一時間二〇分を与えられたと述べている（被告本人調書五一頁二〇行）が、乙二三の紙面や文字数に照らせば、とても一時間二〇分で読み終わるものではない。」（「第九回準備書面」20180508、六二頁）

「以上、原告が被告論文原稿（乙二四）に接したとしても、それを初めてみたのは、原告著書を脱稿した後のことであり、執筆前、あるいは執筆中にこれらに接し、いわんやこれを『剽窃』『盗用』していたなどという主張はあたらない。」（「第九回準備書面」、六三～六四頁）

当日発表の読み上げ原稿が現存しているのにも拘わらず、小林氏は学会報告時間内では読み終えられない文量なので、それが当日発表された学会報告としての証拠にはならない、録音記録がない以上当日の発表内容は確定できないと主張している。これを詭弁と言わずに何と表現しようか。ここでも小林氏は裁判官を騙しているのであるが、学会の口頭発表は研究の先行発表権（プライオリティ）も著作権も認められるのは学術界の常識であり、発表レジュメや原稿類は、剽窃有無の重要な資料である。さらに、小林氏は次のように主張する。

「実は、被告が真に主張したいことは、被告学会報告を剽窃されたことなのではなく、被告の頭の中にあり形をなす前の単著の構想と、予想しえないほど早い時期に発刊され、かつ、当時学会に感嘆をもって迎えられた原告著書との関係ではないのか。そして、被告白身、それが、『剽窃』『盗用』と呼び得ないことを承知しているからこそ、本件にあっては、被告学会報告や被告論文との開係に引き寄せて論じていると考えるのが、むしろ合理的と言うべきである。」（「第四回準備書面」20140820、九頁）

当該分野の研究史を熟知している編者には、学会報告によって全構想を展開した原朗氏の研究成果を、当該分野についてほとんど研究実績のない小林氏が、常人が予想し得ない速度で剽窃し成文化したうえで自著を「作った」と考える方が、はるかに合理的だと判断される。

2　「満州第二」論文の受け渡し

原朗氏が小林氏と共同研究をおこなっていた満州史研究会時代の成果として、一九七一年にまとめた「満州第一」論文と「『満州』における経済統制政策の展開」（安藤良雄編『日本経済政策史論』下巻、東京大学出版会、一九七六年刊　以後「満州第二」論文と略す）は、小林氏の著書と重複するところが非常に多い。「満州第二」論文に拘わる小林氏の剽窃の事例は先のⅡで示したので、ここでは小林氏の「満州第二」論文剽窃の前提過程についてみておこう。満州史研究会のリーダーであった浅田喬二氏によれば、その成果報告書（『日本帝国主義下の満州』）をまとめるために、一九七一年七月にメンバーが提出した論文の中で、原朗氏の論文が特に大部であったので、報告書には原朗論文の政策の立案過程の論考部分（「満州第一」論文）だけを収録するほかなく、それと対となる政策の実施過程の論考部分（「満州第二」論文）は収録できなかった（満州史研究会編『日本帝国主義下の満州』御茶の水書房　一九七二年「あとがき」参照）。この説明によれば、二日間の合宿研究会において、各論文の内容と成果報告書の構成について討議した研究会メンバー四人は、全員の原稿論文を共有したと予想される。ところが、「満州第二」論文と大量に重複する部分のある著書を書いた小林氏は、その事実を強く否定している。

「被告の満州第二論文が公刊されたのは一九七六年三月であり、当時、原告はすでに原告著書を上梓済みであった。したがって、被告の満州第二論文に依拠して原告著書を執筆することは、物理的に不可能である。」（「第二回準備書面」20140121、一九頁）

つまり、「満州第二」論文が最終的に公刊されたのは、安藤良雄編『日本経済政策史論』（下巻　東京大学出版会　一九七六年三月）であったので、それまで小林氏は「満州第二」論文を見ることができなかったと、主張しているわけである。ところが、先述した原朗氏が所蔵していた学会報告資料が明らかになる中で、その嘘はすぐにバレてしまう。一九七四年一〇月二七日学会当日における小林氏自身の報告資料（乙第二七号証の二）には、次のような記述がある。

> 八頁の第九表の出典に、「経済部金融司『金融情勢参考資料』康徳九年一一月　三一～三七頁（原朗「『満州』における経済統制政策――満鉄改組と満業設立をめぐって」安藤良雄編『日本経済政策史論』下（未刊）所収論文より引用）」と書かれている（傍線は編者）。
>
> おなじく、一二頁の第一二表の出典にも、（原朗「『満州』における経済統制政策――満鉄改組と満業設立をめぐって」安藤良雄編『日本経済政策史論』下（未刊）所収論文より引用）（傍線は編者）と明記されている。

この手書きの発表レジュメが当日配布のものであることは、小林氏自身が認めている（小林「陳述書」二〇一七年五月二日　一四頁）。裁判で、小林氏が小林著書の執筆以前に、原朗氏の「満州第二」論文を読んでいないという主張はまったくの虚偽であるではないか、と原朗氏側（「堀意見書Ⅰ」八頁、原朗「陳述書Ⅱ」一四～一五頁）から厳しく問い詰められた。それに対して、

小林氏は、一九七一年の八王子セミナーハウスでの合宿において、原朗氏の「満洲第一」「満洲第二」論文原稿本文を、自分が受け取ったことはなかったと主張する（小林「陳述書」五～六頁）。「『被告準備書面』において、一九七一年の八王子のセミナーにおいて、原告が、被告の満州第二論文を読んだと主張するに至っている。しかし、原告がこのとき満州第二論文を読んでいないことは、原告自身が明確に証言する通りである（原告本人調書二二頁二一行から二二行等）。」（「第九準備書面」20180508、八

三頁）

とはぐらかしている。問題の焦点は、一九七二年六月にその原稿を受け取ったか否か、あるいはそれを小林氏が読んだか否かという、第三者が確認することが困難な事実ではない。一九七四年一〇月の学会報告当時、すなわち小林氏が著書刊行するはるか以前に、小林氏が原氏の未発表原稿「満州第二」論文を確実に所持していたことを、資料で確認できるという事実である。小林氏は、この件で追い詰められると、これに関して更に、次のような突拍子もない主張を始めた。

「被告は、原告の大会報告の配布資料の図表（乙二七の二）のうち、『第八ページの第九表と第一二ページの第二二表』の二点の表に満州第二論文の記載があることをもって、原告が満州第二論文を『見ることが物理的に可能であった。しかもそれが安藤先生の本に、編著に入るということが可能だったということを証明するものだと僕は思います。』とする」（被告本人調書一九頁二四行から二〇頁九行）。しかし、原告が法廷で明確に供述するように、乙二七の二における八頁目、九表は、原告が「経済部金融司金融情勢資料」に基づき自ら作成したものであるところ、被告から、満州第二論文に同じ資料に基づいて作成した表があるため、それを記載するよう求められたことにより、その点に言及したものである（原告本人調書二二頁八行から二三頁一一行）（傍線は編者）。また、乙二七の二の一二頁目・二二表についても、被告から図表部分の提供を受けるとともに当該図表が満州第二論文の表である旨が伝えられたため、やはり被告に指定された通りこれに言及したものである（原告本人調書二三頁八行から二三頁一一行）。

そして、被告自身、乙二七の二の八枚目にある第九表が満州第二論文にないことを認めているところ（被告本人調書三二頁一四行から一八行）、満州第二論文にない図表を原告が自ら見て引用することは不可能である。この点からも、原告が、満州第二論文を手元に置いてこの点を付記したのではなく、被告からの求めにより付記したことは明らかである。」（「第九回準備書面」八三～八四頁）

小林氏は、裁判当初には「満州第二」論文を物理的にみることができなかったと主張した。ところが、それと矛盾する事実に追い詰められると、小林氏は学会発表当時に「満州第二」論文を持っておらず見てもいないけれど、原朗氏が小林氏の発表データ出典の根拠として入れろというので、そのまま文献名を挿入したのだと述べている。自己の嘘を取り繕うためとはいえ、研究者が自分で見ていない文献を、自分の研究の根拠として記入・提示したという主張は、常軌を逸している。これを理のある主張だと納得する研究者はおそらくいないであろう。ただ、裁判官は小林氏のこの証言の変遷について、一度たりとも問いただすことはなかった。

本書（一四九―一六四頁）で証明しているように、小林氏はこの「満州第二」論文を思う存分剽窃している。

3　小林が自著の論理構成を作成した時期

研究成果発表のプライオリティが争われる場合、第三者が検証できる客観的な証拠を示すことなく、一方の当事者がその成果をいつまでに完成していたと主張することは、何らの意味をもたない。裁判において、小林氏はこの類いの主張を再三繰り返している。

「一九七四年一〇月二七日の被告の学会発表以前に、原告は、その著作の主要部分を既に学会誌等への一二本の論文を通じて発表し（甲五）、本件学会発表の前に、原告著書の主要な章節は既に完成していた。原告著書の内容・編別構成は、被告の学会発表前に、上記一二本の論文の中でほとんど発表している内容であり、当然の帰結として、被告の学会発表に依拠したものはない。」（「第二回準備書面」20140121、二頁）

「原告は、一九七四年一〇月の学会報告時点で、原告著書の原稿の八〇％以上を完成させていたのであり、脱稿直前に報告された被告学会報告に依拠して原告著書を構成することなど、物理的に不可能であった。……

本準備書面第四、五に詳述する浅田喬二氏（以下、『浅田氏』という。）との論争を経て（本件については後述……編者）、一九七四年初めに、原告著書の章立てを固め、同年夏、つまりは、学会大会の数か月前には、完成間近の原稿を携え、出版社との企画協議を開始しているのである。こうした過程を経て、原告は、構想から実に八年もの歳月をかけて原告著書を完成させたのであり、当時の出版事情、作業に費やす平均的時間を勘案しても、五四五頁に渡る大作である原告著書を一九七五年一二月に刊行するにあたり、被告学会報告に接してから『全体構想』を組み立てるなどということは、限りなく非現実的なことは明らかである。」（「第四回準備書面」20140820、七～八頁）

「……原告は、学会当時、既に多くの論文を世に出しており、原告著書の原型となるものを書き蓄えていたのである。

……原告は、こうした各種の業績を世に出すなかで、原告著書の礎を着実に築いていったのである。

……原告としては、原告著書の脱稿を目前にして、そこに使用する図表等の一部を、同学会の報告

内容に供したに過ぎないのである。」(「第五回準備書面」20141226、七〜一〇頁)

このように、小林氏は一九七四年学会前に、自己の著作原稿が殆ど完成していたので、そこから原朗氏の学会発表を取り込むことは不可能であったと繰り返し主張しているが、第三者が検証できる根拠は何ら示されていない。ただ、小林氏の発言の中に手掛かりはある。それは、「大東亜共栄圏」の形成から崩壊に至る過程について、二人が使う論理構成のオリジナリティについての主張である。原朗氏は学会報告において、「問題別・時代別・地域別」の論理構成を提案した(「『大東亜共栄圏』の経済的実態」)。そして、原朗氏によれば、小林氏はこれら論理構成を剽窃したうえで、それを不分明にする目的で、著書の編別構成を一部「時代別・問題別・地域別」の順序に組み替えて、剽窃の事実をごまかすために、問題の諸論点を意図的に分散させる操作をした、のであると(原朗「第一回準備書面」20130925、八〜九頁)。それに反駁して、小林氏は次のように述べている。

「原告は、一九七二年一〇月に発足した満州移民史研究会の初期メンバーとなり……同メンバーの間で定期的開催された研究会における論争では、浅田氏は、満州移民を日本の植民地支配の重要な柱と位置付けて、『土地支配』、『金融財政支配』『鉄道支配』からなる支配の『三本柱』論を提唱し、一方、これに対して、原告は、植民地支配は、その段階とその地域によって課題が異なってくるので、時期別・課題別にその時々の主要な『柱』を設定せねばならず、その『柱』を打ち壊す勢力の分析を行う必要があると反論し、これにもとづいて、一九七四年の初めには、本件著書の構成を決めたのである。

こうした経緯に鑑みても、被告の主張するような、原告著書編別構成に、『被告の学会大会報告、およびその報告資料（乙二二）、それに原稿に改編を加えず学会誌にそのまま掲載した被告論文（乙一二）』などの『論理構成を剽窃したものがとくに数多くみられる』（被告準備書面四、一四頁）などということは、到底あり得ない。」（「第四回準備書面」20140820、一九頁）

この裁判文書に記された小林氏の主張を受け入れると、小林氏は満州移民史研究会において、浅田氏が提案した「土地支配」、「金融財政支配」、「鉄道支配」からなる支配の「三本柱」論を批判する中で、一九七四年の初めに著書の論理構成（「時代別・問題別・地域別」）を既に作り上げていたことになる。もしも、それが事実だと認められるのであれば、原朗氏の論理構成を剽窃したという告発は成り立たないことになる。では、小林氏の主張は検証に耐えられるものであろうか。この浅田氏による植民地支配「三本柱」論は植民地研究者の中ではよく知られた見解であり、編者も当時の論争をよく記憶している。

この問題に関して、先の小林氏の準備調書の主張と矛盾する資料と事実が存在する。小林氏が、提訴の前年に刊行した著書『「大東亜共栄圏」と日本企業』社会評論社　二〇一二年刊）の一六～一八頁注（２）に、次のように書かれている。

①一九七四年初め頃、駒沢大学での浅田喬二との研究会において、小林自身が植民地支配史を金融、土地、鉄道の「三本柱」で支配構造を分析すべきではないかと提起した。
②浅田はその小林の私案を積極的に受け入れて、七五年以降『歴史評論』に植民地研究方法論をめぐ

る論文を一、二年の短期間に矢継ぎ早に発表した。
③小林は、浅田の「三本柱」論の静態的・固定的な仕上がりに賛成できなくなり、歴史科学協議会第九回大会（一九七五年八月開催）で、浅田の「三本柱」論を批判した。
④以降小林は、この浅田が「提示」した「三本柱」論を乗り越えて、新しい植民地分析の方法論提示に全力をあげた。小林著書（一九七五年一二月）はこうした論争の過程で生まれた。
⑤そこでは、浅田の縦割り的な「三本柱」論に対峙して、地域横割り的段階論的方法論を採用した。

一方、浅田氏が「三本柱」論を『歴史評論』に投稿した論考は、三〇〇号（一九七五年四月）、三〇四号（七五年八月）、三〇八号（七五年一二月）、三〇九号（七六年一月）に掲載されており、浅田氏が「三本柱」論をかかげて歴史科学協議会第九回大会で大会報告を行ったのは七五年八月二六日であった。浅田氏の大会報告論文は三〇八号に収録されており、討論要旨には小林氏の主張するとおり、小林氏による浅田氏の「三本柱」論批判の発言がそのまま紹介されている（八四〜八五頁）。そして注意すべきは、これらの事実は、先の小林氏の裁判文書での主張と大きく食い違うことである。裁判文書では、小林氏が浅田喬二氏の「三本柱」論批判に基づいて、自著の論理構成を確立したのを一九七四年の初めとしているのに対して、小林氏の自著『「大東亜共栄圏」と日本企業』の記述によれば、小林氏が浅田氏の「三本柱」論を批判する中で、自著の論理構成をつくりあげた時期は、一九七五年下半期ということになる。裁判文書での主張した時期と、一年半もの時間的なズレがあるだけでなく、その間に小林氏は一九七四年一〇月の原朗氏の学会発表を直接見聞していた。つまり、小林氏が、自分の著書の論理構成を原朗氏の学会発表と無関係に、それ以前に作り上げていたという根拠は成り立たないことになる。

小林氏が自己の論理構成を確立した時期が、一九七四年初めなのか、浅田氏との一九七五年後半の論争過程においてなのか、両立しない小林氏自身の二つの主張の矛盾は深刻である。二〇一八年二月一三日の原告証言反対尋問で、原朗側弁護士からこの矛盾を追及された小林氏は、絶句して応答できなかった（「本人調書（小林英夫）20180213」三七〜四〇頁、乙第七五号証）。さらに、二〇一八年五月二二日の被告人口頭陳述で再度、この点を指摘されても、小林氏は何ら弁明や反論をしなかった（「被告本人口頭陳述書」20180522　一〜二頁）。このように、小林氏が一九七四年一〇月の原朗学会報告に先行して、自身の「時代別・問題別・地域別」の論理構成を独自につくりあげたとする主張は、小林氏自身の二つの説明と証言、客観的事実との間の矛盾によって、明確に破綻している。

本件訴訟の中心的な争点に関して、原朗氏側は法廷において二回にわたり小林氏側の説明・証言の矛盾を指摘し、裁判官にその重要性に注意を喚起した。そうであるにも拘わらず、地裁は被告原朗氏側の指摘を一切無視し、次のような判断を下した。

「原告は、昭和四八年初め頃からの浅田との論争の過程で、かかる方法論を採用するに至ったことが認められる。したがって、原告が時期別・問題別・地域別の順序に従って記述したのは、上記の過程で得た原告自身の着想に基づくものであるといえ、剽窃を不分明にするために叙述の順序を入れ替えたとの被告の主張は採用できない」（「地裁判決」二八頁八行）

つまり、小林氏の二つの矛盾する主張、一九七五年に浅田氏と論争する形で一九七四年初めに論理構成を自ら作ったという撞着を、裁判官みずからが折衷して、そのまま正しいと断定した。これが、被告原朗氏の論理構成を剽窃されたとする主張を退け、小林著書の論理構成は原告小林氏が自ら創り上げた、と判断した判決が掲げた唯一の根拠である。この裁判官には、時間的な事実関係を論理的に整理する能力が欠如していると思われる。

4　「共貧圏」概念・用語の盗用

原朗氏が大東亜共栄圏を特徴づける用語として、大会報告で初めて使用した「共貧圏」についてとりあげよう。原朗氏が「『共栄圏』ならぬ『共貧圏』」と表現したのは、単なる言葉の対句ではなく、大東亜共栄圏内の貿易・金融を分析することによって、その構造的特質を「共栄圏」「共貧圏」という絶妙な語句として創案したものであった。この表現は大東亜共栄圏の実態を的確に表しているために、今日では経済史のみならず歴史学でも広く使われる用語になっており、J-stage でそれらの起源を検索してたどると、原朗論文からの引用に行き着く。この特徴ある表現を、原朗氏の大会報告で聞いていた小林氏は、自著の中で原朗氏の引用なしに使っている。この件を法廷で盗用・剽窃ではないかと追及された小林氏は、つぎのように主張した。

「『共貧圏』との表現について、念のため反論を繰り返すと、『共貧圏』という言葉自体、原告本人が直接確認したと供述しているように（原告本人調書六三頁一行）、一九四七年三月八日の読売新聞の朝刊の見出しに『〝共栄圏〟は〝共貧圏〟の反証に』と記載されている。したがって、『共貧圏』なる言葉は、当時から、特定の人間の創作性を認めるような言葉ではなく、被告の創作性が認められず、著作権侵害の対象とならないことは明らかである。」（「第九回準備書面」20180508、五五頁）

今日では電子検索技術の発展によって、大手新聞のあらゆる記事を検索することができる。ためしに「読売」「朝日」「毎日」でこの語句の検索を掛けてみると、「読売」ではこの一件のみがヒットし、「朝日」「毎日」では該当する記事がなかった。検索装置などなかった一九七五年に、何十万頁も存在する戦後の新聞記事の中で、この三〇年も前のたった一つの記事の存在だけを根拠に、著書執筆前年に一緒に大会報告をした共同研究者原朗氏の創案を否定する。これを詭弁と言わずしてなんと言おう。驚くべきことに、この「共貧圏」について、地裁判決は「ありふれた表現」（三五頁）とかたづけ、高裁判決では、「アイデアの対象ではなく、その無断使用を剽窃とはいえない」と判断し（二五頁）、いずれも小林氏の詭弁をそのまま是認したのである。

以上、四つの事例で裁判文書をみたように、なりふり構わない小林氏の虚言と、学術研究の評価に疎い裁判官の恣意的断定がコラボすることによって、常識的には考えられない誤判の山が築かれた。小林氏の一書全般に渉る数多くの剽窃行為について、裁判所判決がただの一つも断罪することなく、そのすべてを剽窃なしと容認したことは、今日日本の三審制裁判が学術内容の審査を担う能力を全く持っていないことを、あますことなく示すことになった。本件は、現代日本における司法制度劣化の分かりやすい事例として、学術研究者が深く銘記すべき歴史的事件となった。

Ⅳ　原朗氏が盗作を指摘した理由（動機）

原朗氏が二〇〇一年刊行の柳沢遊・岡部牧夫編『展望　日本歴史二〇』と二〇〇九年退職最終講義において、小林氏による研究剽窃を指摘したことは、客観的な事実である。小林氏は自身の剽窃行為を強く否定するのであるから、では何故に原朗氏がそのような「誣告」を行ったのかについて、その動機を説明しなければならない。小林氏の説明は次のようである。

「原告は……学界では著名な歴史学者、経済学者の一人であり、こうした研究者として積み重ねた研究業績を前提として、早稲田大学教授の職につき、社会的、経済的に安定した地位を築き、それに相応した社会的評価を獲得してきた。」（「訴状」、九頁）

「被告は、自らの研究人生を終えるに当たり博士学位を取得できず、単著を出版できないという研究者として不本意な結果の原因を原告に帰し、いわば原告をその『言い訳』に利用したと解釈するのが合理的であり、この意味においても、公益を図ることを支配的な目的としたものでないことは明らかである。

……被告が、原告が早稲田大学に移籍した一九九七年四月以降、原告に対する批判的態度を急速に強め、……学会懇親会等の公的な場や私的な集まりの席で、公然と、原告に対する感情的なバッシングや『盗作』『剽窃』批判を展開し始めた経緯等に鑑みるなら、被告は、原告の研究業績や学会における評価が蓄積されていくに連れ、原告に対し、筋違いな嫉妬や逆恨みを抱くに至ったと考えるのが合理的である。

こうしたことに照らせば、被告は、研究人生を終えるタイミングを好機として、積年の原告への嫉妬や恨みを発散するとともに、そうした原告をスケープゴートとして一挙に自らの研究人生の言い訳をするといった、極めて感情的、私的な動機で、本件名誉毀損行為を行ったと考えるのが合理的といえる。」（「第三回準備書面」20140121、七～八頁）

「被告自身の研究生活への影響に繰り返し言及する『表現方法』を採ったことに照らすなら、被告は、長年の原告への嫉妬心から、自身の研究生活への言い訳に原告をスケープゴートに仕立て上げた、と考えるのが合理的である。

……本件名誉毀損の『隠された動機』は、被告の原告に対する嫉妬、敵意、あるいはそれによって醸成された『私怨』を晴らすための『個人攻撃』であり、かつ、被告の研究生活への言い訳（「私利」）であると考えるのが合理的であって、そこには、副次的にも、被告の主張する『公益』的な動機、目的を見出すことはできない。」（「第六回準備書面」20150302、一一～一二頁）

小林さん　研究者にとって研究業績の評価とは、他者から賞賛されるにせよ嫉妬されるにせよ、それは本人が傲語するのではなく、学界の中で客観的に定まってくるのだと思いますよ。この主張を、経済史学界・歴史学界の同僚研究者らに説明して、皆に納得してもらえますか。

補論　本裁判の社会的反響・裁判支援運動と学会での動き

（原朗氏を支援する会）

「原朗氏を支援する会」の活動記録

はじめに

原朗氏が小林英夫氏に提訴された二〇一三年六月から二年後、原朗氏を支援する会が二〇一五年九月に結成された。この会の活動は、上告審で原氏の敗訴が確定した二〇二〇年六月までの五年間におよぶ裁判を支援する運動と、それと部分的に併行しつつ二〇一九～二〇二一年一〇月にかけて小林氏の他の盗作案件を含めて、早稲田大学、東京都立大学の学術倫理責任を問うた活動からなっていた。

原氏の裁判は提訴されてから二〇一七年までの期間は非常に遅いペースで公判が進行していた。それは、初審裁判長裁判官が三人も代わり、陪席裁判官も四名が代わったほか、公判期日や判決申し渡し期日が何回も大幅に先延ばしされるなど、もっぱら裁判所側の都合によって、審理が非常に遅らされたためであった。二〇一八年二月五日に証人尋問が、一二月一八日に原告と被告の本人尋問がなされた後、二〇一九年にはいって各級裁判所で一月二一日（地方裁判所）、九月一八日（高等裁判所）、二〇二〇年六月一五日（最高裁の上告却下）と判決が相次いだ。したがって二〇一八年～二〇一九年はそれぞれの主張、判決の内容とその批判等を「支援する会」から裁判の行方に関心を持つ諸兄姉にメールとホームページでお伝えするとともに、署名、カンパ、裁判の傍聴をお願いすることが会の主要な活動内容となった。

「原朗氏を支援する会」が行った支援運動の概要を記せば、以下の通りである。

（1）支援する会の発足と情報宣伝活動

東京地裁における公判がなかなか開かれない状況で、原氏に対する支援運動の必要性が同年輩の研究者を中心にして議論されるようになり、有志の数名が発起人となって二〇一五年九月一日に意見交換会を招集することになった。当日は原氏と研究テーマの近い研究者、政治経済学・経済史学会に関わる研究者など二一名の方々が集まり、状況認識を一致させるための意見交換を行うとともに、世話役を決め裁判の支援活動を行うことが決定された。同時に、最初の行動として、「公正な裁判を要請する要望書」に全員が署名し、署名を増やす活動などを進めることを決めた。この集まりが、「原朗氏を支援する会」の実質的なスタートであった。

小林氏による提訴が不当な内容であり、原朗氏こそが研究不正の被害者であるという基礎的な事実経過を研究者に理解して頂き、公判や集会に参加して、署名をしていただくための情報伝達活動が初期の支援活動としては重要であった。この点では裁判の進展状況等についてもっぱらメールと「原朗氏を支援する会」ホームページを活用することになった。また、原朗氏・弁護士諸氏が作成した長文の文書を常に参照できたことは大きな力になった。ただし「支援する会」事務局の構成が年配者中心であったため、行動力、必要とされる能力に問題があったほか、公開に際して配慮すべき事項を慎重に吟味していたため、「支援する会」ホームページの公開が二〇一九年六月まで遅れてしまった点は反省点である。ホームページ開設に当たって、「原朗氏を支援する会」の呼びかけ人になることを、加瀬和俊（東京大学名誉教授）、柳沢遊（慶応義塾大学名誉教授）、栗林純夫（東京国際大学教授）、植田浩史（慶応義塾大学教授）、金子文夫（横浜市立大学名誉教授）、谷本雅之（東京大学教授）の各氏が了承した。このホームページは、開設以降支援する会の活動の推進に非常に大きな役割を果たした。

二〇一八年にはいり、二月五日、一二月一八日に東京地裁の公判が開催され、その前からメーリングリストを作成して、傍聴者として多くの方々に連絡し、原氏の勝訴を願う意思を伝えるために、傍聴席を満席にすることに努め、毎回それを達成することができた。

また、公判後には時間の許す範囲で、傍聴者と弁護士などの間で意見交換を行い、その時どきの論点についての多面的な検討を深めた。

(2) 学術シンポジウム「戦時経済研究会――原朗氏の著作をめぐって」の開催

第一審（東京地方裁判所）の判決が二〇一九年の一月にあり、原氏の敗訴となった。本書の各箇所で述べるように、この東京地裁判決は、学術研究における先行研究の意味を理解しない稚拙かつ非論理的な判決内容を特色としていた。この判決を認めれば、学界における剽窃と盗作の禁止の原則が、簡単に覆される前例がつくられることになることを危惧した原朗氏は一月三〇日に高等裁判所に控訴した。また、原氏と「支援する会」との話し合いの中から、この判決の問題点を明確にし、小林氏との研究史的に正確な位置関係を明瞭に把握する目的で、学術シンポジウムを開催する計画が立てられた。

その研究集会は同年の六月三〇日（日曜日）に「原朗氏を支援する会」の主催で学術シンポジウム「戦時経済研究会――原朗氏の著作をめぐって」として東京大学経済学部で開催されたが、参会者は八〇名、一三時から一七時まで、密度の濃い議論が交わされた。特に、原朗氏の研究のどのオリジナルな論点が小林氏によってどのように模倣されているのかについて具体的に分析した堀和生氏の講演は、学術的にも極めて重要な内容を持っていた。また、フロアから一〇人の歴史研究者・法学者による専門的見地からのご発言、ご提言が寄せられたことは、「支援する会」のその後の運動にとって大きな方向提示と激励となった。

このシンポジウムは「支援する会」運動を活性化するうえで大きな契機となり、多くの出席者から署名と多額のカンパが寄せられた。

(3) 原朗著『創作か盗作か――「大東亜共栄圏」論をめぐって』の刊行と寄贈

裁判では原朗氏から小林氏による盗作の可能性を示す大量の文書が提出され、堀和生氏・松村高夫氏からも、盗作した人物は小林氏であって、原氏は盗作された被害者だという「意見書」が出されていた。ここで原氏がそれらのうちで重要な文書を、原則として原氏の負担で刊行物として残して、今後も起こり得る学術倫理関係の諸案件の関係資料としてこの事件の内容を残したいという意向が示された。その結果、配布先については「原朗氏を支援する会」が原氏と相談して決めることとし、これを寄贈することとした。この時に、それまでは連絡網の対象としていなかった法学部関係者で関連分野の職にある方々も加えて、若い世代の研究者についても、「支援する会」に寄せられたカンパによって寄贈する体制をとることになった。各専門分野でこの問題に関心を抱き、力を貸してくださる人について関係者からの情報により、著作送付の対象に加えるとともに、可能な形態で支援して頂ければ有難い旨を発信したところ、寄贈先に加えるべき方の氏名の教示など、支援者の増加に力を貸してくださった。本書刊行後、二ヵ月以内に、一〇〇人を大きく超える研究者・支援者から原朗氏に、コメントや励ましの手紙、はがき、メールが寄せられた。

なお、この書籍に対して九人の方から書評ないし論説が寄せられた。それらの文書には、私たちも気づいていなかった多数の重要な論点が含まれていることから、ホームページにこれらを書評として掲載させていただき、会員間の議論の際に活用してもらえるように呼びかけた（本書第五部に掲載）。

（4）裁判所への要請――公判の傍聴、裁判所への署名

原朗氏に名誉棄損の罪状は当たらず、小林氏こそ盗作の疑いが強いという原朗氏側の主張に賛同してくれる方々の署名を対面およびホームページで提出していただけるようにし、署名者数を公表するとともに、氏名の公表に同意してくれた方々については署名者一覧表を作成してホームページに掲載し、賛同者が着実に増えていることを示すようにした。

また、最高裁判所に対しては署名・捺印の形式を整えて署名者一人ごとに要請文つきの用紙を用いて署名を集め、それらを簡易製本して最高裁事務局に提出し、判事各位に読んで頂けるように依頼した。

それだけに、予定の公判の日程が地裁では直前になって三度も延期されたこと、証人喚問・本人尋問の時以外は地裁でも高裁でも開廷して五分後には閉廷したことなど、判決主文を読み上げるだけの実務的な裁判と同じ扱いを受けたことは、いささか拍子抜けせざるをえなかった。少なくとも、裁判長から公判延期の理由説明と遺憾の意表明程度はあってしかるべきではないかと思われた。

二〇一八年二月五日の第一回尋問、二月二三日の第二回尋問、五月二二日の法廷での被告本人陳述、さらに、二〇一九年一月一九日の「東京地方裁判所判決」、九月一八日「東京高等裁判所判決」など

支援者が顔を合わせる機会ごとに、傍聴してくださった学者・市民による感想会を開催できたが、この集まりで多くの示唆や激励を頂けたことは、「支援する会」の活動方向を決める上でも、大きな意義を持った。

（5）最高裁の上告棄却後の「支援する会」の声明について

六月二七日、最高裁判所の上告棄却措置の後に、支援する会では声明文を公表した。その抜粋を紹介する。

〈最高裁は「上告提起」と「上告受理申し立て」のいずれについても、審査の対象でないとして、上告人である原朗氏の訴えを退けた。日本の三審制ではこれ以上訴える術がなく、これで高裁判決は確定することになった。しかし、原朗氏側が指摘した判決における多くの深刻な問題点は、最高裁が退けたところで、何一つ解決したわけではない。研究倫理の喪失が引き起こしたこの事件は、業績主義が浸透を見せている今日の学界に、深刻な問題を引き起こすことが憂慮される。すなわち、学術不正を行い学界で自律的に処分された研究者が、「名誉毀損」の名目で裁判に訴えた場合に、学界基準と異なる判定を手にする可能性が生まれたのであり、日本の学術研究の健全な発展に、大きな歪みをもたらすことになる。地裁と高裁の担当裁判官は、学術研究の蓄積とそれに関する評価の基準を無視し、専門研究者の知見や証言を謙虚にうけとめることなく、自らが自己流に設定した非学問的恣意的・思いつき的な基準によって学術研究の内容に対し甚だしい誤判を下し、最高裁の担当裁判官は上告審としてそれを放置し、「学問の自由」への侵害に途を開く判決を容認したとみなすことができる。

彼らの理解力の低さと見識の欠如は、司法に対する国民の負託を甚だしく裏切るものであり、私達は、これらの裁判官の歴史的責任を追及する。また、一九六六年から剽窃行為を繰り返してきた小林英夫氏が、被害を受けた当事者から事実を指摘されると、学界に訴えるのでなく、司法界に訴えたことは、日本の学術研究体制に計り知れない損傷を与えたものということができる。研究の自由と学問の独立を自ら破壊したその行為も、歴史的責任を負い続けることになる。私達は、これら一連の判決が、学術研究と社会の要請に反するものであることを重視し、今後生じうる大小の研究不正事件の隠蔽や黙殺、被害者の沈黙という事態を生み出さないために、多面的で系統的な努力を学界内外で強めていくことを決意する。七年間に及ぶこの裁判の成り行きを粘り強く注視し、裁判傍聴・署名・資金カンパなどをはじめ、有形無形の支援をしてくださった多くの研究者、市民の皆様に、心から感謝申し上げる。〉

(6) 諸学会・出版社への要請とその反応

この裁判に関わって原朗氏が感じておられた責任意識は、学界レベルでは容易に盗作と判断されるべき事項が、小林氏が司法に訴えたことによって、盗作された側が司法によって有罪にさせられるという、一般常識では想定できない先例を開いてしまったという点に関わっていた。この点については、原氏とともに「支援する会」としてもいくつかの学会の役員に率直に私たちの希望を伝え、可能な範囲で学会としてもこの点を踏まえた判断をしていただけるように、「支援する会」の会員から学会の年次総会などの場で要望を行った。この点については、この裁判に関わった共通論題報告が一九七四年になされた政治経済学・経済史学会（当時の学会名称は「土地制度史学会」）において、二〇二〇年度以降、理事会等での議論を踏まえて学会としての「倫理憲章」・「倫理規程」を作成されたことは、この裁判の「支援する会」運動の一つの成果であったといえる。また、同時代史学会（菊池信輝代表）では、「研究倫理憲章」の制定にむけた取り組みを、二〇二一年一二月の研究大会で確認し、暫定案を可決した。これらの動きは、未だ個別の案件にこれを適用するレベルに具体化されているわけではないが、それにつながる論点を議論していただいたことは、今後、今回のような事態を回避する可能性を高めるものとして評価できる。

このほか、出版社への要請として、二〇一一年八月に刊行された小林英夫・福井紳一『論戦「満洲国」・満鉄調査部事件――学問的論争の深まりを期して』を刊行した彩流社にたいする問い合わせの問題がある。小林氏が早稲田大学在籍中に刊行された本書には、小林英夫「元山ゼネスト――一九二九年朝鮮人民のたたかい」（『労働運動史研究』四四号、一九六六年）が収録されていたが、この論文は、後述するように、早稲田大学学術研究倫理委員会が、「研究不正」であるという結論を下したものであった。「支援する会」有志は、二〇一九年六月一〇日に、研究不正の明確なこの書籍の刊行中止を出版社に申し入れた。遺憾ながらこれに対する対応は見られなかった。

（7）早稲田大学・東京都立大学へ本会会員の問い合わせ活動

原朗氏を支援する会では、小林氏が早稲田大学に所属していた時点で、自著『論戦「満州国」・満鉄調査部事件――学問的論争の深まりを期して』（彩流社、二〇一一年）に収録した自身の最初の論文が、尹亨彬著「一九二九年元山労働者の総罷業とその教訓」（『歴史科学』第二号、一九六四年三月刊、朝鮮語）の盗作であることを発見し、早稲田大学に対して本会の会員個人（以下、「通報者」という）

の名によって、その点の確認を求めた（二〇一九年七月二日）。この間の経緯は「原朗氏を支援する会」ホームページの「おしらせ（二〇一九年八月三一日更新）」に掲載した。また、その関連文献は、原朗著『創作か盗作か――「大東亜共栄圏」論をめぐって』（同時代社、二〇二〇年二月）の四七一～四八八頁に詳細に収録されている。

「支援する会」会員による通報を受けて早稲田大学では、学術研究倫理委員会が学内規則にしたがって調査委員会（学外者、朝鮮史研究者を含む）を設置して審理を行い、二〇二〇年年二月二五日付けで「アジア太平洋研究科における研究不正事案（盗用）に関する調査報告書」（以下、「報告書」という）を採択し、通報者にその旨、連絡があった。

「報告書」は小林氏からの聞き取りを含む調査を行った上で、「小林氏が盗用を行った」事実を明確に認定した。調査委員会の調査に対して小林氏は、引用した研究者名を先行研究者として最初に断っているのだから盗用には当たらないと主張したが、調査委員会と学術研究倫理委員会は、学術的にみてそれは認められないと判断し、明確に「盗用」と認定したことは、二〇二二年一〇月に下した同大学学術研究倫理委員会の無作為に比べて画期的な意味を持つものであった。

東京都立大学に対しては、小林氏の博士学位請求論文が原氏の著作の盗作の疑いが濃厚であるという通報者の指摘に対して、同大学は七か所において小林氏が「研究倫理上不適切な点があった」との判断を示しつつも、「数行にわたってそのまま引用していた箇所はないことから、重大な不正があったとは言えない」という強弁を行使し、学位請求論文の却下を行わなかった。

また、二〇二二年九月に原朗氏自らが調査を求めた早稲田大学については、原氏が予定されていた著作を小林氏が盗作したと疑われる著作の増補版が早稲田大学在職中に刊行され、これにも原氏からの多数の「盗用」箇所が含まれていたことから、大学としての学術研究倫理委員会を開催して、研究不正の有無を明確にせよと原氏が要求したのに対して、早稲田大学は「増補版」は早大在職中の研究成果とは認められないとして学内における調査検討自体を拒否した。

これは、前述のように、二〇一一年に刊行された小林氏共著に再録した「元山ゼネスト」論文（一九六六年に執筆・公刊）の調査請求に当たって、早稲田大学学術研究倫理委員会が、二〇年三月に明確に「盗用」と認定した事実とその際の手続きとの整合性が全く欠如しており、大学の公式決定として理解しがたいものであった。

（8）支援募金の経緯

原朗著『創作か盗作か』の刊行や諸活動費用の補助のために、二〇一九年度において支援募金のお願いをさせて頂いたところ、七〇名の方から総額九四万五千円の多額募金を頂くことができた。「支援する会」としては、当初はこの募金で訴訟費用の一部を賄う予定であったが、訴訟が七年間に及んだこと、敗訴による小林氏への支払い額が三〇〇万円をこえたこと（訴訟関係費用が全体で一五〇〇万円を超えたこと）等のために、訴訟費用等については支援を断念せざるを得なくなった。また、『創作か盗作か』の刊行以後になされた東京都立大学・早稲田大学との文書往復や最高裁提出書類の内容が無視されたことなどを新たな記録として歴史に残すために、改めて原朗編著『学問と裁判』の刊行の必要性が生じた。その刊行費用の補助を目的として、第二次の募金を支援者にお願いすることとなった（二〇二二年五月に依頼状を送付）。このため、当初予定していた会計報告は、第二次募金の収支関係が確定した時点まで先送りさせて頂くことにつき、ご了解をお願いする次第である。

二〇二二年六月三日

加瀬和俊（東京大学社会科学研究所名誉教授）
柳沢　遊（慶應義塾大学経済学部名誉教授）

あとがき

この本で議論した「盗用」行為の被害にあった一九七五年から、現在の二〇二二年に至るまで、言い換えれば三六歳から八三歳までの四十七年間、私は陰に陽にこの問題に悩まされ続けた。一九七五年の前、学会報告以前に準備し発表してきた論文・資料を作成していた約九年の時間も、「盗用」行為により一瞬にしてすべて消え去ったことを加えれば、その期間は五十六年間にも上り、半世紀を超える。小林原告に提訴された二〇一三年から今日までの約九年、私の七〇歳代後半と八〇歳代初頭は、長期の訴訟と二つの大学での倫理審査などのため書類作成に専念せざるを得ず、研究者人生を学問的に仕上げるための時間も全く取り上げられてしまった。このような人生の成り行きは、全く予想も予期もしておらず、ただ天の左右する一つの「宿命」ないし「使命」の動かすところだったのかとも感じるようになった。

本書を読み通してくださったみなさまには、これ以上の事実の羅列や事情の説明はもう不要であろう。ここでは、司法（裁判所）の学術（大学）への無分別な介入が、いかに恐るべき結果をもたらすことになるか、その一点を強調するとともに、大学の組織がその自律性を保てずに本能的な組織の自己防衛に走り、「学問の独立」の精神を全うできず、対外的に非常に脆弱な事態に陥っていることを憂慮し、この書物を作成したということを申し上げるにとどめる。

本書作成に関してご尽力をいただいた方は数知れない。「支援する会」の呼びかけに応えて直ちに力強いご援助を頂いた皆さまに、私は深く感謝している。「支援する会」二百数十名のお一人お一人のご厚情にも、心底から感謝の念をささげたい。同会の事務局の方々には、いつもご迷惑をかけ続けたことを大変申し訳なく思っている。この事件に関心を寄せられた方々からの一〇〇通を超えるお手紙に非常に力づけられたことは言うまでもない。

さらに同時代社社長川上隆氏は、前作『創作か　盗作か』に引き続き、その続編に位置付けられる第二作の本書『学問と裁判』の出版を快く決断されたことに、私は深く感謝している。

また、法廷で証人をお引き受けくださり、主尋問と反対尋問で明解に原告側の主張を退けて下さっただけでなく、地裁のみで四通もの意見書をご執筆になり、鋭い論理展開で討論の展開を導かれ、この書物の作成にも深く貢献された、京都大学名誉教授堀和生氏の熱烈な友情と、大変な長期間、研究時間を大幅に割いてのご尽力に、文面には収まり切れない深い謝意を捧げる。同氏はその専門とされる朝鮮史・東アジア資本主義史の練達した専門家として、その科学的分析を徹底させ、私のほぼ五〇年近くも前になる論文を総点検されて、私の遠い過去の主張にも十分な根拠があったことをお示しくださった。同じ歴史研究者として、私は感動するほかはない。

言うまでもないことだが、本書の内容についての責任は、編著者である私一人にあり、本書に寄稿されあるいは転載を許された方々すべてには全く責任がないことをここに明言しておく。

さきの早稲田大学への私の『通報書』第一部の最後に、「『歴史の法廷』は私に無罪を宣告するであろう」との先人の言葉を引いたが、この間の私の研究者生活への根本的で深刻な反省を踏まえつつ、「時間」ないし歴史についてのある感懐を述べることを許されたい。

歴史は必ず真実を解き明かす。虚偽は必ず暴かれる。晩年の九年に及ぶ日々をこの問題に費やし、私は今、あの悲劇の一節を想い起す。

Time shall unfold what plighted cunning hides:
Who cover faults, at last shame them derides.
(Shakespeare, *King Lear*, 1-1, Cordelia.)

「時間」はいずれ、口先だけの言葉の裏に悪企みを隠した真実を白日のもとにさらし、過ちを隠蔽する人間は、結局は恥辱を受けて世間の嘲りを浴びることになりましょう。
（シェイクスピア『リア王』第一幕第一場、コーディーリアの台詞。参考：安西徹雄訳）

最後に、この憂いの嵐に本来の学問と引き裂かれ、彷徨い歩いた悲痛な時間をなんとか乗り越えて、わずかに残された今後の日々を生き抜くには、私が直接に体験した事実と自分の主張を、きちんと記録して歴史に残すことが必要だった。半世紀以上にわたって私の学問を妨害し続けたものに対して、さらにそれに加勢した裁判所や大学に対して、本書の論旨を対置することなくしては、私の人生はほとんど無意味なものにならざるを得ないからである。その意味で、本書をまとめることは、私にとって不可避であった。そして今、永年の銘としてきた「生涯一学生」の精神を最期まで貫き、さらに南宋の詩人陸游の一字銘「恕」（＝おもひやり・露伴「幽夢」）に導かれ、やがてどこかの時点で、できればどこか悟りに近いような、落ち着いた境地に、家人と共に辿り着きたいと、私は静かに願っている。

二〇二二年六月二三日

原　朗

＊　本書編集中に弁護士渡邊春己氏は『反対尋問と事実認定2』（花伝社、二〇二二年）を上梓され、同書後半の約四割は本書と同じ私の事件を考察の対象としている。私の前著でも本書でも収録し得なかった事実と原告側への反対尋問の実態が示されているので、ついて参照されたい。

2020. 6 .19	**原朗「七年間の裁判を終えて――お礼のことば」**ホームページに掲載
2020. 6 .28	支援する会事務局：声明**「最高裁判決を受けて――批判と決意」を掲載**
2020.10. 1	「早稲田大学学術研究倫理委員会「調査報告書」の公表にあたって」を支援する会のホームページに公表するが、10月9日、早稲田大学側の抗議により削除。
2021. 3 .31	**東京都立大学より、小林氏の博士学位請求論文の盗作疑いにたいする「回答書」が到着。（別添資料）に「不適切箇所一覧」が、2頁にわたり詳細に記述。**
2021. 4 .12	東京都立大学に、「再調査とその公表のお願い」
2021. 5 .14	東京都立大学学長による「回答」送付
2021. 6 . 1	「東京都立大学の学位論文調査報告の二重性――研究不正排除の流れに抗って」（堀和生京都大学名誉教授執筆）を公表。
2021. 9 . 6	原朗氏が早稲田大学に対して、小林英夫氏が同大学在籍中に刊行した『増補版　「大東亜共栄圏」の形成と崩壊』が原氏の著作の盗作の疑いがあると通報書を送付。**「貴学名誉教授小林英夫氏の著作に関する通報書」**（本書第四部）
10. 1	「研究活動不正に係る不正行為に関する予備調査の結果について（通知）」を早稲田大学学術研究倫理委員会委員長赤尾健一氏が、原朗氏に回答。
10. 3	原氏、同委員会赤尾委員長宛に書簡を送付。
10. 8	原氏「予備調査結果の再調査を求める不服申し立て書」を同大学学術研究倫理委員会に送付。
11.10	赤尾氏より「お問い合わせに対する回答」。

2019. 6 .30	**原朗氏を支援する会・学術シンポジウム開催** 於東京大学大学院経済学研究科棟第３階、参会者80名。13時—17時 **「戦時経済研究会——原朗氏の著作をめぐって」** 講演「学術盗作問題と司法——原朗・小林英夫裁判に関わって」京都大学名誉教授　堀　和生氏 発言「戦時経済研究回顧——学問と裁判と人生と」東京大学名誉教授・東京国際大学名誉教授　原　朗 質疑・討論　10名を超える参会者が発言。司会　慶應義塾大学名誉教授　柳沢　遊
2019. 7 . 2	早稲田大学に小林英夫氏「元山ゼネスト」論文の大規模な盗用と著書再録に関して質問状をだす。
2019. 7 .11	東京高等裁判所に公平かつ慎重な審理を求める署名127名分を提出、Web署名82名を公開。
2019. 9 . 4	控訴審判決予定日。ただし裁判所の都合により18日に延期。
2019. 9 .18	**東京高等裁判所判決。一審判決維持。**
2019. 9 .30	原氏、最高裁判所へ上告。「上告状」提出。
2019.11.26	「上告理由書」「理由要旨」「上告受理申立理由書」「理由要旨」等を提出。
2020. 2 .14	「記録到達通知書」が当方代理人に到着。高裁から最高裁への「上告理由書」等の到着が判明。
2020. 2 .20	原朗著『創作か 創作か——「大東亜共栄圏」論をめぐって』（同時代社）刊行。
2020. 2 .25	「アジア太平洋研究科における研究不正事案（盗用）に関する調査報告書」、通報者にその旨の連絡。
2020. 3 . 5	**小林英夫氏の博士学位請求論文が、原朗氏の著作の盗作の疑いがあると東京都立大学に通告。**
2020. 4 . 9	最高裁に「上告受理申立補充書」等を提出。
2020. 4 .13	「上告受理申立通知書」等の受理。
2020. 5 . 2	「上告受理申立補充書２」等を提出。
2020. 5 .11	最高裁に原朗氏支援の署名を提出（人文・社会科学研究者を中心に２２６名分）
2020. 6 .15	最高裁判所より「調書（決定）」到着、上告棄却。

原朗氏を支援する会の活動経緯　略年表

2013. 5 . 8	小林「催告書」(３頁) を書留内容証明で原に送付。９日到着。
2013. 6 .27	小林は東京地方裁判所民事部に原への「訴状」(17頁) を提出
2013. 7 .12	東京地方裁判所より原に呼出状・訴状到着。
2013. 8 .30	原、「原告小林の単著と被告原の論文との対照表」を作成。
2015. 9 . 1	**支援者21名の「支援する会」会合、ここで、参会者は「公正な裁判を要請する要望書」に署名し、これを東京地方裁判所に提出。**
2015. 9 . 9	裁判長交代。
2015.10. 1	堀和生京都大学大学院教授「意見書」提出。
2016. 4 .17	松村高夫慶應義塾大学名誉教授「意見書」提出。
2016. 9 .13	被告「陳述書Ⅰ」提出。
2017. 4 .28	被告「陳述書Ⅱ」、堀「意見書Ⅱ」提出。
2017. 5 . 2	付　原告「陳述書」、１月20日付　依田憙家「陳述書」(提出は５月10日)。
2017. 7 .31	裁判長、再び交代。
2017.12.27	堀「意見書Ⅲ」を提出、表４で小林著書全項目の盗作部分を特定。
2018. 2 . 5	**証人尋問**　被告側　堀和生　原告側　依田憙家　主尋問25分　反対尋問25分。
2018. 2 .13	本人尋問　被告　原朗　原告　小林英夫　主尋問60分　反対尋問80分。
2018. 5 .22	被告本人口頭陳述、結審。
2019. 1 .21	**第一審判決**(当初の言渡し期日は2018年９月３日であったが、２回延長される)。被告敗訴。
2019. 1 .31	控訴状を提出。
2019. 4 .25	控訴人として控訴理由書と陳述書Ⅲ、堀意見書Ⅳほか証拠を提出。
2019. 5 .17	原告側剽窃行為新証拠の提出、堀和生「小林英夫氏盗作行為の起源」
2019. 5 .27	東京高等裁判所控訴審第１回期日、**即日結審**。
2019. 6 .10	彩流社に質問状提出。

著者紹介

原　　朗（はら　あきら）

1939年生まれ

東京大学大学院経済学研究科博士課程中退

東京大学名誉教授

東京国際大学名誉教授

主な業績：『国家総動員』㈠経済（中村隆英と共編、みすず書房『現代史資料』43、1970年）

『昭和財政史　終戦―講和１　総説／賠償・終戦処理』（安藤良雄と共著、大蔵省財政史室編、東洋経済新報社、1984年）

『日本の戦時経済』（編著、東京大学出版会、1995年）

『戦時経済総動員関係資料集』全65巻（山崎志郎と共編、現代史料出版、1996～2004年）

『復興期の日本経済』（編著、東京大学出版会、2002年）

『高度成長始動期の日本経済』（編著、日本経済評論社、2010年）

『高度成長展開期の日本経済』（編著、日本経済評論社、2012年）

『日本戦時経済研究』（単著、東京大学出版会、2013年）

『満州経済統制研究』（単著、東京大学出版会、2013年）

『日清・日露戦争をどう見るか』（単著、NHK出版、2014年、韓国語訳、2014年）

『創作か盗作か――「大東亜共栄圏」論をめぐって』（単著、同時代社、2020年）

学問と裁判 ―― 裁判所・都立大・早稲田大の倫理を問う

2022年8月1日　初版第1刷発行

著　者　原《はら》　朗《あきら》

発行者　川上　隆

発行所　㈱同時代社

〒101-0065　東京都千代田区西神田2-7-6 川合ビル

電話 03(3261)3149　FAX 03(3261)3237

制　作　いりす

装　幀　クリエイティブ・コンセプト

印　刷　中央精版印刷株式会社

ISBN978-4-88683-929-9